U0051302

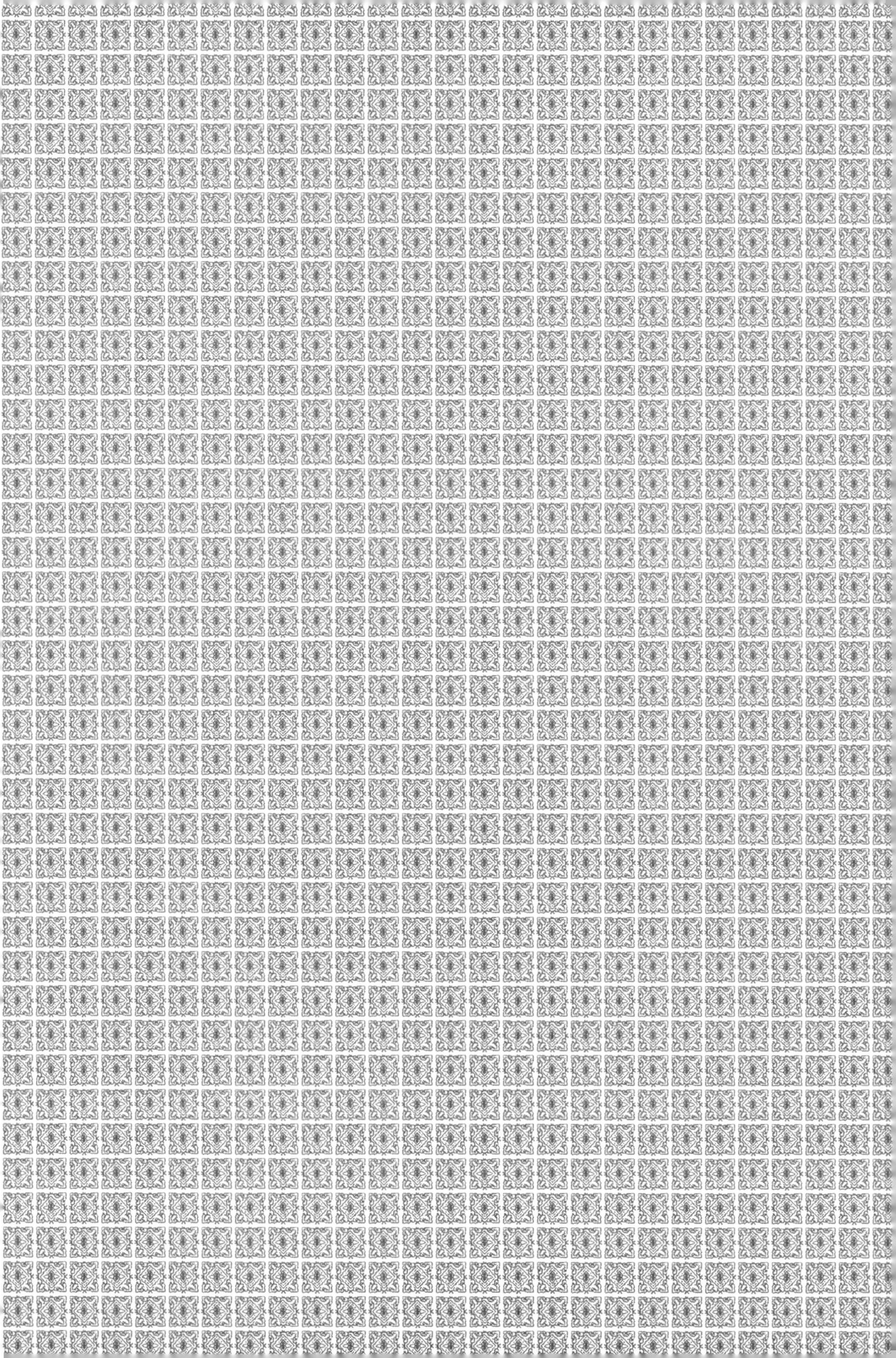

優婆塞戒經講記

——第六輯

——平實導師　述著

ISBN-13:978-986-82992-3-8

目錄

自序

宣講菩薩戒的經典，有《梵網經、地持經、菩薩瓔珞本業經、優婆塞戒經》以及《瑜伽師地論》，此書所宣講之經典是其中一部經典，全名爲《菩薩優婆塞戒經》。

此經專爲在家菩薩宣示菩薩戒的精神，詳細的說明：在家菩薩修學佛法以布施爲第一要務。佛陀如是開示之目的，實因佛菩提道之修證，必須先修集見道、修道、入地、成佛所必須具備之福德；若福德不具足者，即無可能進入大乘見道位中；欲求修道實證及成佛者，即無可能；是故菩薩以修施爲首，次及持戒、安忍、精進、禪定，然後始能證悟而發起般若智慧，進入大乘見道位中。

非唯見道必須有福德爲助，乃至見道後修學相見道位觀行所得之智慧，亦須具備福德作爲進修之資糧；如是次第進修諸地，莫不如是；乃至即將成佛之前的等覺位中，尚須百劫專修布施，頭、目、腦、髓、舍宅、妻、子，無一不可布施，都無貪著；以如是百劫難施能施所得福德，方能成就佛地三十二大人相及無量隨形好，具足如是廣大福德之後始能成佛。由是緣故，佛說菩薩六度乃至諸地所修十度波羅蜜，都以行施爲首要。

然而布施與成就佛道之因果與關聯，屬於因果之了知，其中原理並非等覺菩薩所能全部了知，故說因果之深細廣大，唯佛與佛方能究竟了知。而菩薩盡未來際之修行，恆以施爲上首，若不先行了知施因與未來受果之關聯者，即不能了知布施與異熟果報間之關係；若不知者，欲求諸菩薩盡未來際行施而成就佛果，殆無可能；由是緣故，佛爲菩薩弟子四眾宣演此經，令得知悉行施與果報間之因果關係。於此部戒經中，佛爲菩薩四眾細說「布施與菩薩世世不斷之可愛異熟果間之因果關係」，解說極爲深入；若能了知其義者，即可不退於菩薩六度，是故選取此經而爲菩薩四眾詳解之，欲助當代、後代菩薩四眾。

復次，此經亦詳說第一義諦之眞義，故於業行之說明中，宣示異作異受即是自作自受之眞義；如是正義，於一般經典中難得一見。若能確實了知其義，則於行施之際，既可不執著於未來世必將獲得之菩薩可愛異熟果報，亦可繼續行施，修集廣大福德，亦不致因此而壞世間法，導致家屬及世人之側目，令菩薩修施易得成功，道業因此而得助益；緣是，故選此經而爲眾人宣講，冀能助益菩薩四眾，同得見道而證菩提。

此外，初機學人樂種福田，然而大多不知福田與毒田差別所在；往往正當種福田時，所種卻是破壞正法之毒田。如是求福反成助惡之因由，端在不知三乘菩提差異所致，是故聞說深不可測之如來藏妙法時，即因名師誤導之故，即等視如來藏妙法同於外道神我，由是而極力護持否定如來藏之邪師，產生了力助破法者之愚行，以冀如來藏妙法消失不傳。由是緣故，欲藉此經中 佛所宣演三乘菩提異同所在之正法智慧力，令諸學人悉得了知眞實福田與假名福田——毒田——之差異所在，由是而令修學菩薩行者所作布施，悉皆正得廣大福德。今此戒經之中，對於三乘菩提之差異所在，有極爲詳盡之剖析；學人讀已，即能深入了知同異所在，以後修學佛道之時，庶幾有眼能判、功不唐捐。

又：戒爲修行之基本，未有不持清淨戒而能證得見道、修道功德者。

此經中對於菩薩戒戒相施設之精神，以及戒之犯重與犯輕、性罪與戒罪，都有極爲詳盡之開示；了知戒相及 佛設戒之精神者，即可把握持戒之精神，以戒法之智慧來持戒，不被戒相所繫縛而得身心自在、自不犯戒；如是生起戒體而自然不犯，庶能進道，是故選取此經而說之。

又如十善業道與十惡業道，其中之因緣果報正理，亦有詳細說明。並且特別說明：有人行於少施而得解脫分，有人行於大施而不得解脫分，悉皆各有其原因。若人能細讀此經，並且深解其義趣者，則求二乘解脫之道，輕易可得；然後進求大乘菩提，易得入道，未來成佛之道歷然於心，終無疑惑。如是眾理，於此戒經悉有開示。今將講記發行於世，願我佛門四眾弟子證解 佛旨，悉蒙法益。即以爲序。

菩薩戒子 **平實** 敬識

於公元二〇〇五年中秋

《優婆塞戒經講記》第六輯（上承第五輯〈雜品〉第十九未完部分）：

【「善男子！若有說言：『施主、受者及受樂者，皆是五陰，如是五陰即是無常。捨、施五陰，誰於彼受？雖無受者，善果不滅，是故無有施者、受者。』應反問言：『有施、受不？』若言『施即是施，受即我』者，復應語言：『我亦如是，施即是施，我即五陰。』若言：『施陰此處無常，誰於彼受？』諦聽諦聽！當爲汝說：種子常耶？是無常乎？若言常者，云何子滅而生於芽？若見是過，復言無常，復當語言：『若無常者，子時與糞、水、土等功，云何而令芽得增長？』若言：『子雖無常，以功業故而得芽果。』應言：『五陰亦復如是。』若言：『子中先已有芽，人功、水、糞爲作了因。』是義不然。何以故？了因所了，物無增減，多則多住，少則少住；而今水、糞，芽則增長，是故本無今有。」】

講記：世尊說了很多布施的因果，但是常常有人提出不同的看法；不但是現在，古時候就有，所以世尊還得要做這些開示。就好像我們講般若，以第八識如來藏空性來說般若；但是那些凡夫位的大師們誤會了，他們認爲：般若就是一切法空，一切法緣起性空就是般若。所以印順法師會把般若定位作性空唯名，說一切法的體性都是空，就只有「名」相；換句話說，依他的定義，般若就是戲論。因此他從一切法空的邪見出發，認定沒有所謂的因果可言：因果也是空。但是我們倒想請問：「正在生病痛苦時，受傷時，爲什麼不叫空？爲什麼要咬著牙根在那邊痛苦得不得了？」這些痛苦難道是無因自生麼？所以般若不是講這個空。

有人說：「五陰無常，來世所得的快樂異熟果報也是無常，因爲都是五陰，所以用不著布施，所以不需要供養三寶，也不需要護持正法，因爲一切法空。」既然一切法空，你印順又何必剃髮著染衣、出家現僧寶相呢？一切都是空，你就不需要出家，也不用修行、研究佛法了，反正最後都是空嘛！他的想法到底對不對？從般若系的經文來看，好像是他講的這樣；《金剛經》大家耳熟能詳，文字表面看來好像也是這樣，但是其實都是他錯會了，因爲般若系的經典都是在講常住不壞而無生死的眞實心，所以六百卷般若濃縮簡約成《金剛經》，再濃縮簡約就成爲《心經》了，《心經》講的正是常住不壞而不墮於一切法中的眞實心：

一切法從眞心出生，但眞心常住的同時卻不墮於一切法中。

有人誤會般若眞義，當作是凡夫所知解的一切法緣起性空，就提出這樣的說法：「布施的施主，接受布施的受施者，布施後得到快樂的人，乃至因爲布施而在未來世得到快樂享受，都是五陰，可是這些五陰都無常。既然都是無常，請問：布施者及受施者，有誰在布施當中接受了布施？」他們提出這個道理，表面聽起來好像跟般若經講的符合，這就是表相佛法，不是眞正的佛法。他繼續說：「雖然都是無常而沒有眞正接受布施的人，可是施主布施以後，善果也不會消滅，所以實際上沒有布施的人，也沒有接受施捨的人。」聽來似乎有道理，因爲佛似乎常常說一切法緣起性空，《金剛經》讀到最後似乎什麼都空掉了，可是實際上佛說的不是一切法空，佛說的法空有個前提：一切法空是依能生宇宙萬法的理體、宇宙萬法的根源，來說現象界的一切法空，而不是把萬法根源的前提丟棄來說現象界一切法空。他們誤會了就提出這樣的說法來：「沒有布施者，也沒有受布施的人，一切都空無實質，但是布施以後善果也不壞滅。」《妙雲集、華雨集》⋯等書中不正是這樣說的嗎？

結論就變成沒有布施者也沒有受布施者。請問：辛辛苦苦賺來的那些錢財布施出去，是布施假的啊？是丟到水裡嗎？不！丟到水裡至少也會咚的一聲！竟然布施了錢財以後都沒有意義。

佛開示：如果有人這麼說，就反問他：「有沒有布施與接受這回事？」如果他說沒有；明明有人接受布施，拿了錢就可以生活下去；又爲什麼你們這些大師接受了數十億、百餘億的布施，道場就可以建起來了？既然你建起大寺院，而你現前有五陰存在，你的五陰也接受了一百多億元布施了，怎能說沒有布施這件事呢？只有從實際理地——從眞如心、如來藏——自身的立場，才可以說沒有布施這回事；在未證眞心如來藏以前，都無法現觀三輪體空，一定會落在五陰中，因爲都落在離念靈知識陰中，所以對他們而言：世上的布施是確實存在的，是確實有施者、受者、施事的。佛這一問：「有沒有布施與接受布施的人？」他們就沒有辦法說了，只好改嘴說：「布施就是布施，接受布施的人就是『我』。」佛教導我們：「你應該對他說：『我也是一樣：布施就是布施，確實有布施這回事，而我就是五陰。』」接受布施的你也是五陰，正在布施時的我也是五陰，你怎麼可以說沒有布施這回事呢？所以，悟錯了的人，不論說什麼話，都是動輒得咎。悟了就可以講：「沒有布施這回事。」等他跟著你說沒有時，你就當面說有；他又跟著你說有時，你就說沒有。因爲你怎麼說都對，永遠是兩面兼顧，他們卻一定落在一邊。

聽到　佛這麼說，他們改嘴說：「布施這個五陰是無常的，誰在布施中接受了布施？」他又提出這個問題來反問。這問題比較複雜了，佛就說：「你詳細聽好、詳細聽好！我現在應該爲你說眞實布施的道理了。」就以問代答：「種子是常還是無常呢？」不管是五穀或水果的種子，種子是常還是無常？這話不能隨便答，答無常也是問題，答常也是個問題。但眞正的佛法就不會落在一邊，所以「如果說種子是常，應該種下土裡，水澆了，陽光曬了，它也不會生長的，因爲常是不會變異的，可是種子種下去以後，爲什麼種子消滅而出生了芽？」所以不能說種子是常。他們如果看見這個過失就改口說：「種子是無常，不是原來說的常。」這時要爲他們說明：「如果種子是無常的話，在種子的階段中，施了糞、水、泥土、人功，爲什麼就可以使芽能增長啊？你說它是無常，無常就應該已經壞掉了，不該在給它糞、水、土、人功以後它就增長生芽。」這一聽又傻眼了，不知道該怎麼答了，只好又改口說：「種子雖然無常，但是因爲有人功爲它施與糞、土、水，所以才能發芽，乃至得到果實。」現在他們終於講出來了：原來布施必須是要有五陰的。我們就應該爲他說：「五陰也是一樣的道理：過去世你布施了，就是給與人功、糞、水的加功用行了，所以這一世自然就會生長、發芽乃至結果實，你就得到布施的人間可愛異熟果報。」所以五陰也是一樣的道理，不可說五陰是無常，也不可說是常；都要看時節因緣，該怎麼說就怎麼說。所以，凡是說法都有一個前提，不能把前提割棄了而說某一法的結果，沒有因的果都不是正理。

如果他又改口說：「因爲種子中已經先有芽了，所以人功、水、糞等，都只是作爲了因而已；是種子中先有芽，才能生芽。」現在那些退失的人不也這麼講嗎：「阿賴耶識中早就已經有佛地眞如了，只要把佛地眞如找出來就成佛了，這才是眞見道。不用像同修會一般見道後再去修道；所以，一悟就悟得佛地眞如，這樣的開悟才是眞正的證悟。同修會證得阿賴耶識而說證悟，那是大妄語，死後要下地獄的。」那就好像說種子中已經先有芽了。那就請大家把種子剖開，看其中有沒有芽？那就請他們把佛地眞如拿出來。拿得出來嗎？拿不出來嘛！就像種子中拿不出芽來，一定要有水、糞、土、人功，再經過一段時間才能長芽。同理，一定要在悟後再經過修行，才能把阿賴耶識因地眞如性轉成佛地眞如性。所以阿賴耶識中沒有佛地眞如，但也不能說沒有，就像種子中沒有芽，但也不能說沒有芽，要加功用行再等候時間到了。

這人說：「種子中已經先有芽了，人功、水、糞只是做了因而已。」但是佛說他的道理錯了，因爲「了因所了，物無增減。」了因所了是什麼意思？所了是未來的果，可是了因只能了之前的因，不能成就後來的果，所以他不懂眞理。後來的芽、樹、以及果實都是果，可是了因所了的並不是這些果，了因所了的只是種子，不然怎能叫作因，而要說是了果了！了因所了的是因，所以了因無法使得種子增減；可是明明種子發芽之後，物有增減：發了芽，有了根，有了幹、莖、葉、花、果，確實有增減。但是了因所了的是因而不是果，了因所了之時，物仍然沒有增減。正因爲它所了的是因而不是果，所以「多則多住，少則少住」：種子聚集了一堆在那裡，種子不會再變多，也不會變少；聚多則多、聚少則少，種子永遠都保持固定的數量在那裡。一定得要有人功種下去以後，再加以水、糞，才會增長爲芽，物才會有增減。所以只要加上人功、水、糞，芽就增長了，所以後來的物：芽、苗、樹、花、果，都是本無今有的。布施的果也一樣，也是本無今有的，不能說布施所得的福果是本來就有。若布施以後未來世沒有生出福果，那是種子的問題，就要從了因下手探究了，所以了因所了的只是布施的因，不能了布施的果，所以不可能在布施時就立刻得到布施的福果，福果要到未來世去得。想要吃果子也是一樣，必須種子先種下去，過了一段時間才有果實，不能剛種了就要吃水果，不是拿到橘子種子時就可以吃橘子。

【「若言：『了因二種：一多、二少，多則見大，少則見小。猶如然燈，明多見大，明少見小。』是義不然，何以故？猶如一種，多與水、糞，不能一時一日增長人等、過人。若言：『了因雖有二種，要待時節；

物少了少，物多了多。是故我言，了因不增。』是義不然。何以故？汝法『時』常，是故不應作如是說。善男子！子異芽異，雖『作、得』異，相似不斷；五陰亦爾。善男子！如子業增芽，芽業增莖，莖業增葉，葉業增花，花業增果。一道五陰、增五道陰，亦復如是。若言『如是異作異受』，是義汝有，非我所說，何以故？如汝法中，作者是我，受者是身，而復不說異作異受。受不殺戒，即是我也；以是因緣，身得妙色，是故汝法『受者無因，作者無果』，有如是過。」】

講記　對方又改口說：「了因有二種：一種是多，另一種是少。如果了因多，所看見的果報就大；了因如果少，看見的果報就小了。就好像點燈一樣，把燈燃起來時，明很多的話，看起來燈焰就大；明少的話，看起來燈焰就小。」這叫作類比錯誤，所以佛說他的道理不對。譬如一顆種子，你給它很多的水、很多的肥料，也無法在一時之間或一天之中就使它增長到和別人種了一年的果報一樣多，也沒有辦法超過別人所得到的收成。所以眾生的虛妄想眞的太多了！種下了種子並且施肥、澆水以後，本來就要等它發芽長大、開花結果，你才能有果實吃。修行也一樣，你證悟了就是菩提種子剛種下去，接下來要加功用行而等候時間到達，不能說證悟了當下就要成佛，因爲你不是最後身菩薩——不是大樹開花結果在等待成熟時。人家以前修了三大阿僧祇劫，到了最後身菩薩位，所以能一悟成佛；他們想要把過程省掉，妄想一悟就證佛地眞如、就成佛，那是妄想。可是爲他們解說了，他們仍然不信，只好用這個比喻：別人今天去把果樹灑了水以後，順便收了果子吃，但人家是二年、五年前種的；他們卻今天種了種子，灑了水、肥料，就想要在今天吃到果子，只能說是愚癡人。所以他們的說法不對，所以 佛說：好比一顆種子，給它很多的水與糞，仍然無法一次、一天就長成果子。

如果他們又改口說：「了因雖然有兩種，可是要等到時節到了，才可以有結果，物少就了少，物多就了多：布施的東西少，了因就少；布施的東西多，了因就多。了因多，未來世得果就多；所以我說了因不增，你布施再多，了因還是一樣。」這道理仍然講不通。爲什麼不通呢？因爲你這個外道說「時」是常，既然你說時節（四大外道中有一種外道是以時節爲萬法的根源，所以他們主張「時」是常。我們主張萬法的根源是如來藏，如來藏心體是常，他們則說「時」是常：一切法都從時節來，時節因緣到了你就出生了，時節因緣到了你就死了，而不是如來藏所含藏的業種爲因緣，這就是時節外道。另有一種外道是極微外道；還有一種是大種外道，說一切有情都從四大來），這外道說：時節到了，種子自然就生長，跟你說的道理無關。佛反駁說：「你所講的時節是常，既然是常，不該時節到了就發芽長果子。」因爲常是不變異，你講的時節是常，又怎麼可以變異而生芽？必須如同我們證得的如來藏體常而含藏種子非常，才能成就世、出世間一切法。如果是常，就不該有變異，不能變異就表示它沒有作用，沒有作用還能生芽、長果嗎？所以你這位時節外道講的「時」既然是常，就不應該如你所說的種子能生芽、果。

佛接著開示說：「善男子！種子不同，芽也不同！種子時與長芽時不一樣，所以不能說種子等於芽。」如果種子等於芽，賣豆芽菜的人就省事了，可以把綠豆、黃豆拿來當作豆芽賣，可省事了：給買家一百顆綠豆、黃豆就行了，讓買家回去自己泡水，因爲種子就是芽。但是一定會被人罵神經病！所以說子異、芽異。但也不可說完全不同，因爲人功造作及未來所得的果實雖然並不一樣，但卻是相似而不斷的，它們之間有延續性、關聯性。所以，雖然子異芽異相似不斷，既不能說異，但也不能說不異。五陰相續也是一樣的道理：過去世的五陰造作了感應出生爲人的業，死後種子就由如來藏運作而有中陰身，就去出生爲人。過去世造作的業因成爲種子，這個種子所得的果報是死後應該當畜生，下一世就當畜生去了，所以五陰是有前後世延續性、關聯性的，不是完全無關的；因此不能說上輩子的五陰不是這輩子的五陰，也不能說上輩子的五陰就是這輩子的五陰。因爲這輩子的五陰是從上一世的五陰延續下來的：如果不是上輩子的五陰造作了應得人身的業，今天不會成爲人。但是這輩子的五陰與上輩子的五陰畢竟不同：上輩子也許當皇帝，這輩子卻成爲弘法者；雖然前世造作善惡業的五陰，與此世承受善惡業的五陰相異而不是同一人，但是卻相似而前後世延續不斷，以前世五陰爲種子，由如來藏衍生出此世的五陰果實，所以不能說前後世的五陰一定相同或一定不同，所以是相似而不斷，五陰正是這樣。

佛又說：就像種子轉變以後成爲芽，不能說芽與種子不是同一個，但也不能說是同一個。就好像說種子有能生的功業，所以增長了芽、芽增長了葉子，葉子所造作的業就是增長了花朵，有花所造作的業就增長了果實。同理，一道五陰增加了五道陰：在人間如果修的是畜生道的業，喜歡欺負別人、弱肉強食，下輩子就當畜生，成就了畜生五陰；在人間陰狠毒辣，總是用陰險的詭計來算計人，死了就去畜生道當毒蛇，因為他陰險毒辣；前世的人五陰與後世的畜生五陰相似而不斷。在人間修的是天道，打坐修定而證得禪定，下輩子就生到色界天。在人間持五戒行十善而不修禪定，下輩子生到欲界六天中。如果在人間造作地獄業：謗法謗賢聖，下輩子就出生到地獄去。心性多瞋，喜愛與別人打打罵罵的，死後去當阿修羅。在人間時有錢卻吝嗇而不肯布施，下輩子就去當餓鬼，餓火中燒、口吐餓火。這些都是由一個人間道的五陰而成就五道的五陰，不就是「一道五陰增五道陰」嗎？但是下輩子受可愛異熟果或受不可愛異熟果的五陰，其實正是今生的我們，相似不斷而延續過去的，所以後世的五陰與此世的五陰心性就會有相似性；因為有相似性，過去世的我與這一世的我就有連貫性，所以才會說：過去世我做了善業，所以今生的我擁有財富與地位；過去世我悟了好幾世了，所以我今生想要開悟就很快；過去世我都沒有悟過，所以今生要開悟就很辛苦，悟了智慧也不容易增長。這些都有原因：前後世五陰相似不斷。過去世的我雖然不是今世的我——色身與覺知心都是完全不相同的二個身心——但今世的我卻在接受過去世我所給與的可愛或厭惡的異熟果報。雖然這一世的我不能去到未來世，可是要想一想：由你這一世我所作業而產生的下一世不同的你，是想要受苦還是受樂？所以菩薩所證的解脫之中確實有果報在前後世中連續著，前世與後世五陰不一樣而有相似性、延續性；因爲有意根的你會去到未來世。**一道五陰增五道陰**，就是這個道理。

如果他又改口說：「像你這樣講，那就是異作異受了！因爲過去世的你與這一世的你並不是同一個；過去世的五陰做了善事，由這一世的五陰你來享受，兩人不是同一個人，所以是異作異受。」佛說：「這個道理是你講的，不是我講的，爲什麼這樣說呢？因爲在你的外道法中，你認爲做事情的是我，你說的我則是覺知心，可是你又認爲接受果報的是色身，不是覺知心；既然心做了善惡事，身來接受善惡報，身與心不同，而你都不說是異作異受；而我說的是過去世五陰作業，延續到今生，由此世的五陰來承受，同樣是五陰身心，不是身與心的不同，你怎麼可以說我這樣說是異作異受？」所以外道不能說自作自受、異作異受，只有佛可以說「自作自受、異作異受、非自作自受、非異作異受」。

接著佛又說譬喻：譬如受不殺戒、持不殺戒的是你過去世的覺知心我，因爲過去世那個覺知心受、持不殺戒，所以這一世的色身得妙色，所以前世的心與此世的身有前因後果存在；不能像你把祂們切割成兩個，所以你所說的法主張異作異受，前世心與此世心是二個有情而無因果關聯，那就成爲「受者無因、作者無果」了！你的說法有這種過失。

爲什麼成爲受者無因？因爲這一世的你與過去世的你並不是同一個人，這一世的你平白無故繼承了二十億財產，就是受者無因。過去世的你造作了很多的善事，而不能在今生接受善業果報，那麼過去世的你造作了許多善事的結果就成爲作者無果了，所以你不能主張異作異受，你的道理講不通，有過失。所以心與身不得說是異，前世的五陰與此世五陰也不可說是異，應該說非一亦非異。不可說異作異受，自作自受。

【「若言：『我作身受，我亦如是，此作彼受。』復應問言：『汝身我異，身受飲食被服瓔珞；妙食因緣得好色力，惡食因緣得弊色力；是好惡色若屬因緣，我何所得？若言我得，憂愁歡喜，云何不是異作異受？譬如有人，爲力服酥，是人久服，身得大力上妙好色；有人羸瘦，見之心喜，是人即得大色力不？』若言不得，我亦如是：身所作事，我云何得？何以故？不相似故。我法不爾，陰作陰受，相似不斷。」】

講記　如果外道又說：「如你所說：前世覺知心我做了，後世色身來接受果報。我也是這樣說：這個覺知心做了善惡業，由那個色身來受果報，所以我說異作異受，應該沒有錯。」如果外道這麼說了，我們應該這樣問他：「你所說的是色身和覺知心二個我不同，是兩個我；覺知心造作業行而由色身來接受飲食、披妙衣服、佩戴瓔珞。這就有問題了：吃營養食物的因緣而得到有力氣的色身，吃惡劣、沒有營養食物的因緣而得到沒力氣的色身；可是吃好食物或不良食物是色法，只與色身有關，而與覺知心無關，那麼不吃而餓了很多天以後，應該覺知心仍然很精神而不會沒精打采的：覺知心與色身二者之間如果是屬於因緣法而完全沒有關聯的，那麼覺知心與色身的強盛與否，就都應該完全取決於食物。那麼色身的多日不食而衰弱，又與你覺知心精神萎靡有什麼相干？可是爲何色身吃好的食物，你的覺知心就變成很有精神？吃很不好的食物，爲什麼覺知心就沒有精神？色身不吃食物而不能生存時，就應該與覺知心的你無關，覺知心就應該可以單獨的繼續存在運作。可是色身吃好食物，覺知心的你就會有精神，若二者是異而無關，那麼色身進食，又能使你覺知心有什麼所得而變得很有精神？你如果說：『覺知心我因爲色身得了好食物，所以覺知心我得到了精神；色身得了不好的食物，所以覺知心我就沒有精神，我就憂愁不歡喜。』你因爲色身有好飲食而使覺知心得到力氣，所以就因爲色身得或不得食物而憂愁或歡喜，那又怎能不說是異作異受？就好像有人爲了有力氣，所以就吃酥；酥很有營養，他長久服用之後，身上得到大力氣，色身也越來越光采。另有一個人身體羸瘦，都沒有力氣，當他看見酥時心中很歡喜，但從來都沒有吃，只看就能得到大力氣與好色身嗎？」

如果他說：「色身衰弱的人如果只是看著酥而不服用，色身與覺知心都是無法得到力氣的。」我也是一樣的道理：色身與覺知心是同一個人，但若光只是覺知心看了歡喜是沒有用的，還得要色身去吃了以後才會有力氣，然後覺知心就有精神了！但是你說的色身與覺知心是異，是不同的二個人，那麼色身所做服酥的事，覺知心我又如何可能得到力氣？這是什麼道理呢？因為你說的覺知心與色身是二個人，這二個人是沒有關聯而不相似的，所以覺知心吃不到好酥，心想著接受好酥而無法吃它；心想著吃酥而不是由色身食用，色身仍然無法強健有力，覺知心與色身都無法由心想服酥而得到力氣的，因為二者並不相似，必須要透過融通妄想而由色身服酥，覺知心才能有精神；所以我　釋迦牟尼所說的法不是你說的那樣。我說的是這一世五陰服酥而由同一個五陰承受力氣與精神，我說的是前世五陰造業而由後世五陰承受業果，前後世的五陰相似而不斷絕。我說的是前世有色身與覺知心，五陰具足造做業行以後，下輩子還是一樣有五陰的色身與覺知心，同樣有色身與覺知心一起來受果：是身與心一起造作善惡業，由下輩子的身與心共同接受善惡果報，與你外道講的色身與覺知心相異的說法不同。所以我說前後五陰相似不斷，雖然前後世不是同一個五陰，但卻是相似而不斷絕的延續下來。」

就好像政府一樣，以前清朝與外國人簽訂的條約，民國以後的政府都要概括承受，不能只接受某部分，而拒絕別的部分。同理，上輩子五陰幹的惡事，此世五陰沒理由不接受，因爲是前後相似而延續下來的，這叫做相似不斷。否則大家今生就都不用學佛了，因爲這麼辛苦學佛以後是由下輩子的五陰得果報，那你要不要學呢？還是得要學啊！有的人也許想：「好極了！蕭老師說陰作陰受，前後世不是同一個五陰，那麼這一輩子爲了求各種世間的快樂，惡事可以幹盡，反正下輩子受苦的又不是我。」但請你想一想：如果上輩子另一個五陰的你幹了惡事，你今天還能在這裡學法嗎？當然今生是當一條豬，準備讓人家宰殺了吃，有誰願意呢？沒有人願意了！更何況還有一個意根從無量劫前的無量上輩子一直延續到今生，未來還要去到無量世而成佛，這樣觀察的結果，惡業還能做嗎？結果還是意根的你要去未來世接受！想一想：要意根的我下輩子去接受，那我還不如多做一些善事，免得受苦。這不就想通了嗎？這就是 佛說的陰作陰受、相似不斷，前後世有連結性而不斷絕。

【「善男子！若言『五陰無常，此不至彼而得受報』，是義不妨；何以故？我法或有即作即受，或有異作異受、無作無受。即作即受者，陰作陰受；異作異受者，人作天受；無作無受者，作業因緣和合而有，本無自性，何有作受？汝意若謂：『異作異受，云何復言相續不斷？』是義不然，何以故？譬如置毒乳中，至醍醐時故能殺人；乳時異故醍醐亦異，雖復有異，次第而生相似不斷，故能害人；五陰亦爾，雖復有異，次第而生相似不斷，是故可言異作異受、即作即受、無作無受者。」】

講記　大乘佛法就是這麼妙，外道若跟著 佛陀講「即作即受、此作此受」，那也是錯誤的，他們若改說「異作異受」也是錯誤；但大乘佛法不論怎麼說都可以通，二乘法中可就說不通了，更何況外道？外道如果這麼說：「五陰是無常的法，這世的五陰不會去到未來世而得受報。」佛認爲：「外道這麼說是對眞相沒有妨礙的，因爲在我釋迦牟尼的法中，有時說即作即受，有時說異作異受，有時又說無作無受。即作即受是說：

五陰所做的業行還歸五陰來受報業果，同是五陰所做而由五陰承受，所以叫作即作即受。如果是說異作異受也可以講得通，因為我釋迦牟尼的法中說：由前世人身做的善業卻是由後世天身來接受善果。」比如這一世的人身受持五戒、修行十善，是由人做；下一輩子由天身的你來承受善果，這就是人作天受，這不就是異作異受嗎？「如果講無作無受也可以通，我釋迦的正法中都可以通，因為作業的人由於作業而得到好處或者惡處人所做的惡業而在後世得到惡果，不論是造業或受果者，都是因緣和合而有，根本沒有常住不壞的自性，都是緣起性空，那還有什麼作與受可說呢？如果你這外道提出質疑：『既然你說的是異作異受、人作天受，怎麼可以說相續不斷？』你這個質問是不對的，為什麼不對呢？譬如有人把毒藥放在牛奶中，這牛奶經過提煉變成乳酪，又經過提煉變成生酥、熟酥，最後提煉成醍醐，可是到了醍醐的階段已經不是牛奶了，也不是中間過程的乳酪、生酥、熟酥了，但是醍醐卻還能以毒殺人，所以吃了醍醐的人照死不誤；可是毒藥在牛奶的階段時，與乳酪、生酥階段時並不一樣，更與熟酥、醍醐時的情況都不一樣；雖然都不一樣，但是毒藥經由牛奶、乳酪、生酥、熟酥到醍醐，身雖不同而乳到醍醐是次第相生、相似不斷的，其中的毒素也隨同移轉而一直存在，所以這毒還是一樣能殺人。」

同理，五陰也是一樣的：上輩子的五陰就好像是牛乳，這一輩子的五陰叫做乳酪，下輩子的五陰是生酥，下下輩子是熟酥，再下下輩子是醍醐，可是你所修的善惡業種子還是存在，除非已經受償了果報，不然種子（毒素）是一定會繼續存在的。所以前後世的五陰雖然有異，可是前後五陰次第相生、相似不斷，就不可以說上輩子與這輩子的五陰完全沒有關係，因爲是前後次第而生、相似不斷的緣故。所以我們佛法中講異作異受也可以通，講即作即受也可以通，講無作無受也可以通。你若講異作異受，譬如前後世不一樣：前世五陰造作善業、護持正法，今生的五陰就可以開悟，這也是異作異受。講即作即受也可以通：上輩子造業的是五陰，這輩子受果報的也是五陰，同樣是五陰，所以是即作即受。而且異作異受之中，還有個意根是從過去世的五陰延續到這一世來的，那麼即作即受也講得通啊！如果從實際上來看，上輩子的五陰接受快樂的果報，此世的五陰也接受快樂果報，兩個五陰都是無常，都是因緣法，都緣起性空，所以也都沒有誰造業、受果，所以無作亦無受。

也許有人說：「有啊！如來藏做的啊！而如來藏一直都是同一個，前後世都沒有不同。」可是如來藏能做嗎？不都是色身做的嗎？無形無色的如來藏怎能做任何事呢？正是色身做的啊！怎麼能說是如來藏做的？可是若沒有如來藏，你色身還能做嗎？也不行！還是得要如來藏；所以，到底是有作還是無作？結果是「非有作、非無作」嘛！前世的我所造的業行，都要由此世的我來承受果報。譬如你說：「我到正覺來，終於開悟了！」請問：「開悟這回事是不是緣生法？」（大眾答：是！）是啊！你開悟了是由七識心王證悟的，但七識心都是可以壞滅的，由此看來開悟也是無常法。你如今開悟了，但你的如來藏有沒有開悟？（大眾答：沒有！）也沒有悟啊！如來藏離見聞覺知，祂哪有開悟可說？所以也是無作無受的。你上輩子護持正法，這一輩子開悟了，這樣看來也是沒有開悟的；如來藏不壞，可是祂離見聞覺知所以無智慧可說，所以沒有開悟；你有開悟，但你是虛假無常的緣生法，那麼究竟是誰開悟呢？開悟這件事和智慧又是誰受的呢？所以也沒有受可說。可是沒有受之中，又不妨有開悟這回事，也不妨有接受了開悟智慧的人。所以從理上來講，只要你悟了實相，種種道理你都講得通，都由著你說；別人說有，你就說沒有；別人說無，你就說有。這就是開悟的好處。（大眾笑……）所以開悟這件事還眞的很重要。

由這些道理，在佛法中可以說異作異受，也可以即作即受，也可以無作無受。但是在外道法中，不管他們說了哪一種，都有過失；在大乘佛法中，不管說哪一種都沒有過失。但這佛法是指了義佛法，不是講表相佛法。表相佛法的三種菩提智慧，隨便哪一種說了都會有過失，都會被我們評破，如果他抵制我們正法的話。但我們說出了佛法，別人無法評破；他們如果硬要評破，就會被我們再評破。大乘證悟的佛法就妙在這裡，因此，在大乘法中一個布施的法，也可以是很勝妙的法。可是曾經有誰講過這種布施的勝妙法呢？沒有！現在諸位知道這個布施的勝妙法了，出去爲人講布施時，要藉布施來度他們，不要再讓他們在外道法、常見、斷見法中打混了。若遇到有人喜歡布施，你就爲他講布施的即作即受、異作異受、無作無受道理。善心的請問他們：「你布施了以後，有沒有施主？有沒有受者？有沒有布施？」就爲他談這個道理。如果他講：「布施三輪體空，你還講什麼布施？」那就得請問：「三輪如何體空？三輪的空是從哪裡體起的？」他答不出來，你就開始爲他宣說；這樣一來一往的講下去，非得要半天工夫不可，那你就度他入佛法了，他就不會再一直從表相佛法著墨，回去以後就會思考。當時他可能跟你爭辯得面紅耳赤，回去以後平心靜氣下來就會思考了：「某甲說的還眞有道理，明天再去問問看，到底他是怎麼學的？士別三日，以前的門外漢怎會今天佛法這麼通達？」他一定會想來跟你問，你就有因緣幫助他開悟了：「我等了好幾天，你今天才來。」這就是他親證了義法的時候到了，這時不論從哪一個法，你都可以引申到一切法實相上面來，所以見道在大乘法中是非常重要的。

【「若離五陰者，無我、我所。一切衆生顚倒覆心，或說色即是我，乃至識即是我。或有說言『色即是我，其餘四陰，即是我所。乃至識亦

如是。』若有說言『離五陰已，別有我者』，無有是處。何以故？我佛法中，色非我也！所以者何？無常、無作，不自在故；是故四陰不名我所，乃至識亦如是。衆緣和合，異法出生，故名爲作，實無異作；衆緣和合，異法出生，名爲受者，實無異受；是故名爲無作無受。」】

講記 如果離開了五陰色受想行識就沒有我、我所；我就是五陰，色受想行識五法都是我，我所是由五陰所擁有、佔有的種種事物或心所法。一切衆生都是因爲顛倒邪見而遮蓋了覺知心，不知道眞實相，所以有人說：「色身就是眞實我。」有人說：「受苦、受樂就是眞實我。」有人說：「能覺知、能想事情就是眞實我。」有人說：「思想事情的過程就是眞實我，做事情的過程就是眞實我。」有人說：「能見色、能聞聲，乃至能知一切法的心就是眞實我。」有人說：「身外的虛空就是眞實我。」

佛說：「如果有人這麼說：『離開色受想行識，在身外另有一個眞實的色身我。』這種說法眞的沒有道理，因爲在我釋迦牟尼的佛法中，色身不是我，爲什麼呢？因爲色身是無常法，身外的色身也不是能造作一切法的眞實我，它也是不自在的色法故。」這個身外的「色我」不能造作一切法，不能做一切事，色身是做不來、做不到的；如果沒有了覺知心，色身還能做種種事情嗎？若沒有了如來藏，不論是身外色身或現前這個色身，還能做一切事嗎？都不行啊！所以色身無作，沒辦法做任何事。色身也是無常，爲什麼呢？因爲色身並不是自己能單獨存在的法——不能自己獨自存在——必須依靠他法才能存在，所以色身不是眞實常住的我。身外及現前的色身如是，受想行識也都如是，都不是能自己單獨存在而不滅，所以受想行識也都不是眞實我；受想行識雖然不是眞實不壞我，所以說非我，但也不能因此就把受想行識稱爲我所，因爲受想行識正是眾生我，而不是被眾生所擁有的，所以不許稱爲我所。所以有人說：「**色身是我，其餘四陰是我所。**」這個道理也是講不通的，因爲受想行識四陰並不是色陰所擁有的，所以這是講不通的。而且色身本身就已經是無常無作而不能自己獨自存在的緣故。

「乃至識亦如是」：若有人說：「**識陰即是我，色受想行四陰即是我所。**」這也講不通，因爲色受想行都非常住我，都不是能獨自存在的自在法，都是必須依他法爲緣才能存在的不自在法，所以識陰不能把色身等四法執爲自我所有的法，當然色陰等不是識陰的我所。色受想行四法爲什麼都非我、非我所呢？因爲色受想行四陰都是無常、無作，而且也都不能獨自存在的緣故，而識陰自己也一樣如此。也許有人說：「你說的這個道理，我不信受；因爲明明覺知心就是常住我，吃喝拉撒來往去止都是覺知心我，祂是確實存在的，恆住不滅的。所以你說識陰覺知心無常、無作，我不能信受。」那我請問你：「覺知心是常？是無常？是有作還是無作？是能作還是不能作？」所有佛弟子都應該要思考這個問題，你若不加以思考而確實了知，我見根本就斷不了，又怎麼證悟比覺知心更高層次的常住實相呢？一定悟不了！

所謂覺知心是什麼？我們來檢點一下吧！眼識能做什麼？就只能見色塵，眼識不能吃喝拉撒；而且無常性，還要靠眼根與色塵爲緣才能出生及存在；依眾法爲緣才能出生及存在的眼識，顯然是無常性的，無常的眼識怎會是常住的眞實我？所以覺知心的第一部分功能顯然不是眞實我。耳識呢？耳識只能聞聲啊！耳識也不能吃喝拉撒行來去止，也是要依耳扶塵根與勝義根及聲塵爲緣才能生起及存在的，不能獨自生起及存在，那麼耳識怎能叫作眞實常住的不壞我？當然也是虛妄法。同樣的，鼻、舌、身、意識也都只能分別六塵中的四塵而已，而且都要靠根與塵爲緣才能出生及存在，所以也都是無常的法，都不是自己能單獨存在的自在法，那你識陰六識能做什麼呢？你什麼也做不了！所以叫作「無常、無作」，都不是自在法故。只有不必依靠別法而自己就能單獨存在的法，才可以稱爲自在的法。識陰的六識既然都不是自在我，要依靠他法爲緣才能生起及存在，是無常法，怎麼可以把其餘四陰據爲我所呢？你識陰六識又不能出生另四陰，怎麼可以把其餘四陰據爲我所？沒有道理啊！所以識陰就是覺知心：眼識、耳識，鼻、舌、身、意識。這識陰既然是以根塵爲緣才能出生、才能存在的，怎麼可以說識陰的我是常住不壞的我？然後又把色受想行四陰據爲我所？這個道理當然講不通。所以說，眾緣和合、異法出生，就名之爲作。

眼耳鼻舌身五識及意識合稱爲識陰，這六識都是眾緣和合而生的，所以名爲有作的法，是由眾緣造作而成的法；並且出生了以後，這六識與眾緣都不一樣，所以叫做異法出生，所以稱爲眾緣造作而成的法，所以名之為作。為何說異法出生呢？譬如眼根與色塵相接觸為助緣，所以出生了眼識，可是眼識出生以後卻與眼根及色塵不一樣，是以和眾緣相異的法相而出生的，所以是眾緣和合而成為異法出生。有誰會說「我的眼識與眼球、色塵一樣」？絕對不會一樣嘛！如果眼識與色塵一樣，這個說不通，而且在《楞嚴經》中 世尊早就破斥過了！眼識如果就是色塵，那麼眼識成為色塵時還能了別色塵嗎？若有人說「眼識即是眼根」時，道理也是一樣的，所以說眼識也是眾緣和合、異法出生。耳識，鼻、舌、身識乃至意識覺知心，也是一樣；意識得要有意根、五色根再加上法塵，要有這六根及法塵配合，才能在人間出生覺知心意識，但覺知心不是法塵也不是意根及五色根，覺知心出生以後與六根及法塵完全不同，所以也是異法出生。覺知心既然是眾緣和合而生，也是異法出生的，當然是被造作出來的，不是自己已經存在的法，不是自己本來就在的法，所以不自在而名之為作。其實覺知心也無異作—不是別人造作出來的—而是由你的如來藏配合意根造作出來的，所以也可以名之為自作。

覺知心和其餘四陰共同造作了種種事，怎麼可以說是異作呢？明明就是你做的：你殺了人，不可以說沒殺人；你布施了，不可以說沒布施。雖然布施是三輪體空，而可以說是無施主、無受者、無布施事；但是布施以後在未來世一定會得到可愛異熟果，怎麼可以說沒有布施？所以也不能撥無因果。有人學佛以後總是排撥因果，排斥因果；撥無因果以後就會造惡業，謗法的大惡業都敢做。但是識陰乃至色陰都一樣是眾緣和合，異法出生，所以都是被作出來的法；既是被作出來的，沒有異作，那是誰作的？是過去世你的五陰造作了善惡業，就由這一世五陰的你來接受善惡報。過去世造善惡業的人是眾緣和合，異法出生；這一世受善惡果者也是一樣眾緣和合，異法出生，由種種的緣出生了這一世的五陰，來接受可愛或可厭惡的異熟果報，就有了受者，雖然前後世五陰不相同，但其實還是同一個人所造、所受：由過去世的五陰造了業而延續下來，這一世的五陰就去承受業果，所以前後世都是五陰受，就不能說是異作異受。由於眾緣和合、異法出生，也由於眾法為緣，皆是有作之無常性空，所以雖然前後世相異，其實並無異受，因此也叫作無作無受。

明明已經是自作自受了，為什麼又名為無作無受？因為眞正受果報的並不是五陰，眞正受果報的還是你的如來藏，因爲五陰是無常法，怎麼可以說五陰是眞正受報者？可是五陰無常而說沒有受報，卻明明是五陰在痛苦、快樂啊！如來藏離見聞覺知，祂不受苦樂，所以不是如來藏在受苦樂；但明明是上輩子的如來藏才能來到這一世，祂才是受報的主體，可是祂又不受苦樂，所以說「非有作有受、非無作無受」。因爲這個緣故，所以說「實無異作、實無異受」，就叫做無作無受。所以無作無受還眞的不好理解，今天諸位聽過這經中的解釋就能理解了！所以今天受可愛的異熟果報：**終於開悟了，好高興！**其實也甭高興，因爲是你過去世的五陰護持正法，所以今天有這五陰開悟的果報。若是還沒有悟呢？也別灰心喪志，因爲過去世的五陰沒有好好護持正法，所以這一世就悟不了。那該怎麼辦？是否要去怪上一世的五陰爲什麼沒有好好做？若要怪上一世的五陰，不如怪現在的自己：爲什麼我這一世沒有好好護持正法來補足證悟所須的福德？所以，既然悟得這麼困難，不如怪這一世的自己，因爲過去世的五陰滅了，如今沒有一個可以讓你怪的人。而且過去世的五陰延續下來就是你這一世，那你就得要怪自己，還能怪別人嗎？當然不行！所以怪來怪去，總是要怪自己。

所以學佛都不該撥無因果：「無作無受，五陰是無常，過去世都滅了，這一世又何必辛苦的造作護法的正行？因為一切法空。」現在世這一句撥無因果的話說得好，下輩子可就受得好。（大眾大笑……）所以！非異作異受、非自作自受，無作無受當中卻有作有受，這就是眞實佛法。

【「若汝意謂：『異作異受，何故此人作業，不彼人受俱有五陰？』是義不然；何以故？異有二種：一者身異、二者名異；一者佛得、二者天得。佛得、天得，身名各異，是因緣故身口應異；身口異故，造業亦異；造業異故，壽命、色力、安辯亦異；是故不得『佛得作業，天得受果』。雖俱五陰，色名是一，受想行異。何以故？佛得受樂，天得受苦；佛得生貪，天得生瞋；是故不得名爲相似。色名雖一，其實有異；或有佛得白色，天得黑色；若以名同爲一義者，一人生時應一切生，一人死時應一切死；汝若不欲然此義者，是故不得異作異受。」】

講記 所以法不能單取片段來理解，必須要全面的理解、全面的宣演。如果只做片段的理解、片段的宣演，就會誤導眾生。「你這外道如果說：『異作異受的話，爲什麼此人作了業以後，不會有另一個人共同受一個五陰而同時存在？』」這外道眞會胡思亂想，他聽到人作天受的異作異受道理，就說：人現在正在作業，就應該同時有一個受報的天身正在受果。或者應該造善業以後，會有一個天身同時在人身中受善果。眞是誤會了！他提出這個問題來，佛說：「這個道理不對，因爲『異』有兩種。」外道只知其一，不知其二，佛就乾脆多講一些。我們也常常這樣，人家提出一個問題，我們爲他回答五、六種內容；但若是不理性的人，那就可以免了！佛說：「異有兩種：第一種是色身不一樣，第二種是名不一樣；第一種不同譬如佛得，第二種不同譬如天得。佛得與天得，色身不同，名詞也不同；所以由於這因緣而說身與口應該也不一樣。身與口不一樣的關係，所造的業也不一樣。所造的業不一樣的關係，所以得到的壽命、色力、安辯也各不一樣。所以不該說：『佛得到的是作業，而天得到的是果報。』」雖然佛與天都同樣有五陰，色身一樣是色陰，但是佛與天的受想行是不一樣的。爲什麼呢？因爲佛得到了五陰是受究竟的樂，可是天得到五陰卻是要受輪迴生死苦。」所以佛得到人身或天身，都是究竟樂，因爲連變易生死都斷盡了。但是天得到了五陰可就苦了，一定會有五衰相現，心中就想：「我的天主寶座快要被別人搶走了，我的五百天女也將會被人搶走。」心中有苦，所以天得五陰則是受苦。同樣是五陰，同樣是身：佛得受樂，天得受苦。

如果諸佛認爲自己確實有得五陰，那就是生貪；如果諸天確定自己有得到五陰，就會生瞋。你如果請問諸佛說：「世尊啊！您有沒有得到這個五陰？」你想祂會怎麼答？祂會跟你說有得嗎？一定是非得非無得。如果諸佛說有得到五陰，我告訴你：佛已經生貪了！對五陰生貪才會說有得。實際上諸佛來人間或在天上示現，所擁有的五陰都只是因爲悲願而來受生、利樂眾生，所以諸佛都沒有得五陰，如果佛認爲有得五陰，那麼佛就是生貪而有我執了。天人，比如說色界天人，你問他：「你有沒有得五陰？」他會說有，除非他是菩薩往生爲色界天人，否則天人都會說有得。可是天得五陰就會生瞋，菩薩得天五陰則不會生瞋。你對色界天人不恭敬，他就會生瞋。色界天人已過了欲界境界，剩下瞋與無明；所以色界天人的標準表現就是有瞋。所以外道縱使證得了第四禪，出了定以後他會用下巴看你，當你去求見，他就下巴抬得高高的：「你是誰？」（大眾笑…）。你如果說：「哼！**你這個人瞋心這麼大，我才不相信你有第四禪**。」他馬上就氣起來了！佛得天身時，不會這樣。諸佛認爲都無所得：**去取色界天身只是爲了利樂天人、利樂諸地菩薩**。祂無所得，如果佛有得，就是對五陰生貪了。可是天得色界身五陰，就會生瞋。所以佛所得的身或五陰，以及天所得的五陰，不可以說相似，必須諸佛在天界得最後身菩薩位，在天界得五陰，然後示現來人間受生成佛時，才可以說前生五陰與成佛時的五陰相似；一定是前後連貫而說相似，不可同時存在的二個不同有情五陰而說相似。換句話說，你的五陰不能跟我的五陰前後相似，因爲你的五陰與我的五陰不是前後相承的，所以因果業種不相承受，所以外道異作異受的道理是不通的，所以外道不許說異作異受。因爲外道的異作異受是：我布施了，你現在隨即得到福德果報。這是由同時存在的另一個人得到布施的福果，是邪見。一定是我布施了，下一輩子的另一個五陰我，前後相似相承而得福德果報，不能是相異的二個五陰同俱而有異作異受的事情，所以佛門講的異作異受與外道講的異作異受全然不同。

所以色與名雖一，其實有異，諸佛在人間示現的五陰，天人在天上同時示現的五陰，二者色身雖然同名爲五陰，其實不同，因爲不能相承，也不相似，所以異性。必須是人間五陰造作了善業，下一世生天才能說是相似；有前後世的連貫性，才能說相似，否則即是有異，不能互承因果。但在佛法中，雖然色與名同樣叫做五陰，其實仍有不同，所以也可以身作心受，也名爲異作異受；但外道以不同的二個同時存在的人，而說因果可以互相繼承的異作異受，是與佛法的異作異受完全相悖的。

「或有佛得白色，天得黑色」：同一個法，有時由佛得到時，說它是白色的，若由天得這個法時卻說是黑色的；譬如佛得價值無量百千金的妙天衣仍然是白法，但若由天人得到時就生貪，別人想要強行得到他的勝妙天衣時，他就生瞋，貪瞋都是黑色法。都是因爲二人的五陰不同、不相似，受想行識的心行也都不一樣，所以佛得白色、天得黑色，因此不能說是同一，所以因果的造作與承受，不該是外道所說的異作異受，不可能是某甲造業而由同時存在的某乙得果；必須是前後相似不斷的五陰來造業與受果，而前後世的五陰相似而不是同一，才能叫做異作異受，不能像外道所講的：二個同時存在的不同有情五陰，可以互相得到對方的果報。外道異作異受而成就善惡業因果的道理，不能成立。

「若以名同爲一義者，一人生時應一切生，一人死時應一切死」：**所以，如果以「名同」就認定爲同一義：名稱同樣是五陰，佛也是五陰，天也是五陰；你也是五陰，我也是五陰，既然同樣是五陰，所以我就是你，你就是我，都是同一有情**。如果這樣的話，就沒有因果了：那麼一個人出生時，應該一切人都同時生；一個人死時，一切人都應該同時死，因爲同是五陰而成爲同一有情嘛！那就應該同時死了！所以 佛講的同與異，千萬不能混淆。譬如經上常常講：一切有情共有如是如來藏。有人誤會了，就把它解釋爲：大家共同擁有一個如來藏。誤會就大了。「共」的意思有時是說「同樣」的意思，所以「共有」是「同樣擁有」的意思，是同樣的擁有同樣體性的如來藏，不是共同擁有同一個如來藏。

如果是共同擁有同一個如來藏：當我出生時，你們應該與我一起出生；當我悟了，你們應該與我同時悟，那就不必來聽我說法，不必參加禪三求悟。將來我死時，你們也應該跟我一起死；那麼十方世界某一有情出生時，應該所有有情同時跟著出生；某一有情死時，所有有情都應同時死，這樣才能說是共有同一個如來藏嘛！因爲共有同一如來藏時，大家的善惡業與智慧種子都相同，當然業報也會相同：那麼我吃飯時，你們應該大家同時吃；我講話時，你們應該同時講。但是在法界中顯然不是這樣，所以一定是各人有各人的如來藏，但是各人的如來藏都同樣是本來自性清淨涅槃，而各自持有不同的善惡業及無記業種子，才會說一切有情「共有」——同樣的擁有——同一體性的如來藏；所以我悟了，你也被幫助而開悟了，二人各自的如來藏都同樣是本來自性清淨涅槃的眞如性，但是咱們二人的智慧無妨不一樣，高低層次無妨不相同，受報也將繼續不同。所以不應該因爲名相一樣叫作五陰，不該因爲佛說前後世同樣有五陰異作異受，就學外道說：你作了善惡業以後由我來領受，或說我作了以後由你來領受，所以外道說的異作異受不得成立。

由此眞理來看藏密的傳說：密勒日巴把別人的痛苦移到自己身上來

代受。可行不可行？（大眾答：不行！）不行啊！所以那是外道妄想法，只有外道才會那樣說，有種智的人都不會那樣說。所以他們說謊都是不打草稿的，今天就被我拆穿了！因爲各人的如來藏不同，所以各人都擁有自己的無記有爲法種子，雖然各人擁有的這些種子功能名相都一樣，但是卻都只能由自己來承受：你的痛不能移到我身上來，我的痛你也不能代受。所以只能經由發願而在不同的時間點幫你承擔而消除，不能在你已經開始承受以後來當場幫你代受，所以沒有當場代受痛苦的法。所以從如來藏來看，遷識法根本就是胡人講的，不是正人說的；如果胡人不聽勸止而繼續堅持的說了八遍，那就是胡說八道。雖然是通不過檢驗的，但你如果沒有道種智，你也無法檢驗他。所以我這一世剛悟時想：「也許他說的可能是眞的。在我還沒有把握之前最好不要否定他，以免萬一是自己悟得太淺而否定了，就成爲誹謗賢聖了。」當時雖然有疑，但只有般若總相智及少分別相智時，是沒有能力判斷的；還得要有種智，才能判斷密勒日巴的說法是藏密後人編造的胡說八道。

所以佛法還得要不斷的深入，不是找到如來藏開悟而得到般若總相智就沒事了；也不是見性了就沒事，悟後還有很多事。所以沒悟以前都沒多少事，悟了反而事更多；因為悟後要學的法太多了，需要將近三大無量數劫去修；所以悟了以後事更多，不是悟了就可以對我說「再見」；反而是開悟以後還要每週來跟我見面，因為悟了以後才會發覺要學的法太多了，盡形壽都學不完的；所以菩薩即使到了等覺位，還要常常親近十方諸佛，因為相差太遙遠了！這樣的知見與證量才是眞實佛法。所以說，悟後起修才是眞佛法，說悟了就不用修行，那就是常見、斷見外道。所以，外道若不肯接受「一人生時應一切人同時生，一人死時應一切人同時死」，那他們當然就不可再主張他們的異作異受謬論是正確的。

【「汝意若謂：『汝亦異作異受，我亦如是異作異受；若異作異受，應同我過，何故不見自過而責我者？』是義不然。何以故？我異二種：一、次第生亦次第滅，二者次第生不次第滅。是生異故，滅亦復異，是故我言『異作異受，此作此受』，不同汝過。譬如有人欲燒聚落，於乾草中放一粒火，是火次第生因緣故，能燒百里至二百里；村主求得，即便問之：『汝弊惡人！何因緣故燒是大村？』彼人答言：『實非我燒。何以故？我所放火，尋已滅盡；所燒之處，一把草耳。我今當還，償汝二把；其餘之物，我不應償。』是時村主復作是言：『癡人！因汝小火次第生火，遂燒百里至二百里。辜由於汝，云何不償？』雖知是火異作異燒，相續不斷故彼得罪。善惡五陰亦復如是，受報時陰，雖言不作，以其次第相續而生，是故受報。」

講記　如果外道又說：「你所說的也是異作異受，我也是一樣講異作異受，如果是同樣的異作異受，那你應該和我一樣有異作異受的過失，你又是因什麼緣故而看不見自己的過失，卻來責備我？」外道這個說法不對，爲什麼不對呢？因爲我所說的異有兩種：第一種異是說次第生，而且也是次第滅，又叫做異；第二種是次第出生但不是次第而滅。譬如昨天的我不同於今天的我，因爲昨天的我與今天的我，思想不必全然一樣，色身也一直在新陳代謝。據醫學家說：人的細胞新陳代謝，十年年就全部代謝完畢，所以十年前的色身與現在的你是完全不一樣的，這叫作次第生、亦次第滅。覺知心也一樣，前一刹那想的是某事，下一刹那又想另一件事，剎那、剎那變異不斷，所以也是異；所以前一分鐘罵人時意氣風發、不可一世，後一分鐘的覺知心卻要承受被人回罵的痛苦感覺，所以是異作異受，我講的是這種次第生亦次第滅。第二種異，我釋迦牟尼佛說的是次第生而不次第滅：是次第相生但不是次第滅，因爲覺知心種子剎那、剎那次第生起，種子剎那變滅而覺知心一直都還在；所以上一分鐘罵了人，這一分鐘挨打痛苦，種子次第生滅而覺知心不次第滅，覺知心還在。所以有兩種異。同理，次第生也次第滅，所以有異；譬如上上輩子五陰、上輩子五陰次第而生，但都不是同一個五陰，所以有異。而這一輩子現在的五陰還存在不滅，五陰種子次第相生，也在次第變滅，但是現在五陰並不次第滅，仍然還在啊！所以我釋迦牟尼所講的異有二種。因爲生不一樣的緣故，所以滅也就不一樣了！由這個緣故，所以我說異作異受，我也說此作此受，但卻不會像你外道講的異作異受有種種過失。」聽不懂或是口服心不服的人就會說：「唉呀！你眞的是能言善道。」其實不是能言善道，只是因爲理通了所以能爲人說法。所以無妨像我：一個在小時候一直被人家敲腦袋斥罵「你怎麼這麼笨」

的小孩，今天寫出來的書是哲學、佛學教授們應該要細讀的。這其實不是因爲我口才好，而是因爲實相正理通達了！如果能夠通達了，你也會跟我一樣的，佛學、哲學教授們也會和我一樣的。所以佛法中所說的異作異受、此作此受，不會像外道一樣有過失。

如果還聽不懂，再舉個道理來講：譬如有人惡心想要燒燬村落，就去上風很遠一、二百里外，在乾草中放一粒黃豆大的小火，可是這粒小火次第轉生，就向下風滅了又生、滅了又生，一直燒到一、二百里外，把村落給燒掉了。村主就去探究火源的來處，一直找到一、二百里外：「原來是從這裡燒起的。」就去尋訪放火的人：原來是某甲放的火。質問說：「你這個弊惡人，是爲了什麼因緣把我們大村給燒了？」某甲答得似乎很有道理：「其實不是我燒的，因爲我所放的火，放過不久就滅了、不在了，我放的火只燒掉一把草；後來接著燒過去的火都不是我放的，那是原來的火滅了又有新生的火燒過去的，所以不是我燒掉村莊。我放的火只燒掉一把草，如今我最多就是賠給你兩把草；你們村裡燒掉的其餘財物，都不應該由我來賠償。」村主斥責說：「你這個愚癡人，正因爲你放了那粒小小的火，然後才有次第的出生了新的大火，燒到一、二百里外，所以村落被燒掉了。這個過失是由於你，你怎麼可以不賠償啊？」雖然這村主以及放火的人，都知道某甲所放的火是異作異燒，某甲所放的小火雖然不即是燒掉大村落的大火，但是因爲前後相似而相續不斷，所以放火的某甲就得到放火的大罪，要全部賠償。

前後世不同的善五陰與惡五陰也是同樣的道理，一定是要前後相似而延續的才可以說得通。所以受報時的五陰，雖然並沒有做什麼善惡事，但是因爲從過去世做善事或造惡業的五陰，前後世次第相續的相似而生，所以後世五陰要受報。如果那個外道說的法可以通的話，那麼法院要先關門了，警察局也要關門，因爲殺人是昨天的我殺的，你不能抓今天的我啊！但是這沒道理嘛！如果外道的理可通，那麼法律就不能判罪於今天的我，只能判罪於昨天的我，也不能拘提今天的我去服刑。正因爲有前後相似的延續性，所以十年前某甲造了善事，今天表揚他；十年前的某乙幹了惡事，今天處罰他，都因五陰相續不斷所以受報。

【「譬如有人與他共賭：『執炬遠行至百里外，若不至者當輸罰負。如其到者，我當輸汝。』執炬之人至百里已，即從責物。他言：『汝炬發跡已滅，云何於此從我索物？』執炬者言：『彼火雖滅，次第相續，生來至此。』如是二人，說俱得理，何以故？如是義者，亦即亦異；是故二人俱無過失。若有說言：『五陰亦爾：即作即受，異作異受。』俱無過失。」】

講記　接著又舉例說明：譬如某甲與某乙共同賭博，某甲向某乙說：「你要拿著這火把遠行走到一百里以外，這一把火如果到不了那裡，你就要輸給我所罰的欠物。如果火能送到的話，我就輸送罰物給你。」輸，現在我們講輸贏，贏就是拿進來，輸就是拿出去；所以現在你們心中所想的輸與原來輸的意義不一樣了，所以「我當輸汝」，就是「我應該輸送財物給你」。某甲很聰明，他認爲：「某乙現在點燃的火很快就過去了，去到百里外時已經不是同一把火了，一定要輸出財物給我。」某乙想：「這火一定可以到那邊還不會熄，還是同一把火，因爲前後相似相續，不可說不是同一把火；所以我到了百里外時，當然有理由向他索取責罰的財物。」二人有不同的二種想法，所以才會賭嘛！這拿著火炬的人到了一百里時就說：「我已經把火送到了，你應該輸送罰物給我啦！」可是某甲說：「你的火炬點了以後，不久就已經滅了；你拿到百里外的火是後來的火，並不是當初點火時的原火，你爲什麼還來向我要罰物呢？」拿火炬的某乙說：「當初點火時的火雖然已經滅了，但是那把火次第相續生滅，相似而生，一直都沒有斷絕過，所以你應該輸給我財物。」這兩人說的其實也都有道理，只是從不同的觀點來說而已，這道理就是亦即亦異。因爲百里外的火與出發處剛點起來的火雖然是異，但是也是即啊！是原來的火相續相生而相似的延續下來，並沒有中斷過；如果中斷了再點，你可以說是前後不相續而成爲二把火，但它一直沒有中斷而相似的延續下來，所以說亦即亦異，所以這兩人說的都沒有過失。五陰也是一樣的道理，如果有人說前後世不是同一個五陰而說異作異受，或從前後世相續相似的兩個五陰而說即作即受（自作自受），這二個人的說法都沒有過失；這是因爲前後世不是同一個五陰所以異作異受：前世五陰造業而由後世五陰受果；也是因爲前後世相續不斷而相似，前後世不同的五陰是有關聯的、不間斷的延續性存在，所以說是自作自受：前世五陰造業而由後世五陰受果。佛法中兩種說法都沒有過失。

【「譬如此彼二岸、中流，總名恆河；夏時二岸相去甚遠，秋時二岸相去則近，無常定相，或大或小；雖復增減，人皆謂河。或有說言：『此不是河』，智人亦說：『有異不異』；五陰亦爾，智人亦說：『即作即受，異作異受。』汝意若謂：『二岸是土，中流是水，河神是河。』是義不然；何以故？若神是河，何故復言河清河濁？有此岸彼岸、中流深淺？到於大海，可度不度？譬如有樹則有神居，若無樹者神何所居？河之與神亦應如是。是故，彼此二岸、中流，次第不斷，總名為河，是故可言即之與異；五陰亦爾。譬如有人罵辱貴勝，因惡口故腳被鎖械，是腳實無惡口之罪，而被鎖械；是故不得決定說言：異作異受，即作即受。唯有智者，可得說言：即作即受，異作異受。」】

講記 又比如說，此岸與對岸，以及中間所流的水，合起來稱為恆河；可是夏天時雨水暴漲，此岸與彼岸相去很遠；到了秋天沒有水時，兩岸相去又很近，所以沒有常恆而固定的恆河表相，因此恆河表相或大或小四時不同。雖然恆河大小有增有減，但人們都會說它是恆河：雖然有增有減，都是恆河。但有人依水大時的恆河而說水小時不是恆河，有人依水小時的恆河而說水大時不是恆河。有智慧的人聽了也這麼說：有互異也有相同的地方。五陰也是一樣的道理，有智慧的人也會說「即作即受」，但也會說是「異作異受」，因爲前後世的五陰也是有所增減、變異的，所以有智慧的人說即作即受、異作異受，二個道理都可以通。但如果片面的落在一個定相上面來說即作即受或異作異受，那都有問題。

如果外道這麼說：「所謂的恆河應該說此岸和彼岸是土，中間流著的是水，這都不叫恆河，應該說恆河神才是恆河。」外道假使這麼說，這道理是不能成立的，爲什麼呢？佛說：「如果恆河神就是恆河，又是什麼緣故常常有人說『現在恆河水清了，現在恆河水濁了』？」如果恆河神就是恆河，就不該說恆河神有時清、有時濁，所以不可說恆河神就是恆河。「如果恆河神就是恆河，爲什麼恆河又說有此岸、有彼岸？也有中流？又說中流有深淺不同？又如何可以說恆河有的會流到大海，有的部分不流到大海？又說有的地方恆河可以度過去，有些地方的恆河太遙遠而度不過去？」如果恆河神就是恆河，就不應該會有這些差別。「又比如說：有樹就有樹神居住，卻不能說樹神就是樹；如果沒有樹的話，哪裡會有樹神？同理，如果不是有恆河，怎可能會有恆河神？所以不能說樹神就是樹，也不能說恆河神就是恆河。由這道理，必須是此岸與彼岸及中流合起來，加上流水次第不斷，才能說它是恆河。」由於有此岸、彼岸、中流、以及中流的流水相續不斷，才可以說岸與恆河、水與恆河、中流與恆河是一是異，「由這個緣故才可以說『即之與異』」。即就是同一、異就是非一。「同理，五陰的一異道理也一樣。」五陰有色身，有受想行識，這五個陰相和五陰亦即亦異，所以不能單說識陰、或者色陰是五陰，但也不能說識陰或色陰不是五陰。

又譬如說有人愚癡而去侮辱、責罵了貴勝之人，因為惡口就被貴勝之人運用權勢把他腳鐐手銬，用鎖鏈鎖住了。但是他的腳其實並沒有惡口之罪，惡口的是他的嘴啊！可是腳卻被鎖住了，所以不能說口與腳無關，所以不能說是異啊！但也不能說口與腳是一啊！如果是一，明明腳與口不同，不可說腳就是口。同理，五陰有異作異受、有即作即受。有智慧的人可以說即作即受，也可以說異作異受；但沒有智慧的人就不許說即作即受，也不許說異作異受。有智者可以二者都說，都無過失：若說即作即受，因爲都是五陰，所以嘴巴罵了人，身體的腳就被鎖住了，這就是即作即受，都是五陰。沒有智慧的人說即作即受，就不能成立，因爲嘴巴罵了人，嘴巴沒有被鎖住，腳卻被鎖住了。所以即作即受與異作異受，要看你怎麼說，不能執言取義。

【「譬如器、油、炷、火、人護，衆緣和合乃名燈明。汝意若謂『燈明增減』，是義不然。何以故？滅故不增，來故無減；以次第生，故言燈增減。汝意若謂『燈是無常，油即是常；油多明多，油少明少』者，是義不然；何以故？油無常故，有盡有燒。如其常者，應二念住；若二念住，誰能燒盡？是故智人亦復說言『燈、明，即、異，五陰亦爾』：明即六入，油即是業；油業因緣，故令五陰有增有減、有彼有此。如有人說阿坻耶語，是阿坻耶久已過去，不在今日；世人相傳，次第不滅，故得稱為阿坻耶語。智者亦說：『是阿坻耶語，非阿坻耶語。』雖復是非，俱不失理。」

講記　「譬如點燈器具、其中裝的油及燈芯，以及所點出來的火，再加上有人工來護持它，不被風吹熄或燈油乾盡，這四緣和合起來才能叫作燈的光明。你這外道的意思如果說：『前後的燈照光明有增有減。』這道理是講不通的，為什麼呢？因為燈的光明是前後剎那、剎那不斷的滅失，所以不能說燈光有增；可是燈光剎那、剎那滅失後，又繼續有每一剎那的光明遞補上來，所以前後剎那的燈明並沒有減少；但是因為燈的光明是次第而生、次第而滅，又是次第不斷的填補上來，才可以說燈的光明有增有減，不可在沒有前後次第滅失、次第增補的情況下，單說燈明有增或有減。你的意思如果說：『燈是無常，油是常；油多了光明就增多，油少了光明就減少。』這個道理也不正確，為什麼呢？因為油是無常的關係，所以油會燒盡，不能說油是常。如果油是常，應該會有二種想法常住於人間：油永遠燒不盡，所以油常住；或者油永遠不能燒得起來，所以油常住。如果是油不能燃燒的話，應該油變不出光明來；

如果是油永遠燒不盡的話，它就應該永遠不能燃燒。如果是像這樣二念常住的話，是誰能把油燃燒、燒盡？所以有智慧的人也這麼說：『燈和光明二者是即也是異：沒有燈就不會有光明，所以光明與燈是即；但是也是異，因爲光明會滅掉，而燈還在啊！所以燈的光明不等於燈，所以燈與明亦即亦異。』同理，五陰和一一陰的關係也一樣，是即也是異。」

所以色身上的每一部分都和色身是即也是異，有智慧的人都可以這麼說。沒智慧的人說手就是色身，就會有過失：每一個人都不該叫作人而都應該叫作手，所以亦即亦異雙到的道理也應該瞭解。在五陰中，說哪個部分是明呢？明就是六入；因爲有六入，所以眾生才能明明白白、清清楚楚。如果不是六入，眾生就不能清清楚楚、明明白白，所以佛說六入就是明。既然明就是六入，六入無常，所以清楚明白即是無常。所以清清楚楚、明明白白正是六入，正是無常。如果不是六入，哪來的清清楚楚、明明白白？能在六塵中明白清楚，正是因爲六入，所以佛說「明即六入」。

「油即是業」：油讓燈的光明持續不斷，同理，業讓眾生的五陰前後世相續不斷，所以眾生可以繼續生存在人間三十年或五十年、或八十年、或一百年不等，都因爲業（油）的關係。

「油業因緣，故令五陰有增有減、有彼有此」：往世造作護持眾生生命的善業，今生得長壽；往世造作殘害眾生的惡業，今生十幾歲、二十幾歲就死了；都是因爲油（業）的因緣而有眾生五陰的增減不同，所以說油即是業；都因爲業而讓眾生的五陰可以持續存在、世世相似相續而不斷絕。由於油（業）的因緣而使燈明不斷：由於業的關係而使眾生的五陰有增有減，有彼、此差別，才有不同眾生的六入光明差別。

譬如有人說阿羝耶語，我們就把它當作河洛話來比喻好了。河洛話是就是今天的閩南語、台灣話，也是兩千年前中原黃河洛陽地區的語言，簡稱爲河洛話；兩千年前的河洛話在當時人說過以後就已經消失了，可是我們現在台灣仍然在講的話爲什麼還叫作河洛話？是因爲世人相傳次第不滅而來到二千年後的台灣閩南地區，現在我們仍然在講著，所以二千年後的現在我們還在講的話就可以稱爲古時的河洛話。阿羝耶語是古時的話語，古人講過後就不見了，爲何現在還有人在講阿羝耶語？河洛話也一樣，兩千年前中原的話，當時人講過就不見了，爲什麼我們現在的台灣話還叫作河洛話？都是因爲世人前後相傳、次第不滅，所以現在還是被稱爲河洛話，與古時河洛地區人民說的話一樣。所以有智慧的人，懂得阿坻耶語的人就說：「**你講的是阿坻耶語，他講的非阿坻耶語。**」雖然兩個人說的都同樣是阿坻耶語，但有智慧的人可以對某甲說「你講的是阿坻耶語」，對某乙的阿坻耶語卻說不是阿坻耶語：二種說法都對。因爲某甲講的是相傳到現在而沒有改變的阿坻耶語，某乙講的雖然同是一模一樣的阿坻耶語，但已不是古時的阿坻耶語了！古時的語言已經過去了，所以是異；相似不斷的流傳下來而無改變，所以是同。從不同觀點而說有同有異，如此來說是、說非都對，俱不失理。

【「五陰亦爾，亦可說言即作即受，異作異受。有人巨富，繼嗣中斷，身復喪沒，財當入官；有人言曰：『如是財物，應當屬我。』官人語言：『是財云何異作異屬？』是人復言：『我是亡者第七世孫，次第不斷，云何是財不屬我耶？』官人即言：『如是如是！如汝所說。』智者

說言：『五陰亦爾，即作即受，異作異受。』】

講記 佛說：「五陰也是同樣的道理，也可以說是即作即受，也可以說是異作異受。譬如有人非常富有，但是他身邊的繼承人中斷了，他自己也死了，依照法律，他的財產應當收入官方所有。」如果有人很有錢，但他沒有直系卑親屬的繼承人，可以由直系尊親屬來繼承；如果也沒有這種親屬來繼承，旁系親屬的兄弟姊妹也可以繼承，配偶都可以和這些人共同繼承。如果連配偶也沒有，所有的法定繼承人都沒有了，就沒有繼承人了。這富人的所有財產，就會由地政機關通報國有財產局公告，公告定期期滿時還沒有繼承人出面表示繼承，就全部收歸國有，登記爲中華民國所有，管理人就是國有財產局。古時也一樣，都沒有人繼承了，財產就要沒入官家所有。可是後來有人出來主張：「這些財富應該歸屬於我。」官府當然要問他：「這些是別人的財產，爲什麼今天你要來得這些財產？」他提出證據證明：「因爲我是這位亡者的第七世孫子。」古時繼承權大概沒有規定期限，所以就沒有現代的法律名詞：時效完成。當第七世孫提出證明，官家查核的結果：這人果然是亡者的第七世孫子（就是民法上的直系卑親屬），當然可以繼承財產。因爲是一代又一代繼承下來而次第不斷，繼承人就可以說：「爲什麼你官府可以說這些財產不屬於我呢？」官府只好又把財產發還給他。同理，五陰也是一樣，年輕時做的善業，二十年後的五陰雖然完全不同了，你可以說：「二十年後還是同一個身體。」雖然因爲新陳代謝二十年以後，已經完全更新爲另一個身體了，但仍是同一個人。也許你說：「覺知心在二十年後仍是同一個心。」但以前的覺知心與現在的覺知心其實是完全不一樣的：前後二十年的覺知心，心性、智慧都顯然大不相同。而且二十年前的覺知心，是依當時的五色根爲緣而有的覺知心；現在這個身體已經全部轉換過兩次了，此時的覺知心則是依現在已變更過二次的五色根爲緣而有的；所以知識不同了，個性與人格也有些改變了，怎麼會是同一個人呢？二十年前的覺知心與色陰造作了善業，現在人家來報恩：「大恩人啊！請你收下台幣一千萬元。」就因爲當初你的幾萬塊錢幫助，使他的事業整個扭轉過來，現在賺大錢，有好幾億的身價，一千萬對他來講是個小錢，現在捧了一千萬元來報恩，你有權接受。但二十年前的五陰做的事，現在由你這個五陰來接受，顯然二十年前後的色陰與覺知心等四陰都大不相同了，所以是異作異受。但又是即作即受，爲什麼呢？因爲前後五陰次第相續不斷，二十年前的你輾轉變成今天這個你，次第相續而相似不斷，所以有智慧的人可以說是即作即受，但也可以說異作異受。沒智慧的人就無法這麼說了，他怎麼說都會被有智慧的人破除，但是有智慧的人同樣說異作異受，或同樣說自作自受，都可以通。譬如智者說：「**法離見聞覺知。**」沒智慧的人就會錯了意：「**法離見聞覺知，所以應該打坐入定，把六塵都忘記而不攝受。**」就成爲白痴。有智者也可以反過來說：「**法有見聞覺知，不是木頭、不是完全無知。**」因爲實相心雖然不了知六塵而離見聞覺知，卻能了知眾生心行，極爲伶俐。可是沒智慧的人跟著講就錯了。所以智者與愚者說法，同一種法相名義的內涵大不相同，所以有智者說：「**五陰即作即受、異作異受。**」但是外道也這麼講時，他的意思卻有過失，所以會被破斥。

【「汝意若謂：『五陰作業，成已便過；是身猶在，業無所依；業若

無依，便是無業；捨是身已，云何得報？』是義不然。何以故？一切過業，待體、待時。譬如橘子因橘而生，從酢而甜；人爲橘故種殖是子，是子根莖葉花生果，皆悉不酢；時到果熟，酢味則發；如是酢味，非本無今有，亦非無緣，乃是過去本果因緣。身口意業亦復如是，若言是業住何處者？是業住於過去世中，待時、待器，得受果報；如人服藥，經於時節，藥雖消滅，時到則發，好力好色；身口意業亦復如是，雖復過滅，時到則受。譬如小兒初所學事，雖念念滅，無有住處，然至百年亦不亡失；是過去業亦復如是，雖無住處，時到自受。是故言：非陰作陰受，亦復不得非陰受也。若能了了通達是事，是人則能獲無上果。」

講記　佛說：「你這外道如果說：『五陰所做的業，不管是善業或惡業，做完就過去了；可是色身還存在，業過去了卻沒有所依；業如果沒有所依，就是沒有業存在；那麼捨離了這個色身以後，爲什麼下輩子還會得到果報呢？』你這外道的說法不對，爲什麼呢？因爲一切已經過去的業，都要等待受報的主體與時節因緣；並不是業造了以後，立刻就出生果報。譬如橘子的種子，它是因橘樹而出生，然後才有果實從酸味漸漸轉變而甜起來的；人們為了要獲得橘子而種下種子，這種子從生根、發芽、長莖、生葉、開花、初結果時都不酸，但是時間到了、果子成熟了，橘子的酸味就發出來了。這橘子酸酸甜甜的酸味，不能說本來沒有而現在才有，也不能說沒有緣就可以產生酸甜味，而是過去本有橘子果實的種子因緣，加上種種的外緣才有現在這個橘子的酸甜味道。身口意的善惡業也是同樣的道理，是由原來的身口意業成為業種以後，再加上許多外緣才能成就業的果報。如果質問說：『業是住在哪裡呢？』這業住在過去世中，但過去世的業行消失了以後成為種子（成為業報的功能差別）以後，等待時節因緣和受報的身器，就能領受果報了。」

不要把業解釋得很玄。有的人說業種時，就在黑板上一點、一點一直點上去，這樣形容業種。這裡把業種為大家簡單的說明，給它一個直接的名稱叫做勢，就是勢力。勢力，若以物理學的名稱來講就叫作慣性。慣性：動者恆動，靜者恆靜。在太空中，動的永遠繼續動，轉圈圈的永遠在轉圈圈，所以地球一直在轉。但地球轉速會變慢，因為有空氣、有水而產生阻力，所以它漸漸會慢下來的，在理論上是這樣。但什麼時候才會慢下來？那是很久、很久、很久以後的事。如果地球上沒有空氣與水而產生阻力，地球自轉是永遠都不會變慢的，這就是慣性。當業行正在進行時就叫做業，做完了哪裡還有業？但是做完之後會成爲一種慣性。就好像在太空中丟一個東西出去，這東西離手之後就永遠一直不斷的動，永遠不會停下來，直到它直接或間接的遇上了別的物體爲止，原來的動勢才會終止或被改變；所做的業已經過去了，可是造業的勢力——一種習慣性——將會恆常不斷的存在著。同樣的，往世造的身口意善惡業已過去了，可是那個慣性勢力會繼續存在，這就是業種。

譬如往世好幾世常常當劊子手，當慣了以後在今生投胎成爲一個女人，可是她看見每一個人時都會不自覺的先衡量對方的脖子。她親口告訴我，說她看見每一個人時，都會先衡量那個人的脖子好不好砍（大眾都笑）。這就是業：慣性的勢力。所以業行雖在往世已經過去了，但那個勢力還在；所以無量世以來都很喜歡吃眾生肉的人，不管去到哪裡，他看到眾生時的第一個念頭就是：「**牠可不可以吃？好不好吃？**」這就是業的種子——業的功能差別。

業雖然在過去世消滅了，但勢力還是存在的，可是必須「待時待器，得受果報」。要等待業種成熟受報的時節因緣到了，還要等待報器——受報的工具——下輩子得到的五陰，由那個五陰去受報，成爲異作異受。譬如往世的五陰造了人天善業，應該往生欲界天受報；可是因爲你發了願，願意在人間繼續修學佛法、利樂眾生，所以不受天報，過去行五戒十善所應得的欲界天身果報，時節因緣不成熟，所以報器的欲界天身因緣就不具足，往世的天業就不受報。所以業緣縱使成熟了，來世想要受報也得要待時及待器。器就是器具，我們的色身就是修道的器具，所以才叫做道器，同時也是受報的器具。螞蟻、蚯蚓都不是道器，牠們不能修道，純粹是受報的器具。同理，業的果報得要待時待器，才能受果報。

佛說：「譬如有人爲了身體有力氣，就吃生酥、熟酥、醍醐或上妙好藥，或者希望色身更加健康而吃補藥，要經過時間，譬如三天、五天、十天、半個月，經過一段時節以後，才能變得很有力氣、很強壯；那時補藥或醍醐雖然已經消滅而不存在了，但是時間到了，也就是累積到一個程度以後，補藥功能就發出來，有了好力與好色；身口意業也是一樣的道理，雖然業行做過而滅失了，但是後世受報的時節因緣到了，受報的器具色身也有了，就會承受善惡業的果報。

最後　佛講了一個譬喻：「就好像小孩子年紀還小，他學走路、說話、吃飯，雖然所學的都是念念生滅，不斷的過去、不斷的消失，他所學的這些有爲無記業並沒有住處，但是一直到他年老百歲時，照樣還會走路、吃飯、說話，這些無記業的種子並不會消失掉。同理，往世所造的善惡業也是一樣，雖然已經消失而沒有住處，但時間到了、因緣成熟了，就會自己去接受果報。由於這個道理，所以說：不是五陰作、五陰受，但也不能說離開五陰而有受、有作，所以不能說不是五陰作、五陰受。」

雖然過去世的五陰不是這一世的五陰，稱爲異作異受，但又同樣是五陰所作五陰所受，所以也是即作即受。而且每一有情也有能來到這一世的部分，譬如意根：過去世的意根被意識引導而反過來主宰著意識去做種種善惡業，過去世的意識能分別而使意根完成了那些善惡業；轉生來到這一世，意識與色身雖然不同，意根卻仍然相同而在受報，所以既非即作即受、也非異作異受，是即作即受、也是異作異受。　佛說：「如果能了了通達這個道理，那你未來就能獲得無上果。」事實正是如此，所以不管誰對我說即作即受，我都說錯；他改口說：「那就是異作異受。」我說：「那也錯。」他又說：「再不然，就是即作即受、也是異作異受。」我說：「那也錯。」因爲他都會有破綻，我都可以破他，只因爲他沒有通達；但是我若只講一種即作即受，他也不能破我；我只講異作異受，他也不能破我；我說即作即受、異作異受，他也無法破我。這就是因爲通達的關係，就能把即作即受從這一方向講，把異作異受從另一方向講；非即作即受、亦非異作異受，再從另一個方向講；也可以再從另一方面講即作即受即是異作異受。如果你能通達，而且是了了的通達，那你就獲得無上的菩提果了。

《菩薩優婆塞戒經》卷五

〈雜品之餘〉第十九之餘

【「善男子！若復有人，於身命財慳吝不施，是名爲慳；護惜慳人，不施之心、不生憐愍；留待福田，求覓福田；既得、求過，觀財難得，爲之受苦；或說無果、無施、無受，護惜妻、子、眷屬等心，積財求名，見多生喜，觀財是常，是名慳垢。是垢能污諸衆生心，以是因緣，於他物中尚不能施，況出自物？智人行施不爲報恩，不爲求事，不爲護惜慳貪之人，不爲生天人中受樂，不爲善名流布於外，不爲畏怖三惡道苦；不爲他求，不爲勝他，不爲失財，不以多有，不爲不用，不爲家法，不爲親近。智人行施爲憐愍故，爲欲令他得安樂故，爲令他人生施心故，爲諸聖人本行道故，爲欲破壞諸煩惱故，爲入涅槃斷於有故。」】

講記 接下來還有〈雜品之餘〉，從布施來說種種法。佛說：如果有人對於自己的色身、生命、財產有慳惜之心，吝嗇而不肯布施，這就叫做慳。護惜慳——一直照顧慳心——增長不肯布施的慳心，他就不會產生憐愍心，他總是爲自己的利益著想：「我要把財物留著，等待最好的福田出現。」他以這個理由而等待最好的福田出現，若不是最好的福田，他就不肯布施。可是等到有一天終於找到最好的福田了，譬如眞正妙法，而且是八地、十地菩薩大菩薩主持的道場，他卻又出生了慳心，又在那大菩薩身上尋找過失：「這位八地菩薩怎麼冬天還要穿衣服？怎麼夏天還會流汗？他爲什麼也要吃飯？吃了還要去拉！這叫八地菩薩嗎？有問題哩！」尋求菩薩的過失了。然後又想：「聽說八地的在家菩薩自己應該很有錢，可是他雖然什麼都能捨，又能教人家捨財布施，但爲什麼不把自己所有的財產、妻、子全部捐出來？」人家大菩薩已經捐五億、十億元了，他覺得還不夠，還說菩薩剩下的兩百億元都要全部捐出來，說是這樣才夠，才算是大菩薩，就想：「我看這個菩薩好像也不是眞的八地菩薩。」求菩薩的過失了。

然後又觀察自己準備布施的錢財：「喲！我這十萬塊錢是很辛苦賺來的，爲什麼就這樣去供養他？」又不願意供養了。後來就因爲這個緣故，下一世想要賺個十萬塊錢還眞的很困難，所以後世就「爲之受苦」

啊！或者終於遇到大福田、良福田，他卻說：「布施沒有果報，沒有未來世得到多少倍回報的事，也沒有布施這件事，也沒有接受布施的人，因爲統統是無常，我何必布施？所以他也不必接受我的布施，都是無常，反正他得了我的錢財，他還是會用掉。」就這麼講，其實目的是護惜自己的妻、子、眷屬，目的只是爲了累積錢財，想求得富有的名聲；所以看見財物多了就生歡喜心，總是把財物當作是常住不壞的，這個人就叫慳垢之人，慳貪而又心行污垢。這個垢就是煩惱，能染污諸眾生的心；就由於慳心因緣，對身外之財尚且不能布施，何況出於自己身上的內財？

有智慧的人行布施行，他的布施是沒有所求的，不是爲了求報恩而布施，也不是爲了求完成某件事情而布施；也不是爲了護惜慳貪的人，希望慳貪者能守住財物而布施；也不是爲了求下一世出生到天上，或保持在人間受樂而布施。常常有人是爲了下輩子日子好過而布施，有人則完全是爲了種福田而做布施，布施的目的只是種福田，想要未來世繼續很有錢，所以才會有一句話：「福田可以不種，卻不能造惡業。」這句話本來聽起來是好的，但是從另一個方向來看這句話就變成不好的意思了：這就是求有的心態。他布施的目的是爲了種福田，求後世有大福德。可是有智慧的人布施，不爲生天人中受樂，不求後世的三界有快樂，也不是爲了想要獲得善名流布在外，純粹是爲了求證菩提、利益眾生。

有人布施是爲了求好名聲，古人說：「**百金買屋，千金買鄰。**」他是「千金買屋，萬金買名」，就是爲了成就善名，有智慧的人不這樣做。菩薩也不是畏懼恐怖落到三惡道受苦而求人天之樂所以布施，也不是想要使某人的某件事情成功而做布施，不是爲了勝過別人而布施，更不是因爲錢財已經失掉了就當眾說是布施了；其實失財與布施不同，他安慰自己當作是布施，但仍然不是布施，而是另一個因果。有很多人被偷了、遺失了財物說：「**就當作布施了。**」但其實當不過的。因爲你若被偷，偷者未來要償還你很多倍，所以你不是布施，因爲你沒有直接或間接表示布施的意思；所以他得到的財物不是接受布施而有，是偷竊而有；除了未來世要償還多倍以外，還有竊盜的性罪存在，來世要往生三惡道；所以你自己口說布施，仍然抵不過他的竊盜罪。如果有人失竊財物而說是當作布施，那就是爲失財而布施。

布施時也不該因爲家中某一類財物太多而用來布施，因爲這意思不一樣；假使某種財物太多了，仍然應該以至誠心而布施，千萬別在心中想成「財物太多了、不想要了」所以布施出去，這會牽涉到布施的來世因果，所以**不以多有而行布施**。也不爲**不用而行布施**，有人布施是因爲某種財物他用不著，所以把它拿來布施，用得著的就留下來不布施了，那就是爲了不用而布施，智者不爲**不用而施**。菩薩也不可**爲家法而施**，有人是因爲歷代都是修善之家，家法規定：早上起來必須灑掃庭除……等等，其中有一樣是每月必須布施幾次，這是他的家法。有智慧的人不是因爲家法規定必須布施而做布施，而是因爲樂於行施、樂於利益眾生。也不爲親近某人而去布施，因爲那是有所求，不是爲利益對方。所以有智慧的人行於布施行，他是爲了憐愍眾生受到苦難，也是爲了想要讓別人獲得安樂而布施，也是爲了想要使別人跟他同樣的見賢思齊而生起布施心的緣故，也是因爲布施是聖人本來所應該修行的法道，也是爲了想要破壞種種煩惱的緣故而修習布施，最後更是爲了想要證得涅槃而斷三界有的緣故而布施。

或許有人會說：「奇怪！布施與涅槃也有關係？」有啊！有人對色身執著，有的人對行陰執著，乃至有人對識陰執著，這五陰中的每一陰都無法斷除；請問，他如何能滅除十八界？滅不了十八界，又如何能入涅槃？有的人十八界死不掉，所以他參禪時是要尋找如來藏的，結果找來找去始終只能找到意識心的變相，都不能捨離十八界。他不能捨十八界，找到很多種的如來藏都只是意識心的變相，譬如說離念靈知，也是意識心的變相。這樣就永遠證不到涅槃的本際，所以要能捨，才能證得涅槃的本際；這就是布施我見、布施我執、布施我所。身外之財是我所的執著，認定全部五陰常住不壞或認定其中一陰常住不壞，譬如取離念靈知識陰而認定為常住不壞，就是我見；執著五陰中的某一陰或十八界中的某一界為常住不壞法，就是我執；我所執、我見、我執都滅掉了以後，才能取證二乘涅槃。假使能把我所執、我見都布施了，才能證得如來藏，而實證本來自性清淨涅槃，現觀涅槃的本際。現觀了涅槃本際的本來無生亦無死，就方便說是進入涅槃的本際了，就是與涅槃本際同在一處的菩薩，這就是「爲入涅槃斷於有故」而行布施。

【「善男子！菩薩布施遠離四惡：一者破戒、二者疑網、三者邪見、四者慳吝。復離五法：一者施時不選有德無德、二者施時不說善惡、三者施時不擇種姓、四者施時不輕求者、五者施時不惡口罵。復有三事，施已不得勝妙果報：一者先多發心、後則少與，二者擇選惡物持以施人，三者既行施已心生悔恨。」】

講記 布施所要注意的事情還眞多，佛接著又開示說：菩薩布施時一定是遠離四種惡法的，否則就成爲俗人的布施了。同樣是布施，我們要當菩薩的布施呢？還是要當俗人的布施呢？有智慧者自己可以簡擇。

佛說菩薩布施時不會破戒而施，譬如偷盜他人財物或剋扣父母供養來布施；也不會心存疑網——懷疑布施有沒有因果——而布施。有人是因爲邪見而布施：「我布施以後可以得解脫。爲什麼得解脫呢？因爲我財物出去以後，可以交換解脫。」只行善而不斷我見的努力布施者，就是這種邪見。他不知道是藉著把我所、我見、我執布施掉的實行而得解脫，他是要保持自我存在而得解脫，這就是因於邪見而做布施，菩薩遠離如是邪見。菩薩也不會因爲慳吝而做布施，譬如在布施時心中大大的不捨：一個小小的財物要布施出去，都得要思考老半天，最後才能忍痛的下決定布施出去。這正是無可奈何的布施，就是慳吝的布施。

菩薩布施並且遠離五個法相而布施：一、有人布施時一定要先選擇對象有沒有道德，他只想布施給有道德的人。這本來是好事，但這卻是俗人所做的布施行，不是菩薩依平等心所做的布施。二、有人布施時口中會說善、說惡，譬如他去某甲道場布施時說：「**我就是不要去某乙道場布施，他那裡不如法。**」接著就講了一大堆某乙道場不如法的事相，這就是施時說善說惡。菩薩不論是去哪裡布施，都不說別的道場惡事，不會說：「**他們都嫌我布施的太少。**」即使以前去那邊布施，人家嫌他小氣，所以他布施時不被敬重，但他可以不講。三、布施時不選擇種姓；有人去供養三寶時還眞的是高低眼：這比丘以前是很有身分地位的人來出家的，所以紅包要包多一點；那比丘以前在市場裡作小販，沒什麼地位，又不識字，所以供養的紅包薄薄的就夠了。這叫作選擇種姓的布施，心不平等；菩薩則是一體看待，同樣布施。四、布施時不輕視來求布施的人，因爲人家來求你布施，這是送上門來的福田；若是手頭不便時，多多少少也要布施一些，手頭方便就布施多一點。送上門的福田，不必你辛苦上門去找，爲什麼還要輕視他？五、布施時不大聲言語辱罵。有人布施時的口氣不太好，就成爲俗人的布施了。我們用平等心看待，不要有不好的口氣。這五法是我們布施時應該遠離的。

爲什麼 佛要講這麼多呢？因爲會產生未來世得果時有所差別。所以 佛又交代，犯了三件事情而布施，未來世無法得到勝妙的果報。同樣是布施，別人得的果報好，他得的果報卻不勝妙：第一、剛開始發心布施時說：「我決定要布施給你一卡車的糧食。」可時後來想：「一卡車要好幾萬元，我看不用布施那麼多，給他半卡車吧！」人家問說：「不是一卡車嗎？」「唉呀！我剛好手頭不便啦！抱歉！」這叫作先多發心，後則少與。這樣一來，同樣是布施半卡車糧食，一人是一開始就說是半卡車而至誠心歡喜的布施，他是先說一卡車而反悔後，再以不至誠心布施，那他未來世得的果報，就不如人家勝妙。爲什麼會有勝妙與不勝妙的差別？這有原因，後面 佛還會說明。

後世果報不勝妙的第二個原因，就是布施時本來說好要贈送一卡車糧食，可是他打開了倉庫，專門選那些已經放上一年多的陳年稻穀，已經有一點霉味了，其中甚至有些還長了米蟲；這是選擇惡物持以施人，所以未來世所得到的布施果報就不勝妙。第三、布施了以後心中悔恨：「那時要是不承諾就好了，結果今天要損失一卡車糧食。」他心中這樣想、悔恨。正因爲悔恨，未來世所得到的布施果報就不勝妙了。既然決定了，既然已經布施了，就歡歡喜喜的布施，未來世果報就會很勝妙。同樣是布施，已經布施出去了，就無法再從頭來過，未來世將要得到的果報是不勝妙的，不如就歡歡喜喜的面對，來世得到勝妙的果報，不是更好嗎？所以你們不管過去在什麼道場布施過，都不要再去悔恨：「唉呀！早知道正覺才是正法的話，我在那邊護持了那麼多錢財，好可惜哩！要是當時就拿到這邊來，不是更好？」你就不要再去想了，要把這個想法丟掉。因爲你記掛在心中時就成爲心中的負擔了！你不要再想它，凡是布施都是很好的，只要不後悔，來世都會得到勝妙的果報。譬如以前在別的道場護持了一萬元，你未來世應當得十萬或百萬報，但是因爲後來悔恨的關係，來世要得到福報時會歷經很多的辛苦，果報就是不勝妙的。所以現在不要再悔恨了，要這樣想：「**我很歡喜，因爲來世都是有好的回報。**」因爲以前不管在哪裡布施，未來世的十萬、百萬倍果報，都會得的很順暢；你根本不必動腦筋，人家自動送上門來給你賺，這就是勝妙的果報，所以請大家把心念轉一下。既然已經布施了，不如就把它轉換成勝妙的果報，千萬別再心生悔恨。佛教導我們要有智慧，都是爲我們好，所以教我們這麼多，我們要懂得吸收、隨時受用。

【「善男子！復有八事，施已不得成就上果：一者施已、見受者過，二者施時、心不平施，三者施已、求受者作，四者施已喜自讚歎，五者說無、後乃與之，六者施已惡口罵詈，七者施已求還二倍，八者施已、生於疑心；如是施主，則不能得親近諸佛賢聖之人。若以具足色香味觸施於彼者，是名淨施；若能如法得財施者，是名淨施；觀財無常不可久保而行布施，是名淨施；爲破煩惱故行布施，是名淨施；爲淨自心因緣

故施，是名淨施。若觀『誰施、誰是受者？施何等物、何緣故施？是施因緣得何等果？如是布施即十二入，受者施主因緣果報皆十二入』，能如是觀、行於施者，是名淨施。若行施時於福田所生歡喜心：『如諸福田所求功德，我亦如是求之不息。』施於妻、子、眷屬、僕使，生憐愍心；施於貧窮，爲壞苦惱；施時不求世間果報，破憍慢施，柔濡心施，離諸有施，爲求無上解脫故施，深觀生死多過罪施，不觀福田非福田施，若能如是行布施者，報逐是人如犢隨母；若求果施，市易無異。」

講記　佛又說，如果布施時犯了八件事，布施以後就無法成就布施的後世上妙果報，將會得到布施的下劣果報：第一、布施以後總是看見受施者有很多過失。這個事相常常會有，諸位要反觀自己有無這種習慣。以前你們在很多道場布施過，沒去布施以前還沒事，覺得那個道場好像很清淨的樣子，後來常常去那邊布施就看見某甲比丘有事故，某乙比丘尼也有事故，就常常看見他們有過失，那就不好了。我們不要去觀察他們有什麼過失，只管護持就好。我們其實也有一些證據、資料，知道某些道場中有什麼事情，但我們從來不講出來，因爲那是他們個人身口意行的行持，與我們無關；我們著眼點只在法義的正確或錯誤，只在意他們有沒有誤導眾生？是不是以外道法來取代佛教正法？我們的著眼點在這裡，所以我們不談他們的身口意行；除非他們對我們做了攻訐的行爲，爲了維護正法，我們才不得不做一點點的回應。所以當你們以前在任何道場布施，現在知道他們有很多事情不如法，但是千萬別去想它，也不要去宣揚，就把它忘掉；最好是忘得一乾二淨，即使故意要想都想不起來，這樣最好。不然你以前在那些道場的布施，就無法得到上妙的布施果報。

第二、布施時心中不平等的布施，後世就無法得到上妙的布施果報。這種事情很多，有很多居士們去到寺院供養住持和尚一百萬元，可是他們供養其餘常住比丘時只是一人一千塊錢，差這麼多；這不是平等心的布施、不是平等供養，這就是心不平施。他們想：「**我供養住持和尚很多錢財，所以每次講經說法時都會給我留著最前面的好位子，大力供養其餘比丘都無法得到這個待遇。**」所以他就只做象徵性的供養，這叫做心不平施。

第三種、布施以後要求人家幫他做事。以前有個很有名的道場，有位女居士要供養住持和尚，那住持和尚後來都不接受，不管她供養五十萬、一百萬、一百五十萬，他都不收。他對我說：「我要是收了她的供養，她就會向我要求一些條件。」所以那住持和尚就不收她的供養。這女居士的布施供養就叫作施已求受者作。供養三寶，不要爲了求三寶回報什麼，否則後來就供養不成了。

第四、布施以後很歡喜的到處去宣揚自己的布施功德：「我昨天護持了師父五萬元。」到處去講！人家護持了十萬、二十萬都沒有講，他卻一天到晚的講，一年後還在講：「我去年護持了五萬元。」弄到天下人皆知，這叫做喜自讚歎：唯恐人家不知道。這是不好的習慣，來世的果報就不會勝妙。我們有好多同修布施都是默默的做，我根本不知道他到底護持正法了沒？因爲我都不關心、不過問。除非有別的因緣而被人讚歎出來：「某某人太發心了，……。」我才會知道，因爲我從來不管這些事。有些人護持了講堂以後往往會說：「你蕭老師欠了我的情。」（大眾笑）但是我不這樣認爲，爲什麼呢？因爲那是你本身求見道時應修集的福德；你證悟的福德夠不夠，就看你對正法的護持。當然護持有很多種，而見道資糧也有很多種：定力、慧力……等。單是福德就包括性障的消除，護持正法的事情做了沒有？而護持正法就有兩個部分：一、錢財的支持，支持正法去做事，因爲沒錢也做不了事；二、努力做義工。但不論是護持錢財或做義工，都不是爲我做，而是爲你自己做的；護持講堂也是爲你自己護持，不是爲我護持。若沒有人護持，我就收山回家自修，從此就沒我的事了，可以輕輕鬆鬆修我自己想要修的。他護持了講堂，全部清楚的入帳，我從來都不曾得到一分一毫的錢財，怎麼會是我欠了他一份人情呢？所以不要護持了佛教以後說：「**佛陀啊！我護持了你的佛教。**」然而佛教是你的，不是 佛所有的，若沒有佛教的存在與弘法，你就無法獲得生死的出離與般若的證悟；所以一切事情都是爲自己做的，不是爲 佛做的，更不是爲我做的；所以布施了以後，不必來向我討人情。

譬如禪三中如果有遮障：本來明明是整理得很清楚的，怎麼一進小參室，腦袋就變漿糊了。監香老師一問，結結巴巴的講不清楚，監香老師越聽越迷糊，不曉得你在講什麼，那就表示你有業障。對這些人，我都說：「**你去佛前懺悔及發願。但懺悔什麼內容以及發了什麼願，都不必告訴我，我也不想知道。**」當他確實在　佛前懺悔及發願以後又來小參，可就通透了。這叫作開期票，向佛菩薩開期票。有的人剛才至誠的發完願，回到座位一坐下來就通了，接著就通過小參了。這是先發願，後來再補做，都是因爲佛菩薩很慈悲。有的人對同樣的問題，上回禪三考不過去，這回禪三卻能七通八達而且講了一大篇給我聽，眞是有道理，這就是大力布施護持正法而得佛菩薩加被，智慧開始出生了。所以布施以後，不必歡喜的到處爲自己讚歎，因爲那是你自己見道所必須有的福德資糧，是爲自己做的布施；假使到處去讚歎自己，反而會損減自己的見道資糧，會障道的，所以　佛說不得成就上果。

第五種布施的過失而不得上果，就是人家來求布施時，剛開始不願意給，就說沒有錢財；後來人家求很久了，才終於允諾布施。也就是說，這個布施不乾脆，不是以歡喜心來布施，未來世就不得上果。

第六、布施以後還開口罵人。諸位當然不會，但在世間卻常常看得見。有人去求布施，施主布施了以後，就開口罵：「你以後可別再來找我，老是要錢！」這就叫作施已惡口罵詈。本來是未來世可以得很好的布施上妙果報，這一罵以後，未來世得到的就不是上妙果報了。

還有第七種人，布施了以後說：「你將來假使有錢了，要還我兩倍。若是沒錢還，就當作是布施吧！」這個是條件交換，縱使人家後來沒有錢財還他，他未來世應得的布施果報將不是上妙的。

第八、布施了以後，心中老是懷疑這《優婆塞戒經》講的道理是不是眞的：「布施以後，未來世眞的有百倍、千倍、萬倍、十萬倍之回報嗎？眞的這樣嗎？」因爲懷疑的關係，這疑業、意業將會導致未來世受報時的果報不上妙。但最不好的果報是 佛所說的：犯了這八件事的施主，將很難親近諸佛，也將無法親近賢者與聖者。賢聖們看了就會想：「這位施主是布施果報的主人，卻當得這麼不情不願。」賢聖們會覺得他不好相處，所以諸佛賢聖見了都不會生起歡喜心，還有機會見道嗎？

接著說明淨施：淨施者在未來世可以得到布施的上妙果報。 佛說：如果布施時不是以不好的財物布施：已經發霉或有些損壞的物品，不該拿來布施。如果是用具足色香味觸的食物布施給對方，叫作淨施。如果能如法得財來布施，也叫作淨施。不可以像廖添丁那樣劫富濟貧，那是不如法得財而布施。有人說：「如果讓我再得到六百萬，我就會大力的實行善事、廣作布施。」我現在說的是眞實故事，他後來果眞得到六百萬元了，剛剛好是六百萬元，不多也不少；但是卻付出了慘痛代價：他有個當兵的兒子死了，撫恤金、保險金，林林總總加起來剛剛好六百萬。所以他拿到六百萬時，仰天痛哭、悔不當初。所以布施時應該以現有的錢財來做，有多少就做多少，千萬別發願說：「如果再讓我賺到兩億，我就來布施。」可不曉得那兩億元要用什麼樣的代價才能獲得？所以應當如法得財布施，不要用不正當的想法取得錢財來布施。如法得財的布施才是淨施，淨施就可以得到後世上妙的布施果報。

有人觀於財物無常：不可能長久的保持在身邊。以這樣的心態來布施也是淨施。財物最多只能讓你保管四十年、五十年，不超過一百年，最後還是別人的，你都帶不走。世間財絕對帶不走的，來世的錢財要另外設法積存，否則來世的自己將會沒有錢財可用。聰明人會把此世的無常錢財轉換成聖財而帶一些去未來世，這聖財有什麼妙處？ 佛還會在後面繼續開示的。

有人是爲了破煩惱所以布施，他是爲了破除慳貪，破除我所的執著，所以修行布施，這叫作清淨的布施。也有人是爲了清淨自心的因緣，希望自己的心地常保清淨，這叫作清淨的布施。

還有一種人更深入觀察：**我現在正在布施，是誰在布施？沒有人在布施。又是誰在接受布施？也沒有人接受布施。現在又是布施什麼財物呢？布施的財物也是無常，施者也無常，我又是以什麼緣故來布施的？**這樣思考清楚了：原來我是爲了淨除煩惱而布施，爲了成就道業資糧而布施，布施者與受施者以及布施這件事，都是無常法，但可以轉變成聖財而由自己擁有，別人不能剝奪，因此而可成就道業。觀察清楚了，再來觀察：自己布施的因緣，將來可以得到什麼勝妙果報？布施給狗、布施給人、布施給外道修行者、布施給佛法中的修行者……等，未來世將會得何等果？思惟清楚了，然後再觀察：所謂布施其實也不外就是十二入，就是十二處；於十二處有入，就是在六根與六塵之中產生了六入，所以有六法———六塵———的入，布施不外如此。總歸一句話：布施就是十二處中的六入。布施的我、受我布施的人及布施因緣和未來世的果報都是十二入；既然都是十二入，那就是無常；無常就不需要執著，就於布施事相中得解脫，再也不會被布施這件事情所繫縛了。如果布施以後，心中老是想：「我有在布施，我布施做得很好。」那就被布施綁住了。能這樣觀察而行於布施，這個人就叫作清淨布施，是有智慧的清淨布施，這樣的人布施時也能爲眾生說法。

如果於布施時對被自己所布施的福田生起了歡喜心，他這樣想：「就像是所有被布施的福田們所求的功德，我也是像這樣不斷的追求功德。」所以布施給妻、子、眷屬、僕使時，心中出生了憐愍心。布施給貧窮人時，是爲了毀壞對方的苦惱，不是爲了求得對方的恭敬、感激。布施時不追求世間法的果報：不會想著布施以後未來世會得到的勝妙果報。也不去想布施以後，對方將來日子好過以後，會如何回報自己。而且要破除憍慢心來布施，不要以傲慢的心來布施。要以柔軟心及溫和委婉的口氣來對受施者說話及行施。並且不爲求三界有的果報來布施，而是爲了求得無上的解脫而布施。雖然知道布施有很多的上妙果報在未來世等著我們，可是卻同時深入觀察：未來世接受布施的勝妙果報也是生死法，在生死之中有很多的過失，也可能會不慎造作許多惡業而有了罪業。在這種正知見中去做布施，使自己不會求三界有而做布施，就是「深觀生死多過罪施」。並且布施時不觀察受施的福田是不是最好的？是不是次等的、最差的福田？都不做觀察，有因緣遇到了就布施。如果能依照上面所講的正確心態和知見來布施，布施的上妙果報一定會一直追逐著他，就好像小牛緊緊的跟隨母牛不捨一樣，所以是布施果報之主，稱爲施主。

對布施的上妙果報都不必去掛念，要以清淨心、無所求心來布施，這純粹是爲了利益眾生而布施，這樣未來世就會有布施後應得的上妙果報；既然施果會緊緊跟隨著施主，又何必去牽掛？如果知道布施有上妙的果報，爲了求勝妙果報而做布施，這就是在做交易，和世人在市場交易一樣了。所以，用不堅之財，賺取堅固的聖財，而且在未來世還會有很多不堅固的世間財讓你享受，何樂不爲？

佛很有方便善巧的說法，剛開始要給眾生一點布施的動機，眾生剛開始會想：「我今天供養了三寶，這位僧寶又是明心了的聖人，我未來世將會得到無量報。」心中很歡喜。等他布施習慣了再告訴他：「你不但要只得這個福德，你還要得功德。福德是一定跑不掉的，何必牽掛它？何不多加一個功德？」要怎樣得功德呢？就把不牽掛、不求有……等等妙法告訴他。這就是「欲令入佛道，先以欲鉤牽」，等他進入佛法之後，再告訴他：「你不要執著，就多了一個功德。」這都是好意。

【「如爲身命耕田種作，隨其種子獲其果實，施主施已亦復如是，隨其所施獲其福報。如受施者受已，得命、色、力、安、辯，施主亦得如是五報；若施畜生得百倍報，施破戒者得千倍報，施持戒者得十萬報，施外道離欲得百萬報，施向道者得千億報，施須陀洹得無量報，向斯陀含亦無量報，乃至成佛亦無量報。」】

講記　佛陀教導你不要執著，但是同時也要告訴你：布施以後未來世會得到的果報。雖然不必執著，但你總不該懵懵懂懂的去布施。老是說未來世可以得上妙果報，到底又是什麼上妙果報？總得說清楚，否則豈不是在騙人嗎？現在 佛明白的說明：譬如布施財物，這道理就好像世俗人爲了求色身的生存、性命的存活，所以去耕田、種作，隨著他種下的種子而在未來獲得果實。譬如種下一顆稻子，發芽長出來果實以後就回收了幾百顆的稻子；這都是先要施出稻米，才能在未來獲得許多的稻米。布施也是一樣的道理，因爲布施的是財物，而受施者是田，布施的你就是施主，所以你在將來就會收穫果實：隨著你所做的布施而獲得福報。就好像接受布施的人，他們接受財物布施以後，就得到性命色身力氣及安樂，所以也有力氣與人家說話及辯解。受者在受施以後可以得到這些果報，同理，施主在未來世當然也會得到這五種果報：來世得壽命長、色身健康、有力氣、生活安樂、有辯才。

如果是布施給畜生，來世可以得到百倍的回報。不能說：「**我今天買十五塊錢的肉包子請一條狗吃，明天馬上就得百倍回報。**」因爲還沒有到結算的時間，生利息的時間還沒有完成，所以得要結算的時間到來時，才能得果，當然是死時結算而去下一世收受果報。布施給畜生時即是布施於貧窮田，因爲牠這一世不能回報你，而你在來世將會得百倍之回報。如果布施給破戒者，不管是在家、出家的破戒者，你布施後，來世也得千倍之報。換句話說，如果供養他一萬元，來世會得到一千萬元，這生意眞好做（大眾都笑）。先用世俗法來說明：生意好做就可以做，穩賺不賠；因爲施果如犢子隨母，別人都搶不走，還可以帶到未來世去。先有了正確的觀念，接下來再說：要觀察五陰無常，施主、受者、布施統統無常；這樣正確的觀察以後又得到解脫於我所的功德了，可以說是兩者兼具，太好了！

若是布施給持戒不犯的人，未來世可得十萬報：布施給他一萬元，未來世得到十億元的大報。受施者都還沒有見道，只是持戒不犯就能得十萬倍的回報。如果是布施給外道離欲者，可得百萬倍的果報。這個離欲者是指證得初禪的外道。因爲他比持戒不犯的佛門凡夫修證層次更高，已證得初禪離生喜樂定，從此遠離欲界生，有功德在身，所以布施以後在來世得百萬報。如果是布施給向道者，就是說四加行完成，但還沒有證初果：他已經觀行到最後階段，可是還沒有下定決心認定自己的觀行結果，所以成爲向道者，他的我見還沒有眞正的斷除；你若布施給他，可得一千億倍的果報。如果布施給斷我見的人，斷我見在我們同修會是稀鬆平常的事；斷我見就證初果、斷三縛結，但是我們還要再加上明心，要進一步證得法界的實相；這個智慧境界，別說是初果人，連阿羅漢都不知道；你若布施給這種人，來世可得無量報，就不只是千億倍了。布施給初果人就已如此了，若是施給向斯陀含（即將進入二果）的人，也是無量報；乃至菩薩明心見性、諸地，一直到成佛的各個階位賢聖，布施給他們都是無量報。佛很具體把布施的上妙果報對大家說明了。

如果布施以後，心中生悔，就不能比照這樣的福報。所以大家以往在其他地方的布施，都要用歡喜心來看待，都別再起後悔的心了。布施後是一定會具體回報的，也是確實可以觀察的：若有一人小時候手裡沒什麼錢財，可是他一直都願意很慷慨的布施他僅有的財物，雖然他家裡確實很窮；但我告訴你，這孩子未來將會很有錢。小時候他家很窮，是因爲他的家人沒有福德來享受他的福報。所以他小時候很窮，但長大以後他將會很有錢，而他的家人享受不到，因爲那時他們已經分家了。你可以從小時候看他，就知道這個人過去世的行爲。他小時候一直沒有財物，卻也願意全部慷慨的布施，這個人一定是往世一直有布施習慣的人，是生性如此。如果生性如此樂施，就知道他過去世常常布施。常常布施的人，長大以後一定會有很多錢財追著他來，因爲他是往世的**施主**：施果的主人。這就是布施的果報所在，因此布施不是一個空空洞洞的說法。

如果布施沒有因果，今天就不會有我在這裡說法，因爲我絕不可能四十幾歲就退休專修及實證了，因爲我沒有繼承任何財產，但是長大後卻有一些財物追隨著我，使我衣食無憂，才能退休專事修行及出世弘法。若布施沒有因果，世間人就不該有貧富差距存在，應該大家都一樣窮或一樣富。可是爲什麼會不一樣？很常見的一個例子，譬如有一對父母很有錢，他們捨報後的財產平均分給三個孩子，可是三個孩子後來的發展相差很大：一個變得非常有錢，一個只是守住原來的財產，不多也不減；另一個則是努力經商而不花天酒地，可是卻都敗光了。你說有沒有因果？有！這就是布施的因果。我們也常常看見有人很會燒香求神，常常準備了供品，買最好的香去求神，求過以後一段時間錢財就進來了，賺到手了。但是一定有個現象：守不住錢財。因爲他的錢財是求來的，不是他分中應該有的，只是暫時借給他使用；等到往世的施主來到時，這些錢馬上就得還給人家。所以他常常得而復失，都是沒幾年就不見了，都因爲那不是他該有的錢財。如果他是從過去世布施而分內應該有的福報，誰都搶不走的，他就會永遠守得住。從這些事相，我們可以在很多人身上清楚的看見布施的因果確實存在。諸位以後有閒暇，有心情的話，不妨去觀察看看。

【「善男子！我今爲汝分別諸福田故，作如是說：得百倍報至無量報。若能至心生大憐愍、施於畜生，專心恭敬施於諸佛，其福正等，無有差別。言百倍者，如以壽命色力安辯施於彼者，施主後得壽命色力安樂辯才，各各百倍，乃至無量亦復如是。是故我於契經中說：『我施舍利弗，舍利弗亦施於我；然我得多，非舍利弗得福多也。』」】

講記　既然要說布施的因果，就應該讓大家瞭解：福田的殊勝與低劣，施主所得的回報就一定會有差別；如果都沒有差別，就不是法界的眞實平等之理。這就好像在世間法上講平等，到底是要講立足點的平等呢？還是要講齊頭式的平等？道理是一樣的。如果是齊頭式的平等，那就不是眞的平等！有人辛勤努力，又加上聰明才智，使得許多的利益眾生的事情都能順利成就；有的人懈怠懶惰，又沒有才智，因此連一件利益眾生的事情都做不成。這兩個人是不是讓他們同樣在佛法的證量上有同等的果證呢？所以齊頭式的平等並不是眞正的平等。依立足點的平等，憑著個人的努力及才智的勝劣而產生修證上的差別，才是眞正的平等。同理，一樣的布施，但是對象不同，所以因爲福田的勝劣差別，必然會導致施主未來世的果報有所差別。既然要說明布施的因果和它的原理，這個道理當然就必須爲大家說明，所以 佛說布施給畜生，來世得百倍的回報；乃至布施給證道者，來世的回報都是無量倍。這意思只是爲了分別說明福田的勝劣差別。但是在修學佛法上面，如果始終都以這樣的分別來做布施，將只會在世間的果報上有較好的回報，但在佛法的修證上就會變成自己障礙自己了！所以 佛還得要再從布施的世間法果報回歸正法來說：從事相上回歸於解脫的道理上來講。

所以 佛接著說，如果能以至誠心生起大憐愍來布施給畜生，以及一心恭敬的施於諸佛，兩者所得到的福德是相等的，並沒有什麼差別。這是從理上來說的，雖然在來世的世間法果報上還是有差別的，但在佛道的修行上所得的功德是相等的。前面 佛所說，以財物布施畜生得百倍的回報，就好像以壽命、食物財物、力氣、安樂、辯才來施給眾生，施主未來世同樣是在壽命……乃至辯才各方面，都各獲得百倍乃至無量倍的回報，道理還是一樣的。所以事相上的百倍乃至無量倍回報是固定的，但是心態上不必去執著百倍或是無量倍。所以在修行的心態上不必執著回報，而實際上一定會有倍數的差別不等，但在修道的福德上其實都沒有差別。所以 佛說：**「我釋迦牟尼佛也曾布施給舍利弗，舍利弗也曾經布施給我；但同樣的布施、同樣的食物，我布施所得到的福德多，不是舍利弗布施給我以後獲得的回報多。」**

照道理講，舍利弗布施於 佛應當是無量報， 佛布施給舍利弗同樣也是無量報，但是這中間終究還是有差別：**田勝不如施主勝**。佛要表示的就是這意思。在前面 佛有開示過三種勝：施主勝、施物勝、福田勝。如果三者俱勝，所得的果報將會無法想像，不能思議。但舍利弗施於 佛時，那是福田勝； 佛施給舍利弗時是施主勝，施主勝則勝過福田勝。這表示等覺菩薩更應該布施給眾生，證道的人更應該布施給眾生，而不是眾生更應該布施給證道的人。一般學人悟後會想：「**我現在證悟了，是勝福田，眾生應該供養我。**」 佛的意思卻不是這樣。你證悟了更應該布施給眾生，因爲你若受人布施，是田勝，對方因爲你這個福田勝妙而得到無量福報。但你若繼續布施給眾生，你未來的福德更大，因爲你是施主勝。所以阿那律尊者眼睛瞎了，沒辦法縫補他的僧衣，他就開口說：「**有誰願意修福？來幫我縫補僧衣呀！**」 佛說：「**我來幫你補吧！**」補好了！阿那律尊者想要爲修福者祝願，就問：「**你是誰呀！我幫你祝願。**」 世尊說：「**我是釋迦牟尼。**」阿那律尊者嚇了一跳：「**世尊！您還要修福嗎？**」 佛說：「**修福永遠都不嫌多呀！**」這就是因爲施主勝，所以 佛的福德永遠用不完；經過三大無量數劫所集的大福德成就了，但是卻又繼續在修福，永無窮盡、不斷的在修福，所以諸佛當然是福慧兩足尊。因此，施主勝，遠勝過福田勝，所以悟了之後，更應該努力護持正法，這才是有智慧的人；因爲施主勝，所以每作一件護持正法的事情，都是無量福報。沒有悟之前努力護持正法，那是福田勝；因爲我們這裡是了義而且究竟的正法，函蓋三乘菩提法，所以是福田勝；但是你悟了之後再來布施護持，這就比悟前的護持更殊勝。因爲這時你已經有兩種勝處了：福田勝及施主勝。而且正覺又是最勝良福田，正是兩種都殊勝。這樣心中盤算一下，這算盤就會打了！佛講這一段經文的意思，你們就懂得了！施主勝的功德，導致所得的未來世可愛異熟果報，將會遠勝過福田勝，這就是較量悟前與悟後的布施功德。這布施的原理諸位都要懂，要不然，一輩子學佛布施到捨報時，還不知道布施的功德和福德有什麼差別，豈不冤枉？世尊憐愍我們，所以爲我們把布施的福德與功德都較量清楚。諸位今天聽了佛這一段開示，以後就大有福氣了，知道怎樣可以使未來世再繼續行菩薩道的福德資糧比這一世更加廣大、充滿，來正覺講堂聽經就大大的值回車票錢了。

【「或有人說：『受者作惡，罪及施主。』是義不然。何以故？施主施時，爲破彼苦，非爲作罪，是故施主應得善果；受者作惡，罪自鍾之，不及施主。施主若以淨妙物施，後得好色，人所樂見，善名流布，所求如意，生上種姓，是不名惡，云何說言施主得罪？施主施已，歡喜不悔，親近善人，財富自在，生上族家，得人天樂至無上樂，能離一切煩惱結縛，施主乃得如是妙果，云何說言得惡果報？施主若能自手施已，生上姓家，遇善知識，多饒財寶，眷屬成就，能用能施，一切衆生喜樂見之，見已恭敬、尊重讚歎；施主受報，得如是事，云何說言得惡果報？施主若以淨物施已，以是因緣多饒財寶，生上種姓，眷屬無量，身無病苦，心無憂怖；所有財物，王、賊、水、火所不能侵，設失財物不生愁惱，無量世中身心安樂，云何說言受惡果報？若未施時生於信心，施時歡喜，施已安樂；求時、守時、用時不苦；若以衣施，得上妙色；若以食施，得無上力；若以燈施，得淨妙眼；若以乘施，身受安樂；若以舍施，所須無乏；施主乃得如是善報，云何說言得惡果也？」】

講記　這一段是對布施的因果提出辨正，如果有人說：「接受布施者若以所得到的財物來做惡事，他所做的罪會殃及施主。」佛說這種說法不正確，因爲施主布施時是爲了破除受施者的苦難，不是爲了使受者做有罪的事而布施，所以施主布施以後，應該要得到善果。接受布施者以所得財物去做惡事，那個罪業自然會灌注到受施的造業者身上（鍾：灌注也），罪業及不到施主身上。施主如果以清淨微妙的財物布施，未來會得到好的色身，人人所樂見，善名四方流布，所求世間的果報都能如意，並且可以出生於上妙種姓之中，所以施主的布施，不能說是惡事，怎麼可以說施主布施了以後，受施者以所得財物造惡就會讓施主得罪呀？施主布施了以後，心中歡喜而不悔恨，並且因此而可常常親近善人，所得財富自在使用，並且能出生到上族種姓之家，甚至於從人天樂乃至出世間法的無上樂都能獲得，因此而遠離一切煩惱結縛；施主可以得到這樣的妙果，怎麼可以說因爲受施的人把財物拿去造惡，就使得施主得到惡果報呢？

施主若是自己親手布施，將來出生到高尚種姓家中，可以遇到善知識，也會多饒財寶，眷屬也能成就種種妙樂；並且因爲自手布施，所以來世能用也能施，無人能遮障他，所以一切眾生都心生歡喜而樂於遇見他，都會恭敬他、尊重他、讚歎他。所以施主假使如法以五個要領去布施，他受到的果報是這麼勝妙，怎麼可以說施主布施以後會得到惡劣的果報呢？施主如果已經清淨的布施了，由於這個因緣導致未來世多饒財寶，出生於上勝種姓之家，眷屬無量，身無病苦，心中也沒有擔憂恐怖的事；並且他的布施是如法的布施，所以他所有的財物，國王、盜賊、水火都不能侵奪；就算是偶然損失了財物，也不會產生憂愁苦惱；因爲如法布施的緣故，所以無量世中，身心安樂，怎麼可以說施主布施以後，會被受施者的惡業所干擾、所影響而得惡果報呢？

施主在布施前對布施有信心；布施時歡喜，施後安樂。在求布施的財物時，得到財物而守護時，使用財物來布施時，心中都不苦惱。如果以衣服布施，未來世可得到上妙色身；如果是以食物布施，未來世可得到超越於常人的力氣；如果以燈明布施，未來世可得清淨妙眼；如果以車乘布施，未來世色身會得到安樂；如果以房舍布施，未來世所需要的生活用品都不會缺乏；施主既可得到這樣的善報，怎麼可以說布施以後，受施者以財物做惡就使他得到惡果呢？因此只要如法布施就好，不管受施者以獲得財物去做什麼惡事，都與我們不相干。但若明知受施者已在破壞正法，也知道他們會將所受財物用來破壞正法，就不該布施了，否則就成爲幫助破法的共業；這與受施者暗中拿去花天酒地、做諸惡事不同，應區分清楚以免後患；但若不知破法者即無過失，非故意故。

【「復次，施主若施佛已，用與不用，果報已定。施人及僧，有二種福：一從用生、二從受生。何以故？施主施時，自破慳吝；受者用時，破他慳吝，是故說言從用生福。又復從用：人能轉用，僧能增長，施已不求世之果報，不以能起煩惱因施，是故能得無上淨果，名曰涅槃。若有人能日日立要：『先施他食，然後自食；若違此要，誓輸佛物。』犯則生愧。如其不違，即是微妙智慧因緣；如是施者，諸施中最，是人亦得名上施主。若能隨順求者意施，是人於後無量世中，所求如意。若有淨心，財物、福田悉清淨者，是人則得無量果報。若給妻、子、奴婢衣食，恆以憐愍歡喜心與，未來則得無量福德。復觀田倉多有鼠雀，犯暴穀米，恆生憐愍；復作是念：『如是鼠雀，因我得活。』念已歡喜，無觸惱想，當知是人得福無量。若爲自身造作衣服、瓔珞、環玔嚴身之具，種種器物作已歡喜，自未服用，持以施人，是人未來得如意樹。若有說言『離於布施得善果』者，無有是處。『離財得施，離受有施』，不離慳惜成布施者，亦無是處。若不求施，若乞時施，少求多施，求惡施好，教他索施，自往行施，當知是人未來之世多獲寶藏，非寶之物悉變成寶。爲戲笑施，非福田施，不信因果施，如是布施不名爲施。若人偏爲良福田施，不樂常施，是人未來得果報時，不樂惠施。若人施已，生於悔心；若劫他物，持以布施；是人未來雖得財物，常耗不集。若惱眷屬、得物以施，是人未來雖得大報，身常病苦。若先不能供養父母，惱其妻、子、奴婢困苦而布施者，是名惡人，是『假名施』，不名『義施』；如是施者，名無憐愍，不知恩報；是人未來雖得財寶，常失不集，不能出用，身多病苦。若人如法以財布施，是人未來得無量福，有財能用。若有不以如法財施，是人未來雖得果報，恆賴他得；他若喪沒，尋便貧窮。有智之人，深觀人、天、轉輪王樂，雖復微妙，皆是無常；是故施時，不爲人、

天。」】

講記 佛說：施主如果於諸佛身上布施以後，不管佛對他所布施的財物已用或不用，果報都已經決定了。爲什麼要講這個？因爲常常有人供養應身佛以後，希望當場看見佛使用他所布施的財物。譬如布施了一件僧袍，他希望佛當場穿起來；如果不當場穿起來，他心中就有疙瘩：「我布施了以後，佛到底有沒有使用？如果沒有用，我就無法得到無量報。」他有罣礙，所以 佛特地開示說：「**如果施主在佛身布施了，不管佛在後來有沒有使用，果報都已經確定了。**」所以未來若親見應身佛時以食物供養了，不必要求說：「**佛陀！請您當面吃完嘛！**」不必要求，因爲果報已定；這個道理， 佛接著會說明。如果是布施於一般人，以及僧寶身上，則有兩種福：第一、從使用而生福，第二、從接受而生福。所以既然用也生福，受也生福，那就不必一定要求說：「**師父呀！你先吃一碗給我看看，我好安心。**」不用！你布施了，只要師父收受了，你的來世福德就有了，只要他接過去或頷首點頭說：「**好！接受你布施。**」那麼你只要往桌上一放，師父領受了，你就有福德了，並且是領受時福德就確定了！所以說從用生福，從受也生福。

爲什麼呢？佛解釋說：施主布施時已經把慳吝之心破除了！而僧寶受施時或使用時就是破除了別人——施主——的慳吝，這就是從用生福。施主布施時是從受生福，從僧寶接受你的布施而產生了福德。僧寶是幫你破除了慳吝，因爲他接受布施時就把你的慳吝破除了一分，所以你產生了福德。又如以財物來供養時，佛說從用也可以生福，譬如你布施財物於僧寶身上，即使受施的師父自己不用，但他可以轉用；因爲轉用所以你也能生福。而且僧寶接受你的布施，更能使你的福德更加增長，不同於一般有情。菩薩布施了以後並不牽掛自己後世可以得到多少福德回報，也因爲心中不追求未來世在世間法上的布施果報而無煩惱；並且不以能使別人生起煩惱的原因、不以能使自己生起煩惱的原因來布施，也就是菩薩布施時對自己沒有負擔，對受施者也沒有負擔，都無煩惱，所以能得到無上清淨的果報，叫做涅槃。

如果施主的布施，是會使受施者生起煩惱，這樣的布施，施主將來無法得到無上淨果的涅槃。有人布施是爲了使人生起煩惱的，譬如他去某道場，這位師父是眞正開悟的人，他供養一大筆錢上去：「師父呀！拜託你一定要幫我證悟。」師父心中起煩惱了，因爲也許他的慧力不夠，也許他的福德不夠，受供的師父要怎麼辦呢？也許這一大筆錢布施了以後，他的福德還是差一大截，這時師父到底要受他供養好呢？還是拒絕好？讓受施者生起煩惱了，這個布施就會使他不能證得無上淨果。如果心中有所求：「我一定要藉這個布施而得到開悟。」就表示我見根本斷不了，要怎麼開悟呢？要怎麼得涅槃呢？如果心中無所求，供養就是供養，一百萬元奉上：「師父！請受我無上供養。」根本就無所求，師父問：「你想要得什麼？」你說：「我沒想要得什麼，就是供養。不著佛求、不著法求、不著僧求：如是供養。」師父聽了想：「唉！這個人好！這個人心無所求，根本就沒有想到自己，這個人要斷我見是很容易的事。斷我見以後幫他開悟明心了，也絕對不會退轉，不幫這種人開悟，那要幫誰？」世間法、出世間法莫不如是。

你不求出頭，完全無所求，護法龍天看你根本沒有私心，不把你推出來，那要推誰出來？假使心中有所求：「我一定要步步增上，最後要當個領導人。」護法龍天一看：「這人私心這麼重，還能用啊？」祂們就故意使你沒因緣成就。出世間法是這樣，世間法也一樣的，強求來的都會出問題。你越是無所求，護法龍天自然而然就推你出來。若是心中一直在想：「**我應該如何、如何，一定要達到領導者的無上身分地位。**」這就是「我」還沒有死掉。「我」沒有死掉的人，還能領導僧團嗎？還能領導清淨法眾嗎？當然不行！所以，以起煩惱因來布施，當然無法得到無上淨果名曰涅槃。不以能起煩惱的清淨因來做清淨施，就能獲得無上淨果，名曰涅槃。而且 佛在阿含中也說過**佛法背俗**：「**道之所樂，俗之所惡；俗之所珍，道之所賤。**」佛法與俗法是相背離的，因此不求世報，不以能起煩惱因施，這樣的布施才能得到無上淨果，名曰涅槃。無我、無我所，不是涅槃，那是什麼？

如果有人能每天對自己建立這樣的要求：「**凡有所施，先布施給別人飲食，然後我再來吃；如果我違背了這樣的自我要求，我就先得發誓：要以更多的罰物每天供養於佛，如此處罰自己。**」每天這樣要求自己，如果犯了這個要求，自己就生起慚愧心。如果能不違背這樣的自我要求，這個人就具備微妙智慧的因緣了，未來一定會證得微妙的智慧。這種心態，諸位一定要建立起來，不管你買了什麼食物回家，要吃之前先想：「我有沒有供過佛了？」不管什麼物品都先供佛，供了再撤下來用，未來福德不可限量。想想你一個月要吃多少食物，這些食物都先供佛，這樣一輩子下來，福德可就很多了！每天都這樣上供，一生如此上供，福德的累積還不夠快嗎？所以飯菜燒好了就先供佛，供佛過了再吃；再怎麼窮，再怎麼沒錢而不能布施，這個布施總能做得到吧？除非已經餓死了才會做不到；這樣子，未來世也得無量福德啊！因爲田勝的緣故。若是這樣一世、兩世、三世、四世、十世供養下來，想要開悟大概福德資糧都夠了吧！你總不能再說：「我眞的沒有錢，所以無法布施。」再窮也窮不過餓肚子吧！但是既然仍舊活著，就表示沒有餓著肚子，那麼三餐的飲食何不都先供佛？供了再撤下來食用，這福德就不得了了。

因爲立誓每日施食的緣故，若能不違誓約，就有大福德而具備了微妙智慧的因緣；如是施者，諸施中最，所以這個人也可以稱爲上施主。上施主就是施主勝，如法的供養或布施就是施主勝，若再加上福田勝，未來世的福德果報不可思議，也可能沒幾世就有因緣悟道。所以菩薩要養成習慣：在外面買了一罐鮮奶回家，先別忙著喝，先供一下；買了一包餅乾、一塊麵包回來，先供上去。這也不必讓你多花錢，反正你自己要吃，佛又不偷吃了你的（大眾笑…）。但是當你供上去時果報已定，爲什麼不做呢？何樂不爲呢？今天從佛的開示中，諸位又學到這個好辦法，得要好好用，不必另外多花錢，又讓你得到廣大的福德。能如法供養，你就可以成爲上施主；不但如此，未來還可以成就微妙智慧的因緣；因緣成就了，悟就是遲早的事了。

如果能隨順來求者的意思，你就布施給他——稱求者意——在未來無量世中不論哪一世，一定所求如意。不論是來世求財、求子、求事業、求祿位，都會圓滿達成。這都是從稱求者意而來的，所以你未來世就可以這樣得，所求如意。有很多人一生所求總不如意，不論他求什麼都得不到；這就是因爲往世別人來求他幫忙，他是拔九牛之一毛以利天下而不爲焉，這一世當然就沒有辦法求財、求事、求家庭如意了。若有人來求，我們能力做得到時就做，以後無量世中就能所求如意。

如果以清淨心來布施，而且用來布施的財物也是如法求財而得，不是不清淨的錢財，並且所布施的福田也是清淨福田時，這位施主未來世將會得到無量果報。但是請不要用這一句話去衡量某些菩薩，譬如維摩詰大士在世時，你看他田園莊宅眷屬圓滿，你說：「維摩詰大士就只有這一點福報嗎？」不然！因爲多數的福報是要留著成佛的，所以不會在等覺位那一世全部取出來用光，所以別看表相。所以有很多菩薩們來到人間如法求財時，當他求到某一個階段就不再求財了：「福報不要用盡，別全部都賺到這一世來，賺來了又帶不走，這一世賺到這裡就好，過去世布施該得的福報只要用這些就夠了，剩下的都留著未來世繼續用。」所以就不想再賺錢了。很多菩薩都是這樣：明明還可以繼續賺，但他卻把事業結束而專心修行去了！這就是說，菩薩世世都有無量報可以得，但是不想全得，想要把大部分留到未來世去；這樣一世一世繼續布施而累積上去，成佛的資糧就比較容易具足。把往世應有的福德全部實現在這一世而留給子孫，那不是聰明人。留給子孫的，只要讓他夠用就行，要爲自己的來世福報準備一些，這才是有智慧的人。所以每一世都使用一部分，留大部分去未來世，世世又繼續布施累積越來越多，這樣來累積成佛的福德，又可以得到無量果報。但是不要從表相上去衡量，因爲菩薩的身口意行難料、難思啊！

如果菩薩供給他的配偶、子女、奴婢衣服和飲食時，都是以憐愍心、歡喜心來給與，未來一樣可以得到無量的福德。菩薩又觀察自己的田地、倉庫常常有老鼠、痲雀來侵犯，乃至把穀米弄得很雜亂，散滿了地上，但是菩薩不生氣，心中永遠生起憐愍心：「這些老鼠、痲雀墮到旁生道中，眞是可憐！」心中又想：「這些老鼠、痲雀因爲我的財物才能活命，所以我有福德。」這樣想而心中歡喜，就不跟煩惱相接觸了。如果有人是這樣的心態，我們就應當要知道，這個人所得的福德無量無邊。如果菩薩爲了自身造作衣服瓔珞環玔等嚴身之具（環就是手環，玔就是戴在手臂上的厚厚寬寬的黃金飾物，上面鑲了珠寶更加莊嚴。這在古印度比較常見，現代已經少見了。譬如 文殊、普賢、觀音菩薩的手臂上都有手釧），如果有人造作這些莊嚴色身的飾具或種種器物，做了以後心生歡喜，在自己還沒有穿戴使用之前，就先拿來布施給別人，這叫做如意而施：如自己所欲而在想布施時就隨即布施了。因爲如意而施的緣故，所以菩薩未來世會得到如意樹。得到如意樹的意思是所求如意：要娶個漂亮善解人意的妻子，或女菩薩想嫁個英俊體貼的丈夫都能如意；想要廣大的房舍也能如意，想要什麼就有什麼，這就是得如意樹。

如果有人說：「不做布施也可以得善果。」世間沒有這個道理！又有人說：「不用財物也可以布施，不需要有領受者也可以成就布施。」這叫作不離慳貪、愛惜財物而想成就布施的人，這也沒道理。離財得施，是預破什麼外道呢？諸位知道嗎？（眾答：密宗的觀想布施）正是密宗的觀想布施。西藏密宗不是都打個手印就觀想嗎：「你們要觀想出很多的米花，再觀想很多眾生來接受布施。」他們自設的四加行中有這個方法，觀想成功了就認爲自己的布施很有成就了，他們只對喇嘛做實際錢財的供養，對諸佛菩薩都是用觀想的布施，想要省錢的達成布施的福德，這叫作自欺欺人！根本連一個物品都沒有布施：無財。又無身口行於布施，也無受者身口意行接受布施，只是在密宗行者的心中想像而已，這樣是布施了什麼？誰接受了布施？都沒有呀！這就等於畫餅充飢。當你肚子餓了，他心中想像一頓美食來供養你，你的肚子其實都沒粒米受用；如同畫一塊餅請你吃。可是他們觀想無量天人來受他布施，就誤以為真的有無量天人來受施；其實他心中觀想出來的天人與食物都只是他的內相分而已，不曾成就點滴的布施福德；所以 佛說「離財得施，離受有施」的人，都是不離慳惜心的吝嗇人，如是成就布施者「亦無是處」。

佛說布施一定要有三件事成就：施者五陰、受者五陰、所施的財物。藏密的觀想布施卻是三者都沒有，假使超度法會時不準備食物而只用觀想的一大堆食物施給鬼神，可是鬼神得不到，祂們會說：「**你們西藏密宗修行者個個都是吝嗇『鬼』！**」（大眾笑…）鬼神是鬼，藏密行者也是鬼：吝嗇鬼。可真是鬼文薈萃了！這叫作秀才人情，口惠實不至。如果有一個人一天到晚老是說：「**我送給你一百萬，我送給你一百萬。**」可是每次都只是在紙上寫著一百萬三字，就送給你，你一定會笑壞肚子。藏密以觀想而想要成就布施行，都是「離財得施、離受有施」，不離慳惜而想成就布施， 佛說「亦無是處」。

如果人家缺乏時尚未開口求施，而你主動去布施，這就是不求而施，未來世多獲寶藏。可別在人家已經得到一大堆米了，你還要再送他一大包米，可就送得不是時候了！要在眾生正當缺乏白米時，你剛好送了一大包白米去，這就是乏時施。或者他只求你一包米，你主動的送給他兩包；或者他求的只是普通米，而你送給他上等米，乃至教導眾生：「你如果欠食物，就來找我。」這是教他索施，教他來向自己求索。或者自己定期前往探視而行布施。有的人因為面子尊嚴而不好意思開口，你就算算他快要斷糧了，就主動送上門去：自往行施。若有菩薩能這樣做的話，我們應當要知道他未來之世多獲寶藏。所以若看見別人珠光寶氣，錢財極多時，千萬別羨慕，也不需要怨嘆自己，要想人家過去世就是做了這些不求而施、乏時施、少求多施、求惡施好、教他索施等善業，所以此世珠光寶氣是有他的道理的。但是他這一世珠光寶氣，卻不懂得布施時，你卻要心生歡喜：「我終於懂得布施。」因此而為他憐愍，因為你未來世多獲寶藏，他未來世將一無所有。眼光要放遠，不要只看當前。以前有位文學家發跡了，進入上流社會；但因他的祖先不富有，又沒有名氣，他是第一代發跡，所以在宴會中被人瞧不起說：「我們已經三代都很富有了，你卻是從你這一代才開始的。」當眾羞辱他，他怎麼答呢？他說：「我們家族的興盛是從我這一代開始的，但是你們家族的興盛卻只到你這一代為止。」（大眾笑…）所以大家都不敢再講話了。菩薩也應當這樣想：他們家有錢到他為止，因為他不懂得布施，未來世將不會怎麼好。你很懂得布施，就知道：「他的富有是到這一世為止，我的富有則是未來世中會世世興盛起來。」當然應該心生歡喜，這就是有智慧的人。所以菩薩出言吐氣應當要有智慧，不要當那個最後一代的富豪，要開始當世世富有法財、世間財的菩薩。因為能如法的及時施，所以當知這個人未來世多獲寶藏，甚至非寶之物到他手裡都變成寶。

佛曾講過一位燈指比丘的因緣：他的指頭很奇怪，會放光；後來家貧，想要為人揹死屍賺錢生活；不料他第一次揹個死屍去棄屍林丟棄時，那個死屍竟然緊抱著他不放；他使盡方法都沒辦法棄捨身上的死屍，就無法回到城裡；後來歷經很多困難終於入城，很晚了才能揹著死屍偷偷回到家中，不料那死屍就自動掉到地上，全身變成黃金。他好奇的剪下手指，不料黃金死屍的手指卻自動再長出來；越剪越多，積滿了房子，就又變成很有錢的人，所有棄他而去的親朋眷屬全都再回來依止他了！後來他看開了，把錢財全都散盡而出家，在 佛陀座下成爲阿羅漢。這都是因爲往世行善才有這種果報，但是別人搶不走：**當別人來搶他的黃金回去時，都會再變回死人的手腳；半夜裡盜賊偷了死人黃金出去就變成死人身體，都不是黃金**。當他需要用錢時就又剁下死人的小指頭去賣了，又可以享用了，別人都搶不去。後來 佛就說明他過去世的善惡因緣，所以有赤貧受苦及後來的大富果報，這就是《燈指因緣經》的記載。所以菩薩善行布施時，後世非寶之物來到他手裡也都變成寶物了！別人認爲是廢物，到他手裡就變成生財的寶物，所以菩薩布施時要注意到很多細節，因爲每一件事及每一句話都是有後世因果的。

佛又開示說：不可爲了戲笑而布施。戲笑是不好的，菩薩應當避免。特別是布施時，千萬不要以戲笑的口吻來布施，以免受施的眾生覺得受辱。譬如有人來求布施時，施主戲笑的說：「**你如果敢當眾脫光了衣服，我就給你一千塊錢。**」這樣的施財就是戲笑的布施。其實脫光衣服並不一定是惡事，菩薩渾身上下沒什麼不能見人的； 佛甚至說：若菩薩夢見自己一絲不掛，理所當然的走在街上，這是即將進某地境界的預兆。我以前夢見過幾次，夢中走在街上覺得很自在，看見所有人穿衣服而自己一絲不掛卻不會覺得奇怪。因爲你已經轉依如來藏了，所以覺得這沒有什麼。假使證了理以後還在這上面有牽掛，那就有問題了。但是爲什麼我們平常不輕易脫衣？是因爲菩薩應有基本的禮節威儀，眾生才會接受。可是如果天氣很熱了，我也無妨打赤膊工作，這有什麼好羞人的呢？心清淨才是重要的，身體每天洗刷得很清淨、裝扮的很漂亮，但是心中不清淨，老是想歪了，那才是不清淨。眾生不知道，總是心生顛倒；菩薩不然，可以打赤膊爲眾生拖車、拉犁，但心地是很清淨的。

有位師兄曾經與我一起在大熱天工作過，我一直都打赤膊，他則是爲了恭敬我而一直穿著上衣，我卻打赤膊與他在石城一起刷油漆，這位師兄現在還在這裡聽我說法。我認爲在家菩薩在沒有第三者同在的大熱天裡打赤膊工作沒有關係。但是睡覺時不許因爲熱就打赤膊，我曾被警告過的，還是應有基本威儀的。所以戲笑而布施，不是菩薩應該有的行爲，因爲眾生會覺得受辱了。所以戲笑施不算是眞正的布施，不要以爲也有布施的福德。

非福田施，也不算是布施，譬如觀想一大堆金銀，再觀想有佛來接受供養；但是觀想來受供養的佛並不是眞佛，只是自己的內相分而已，所以觀想受供的佛並不是福田，所以這種布施不是眞實布施。又如以食物供養石頭，請問：「石頭是不是福田？」石頭不是福田，供養石頭就成爲供養非福田，所以也不成就布施的福德。供養樹木、河流等道理都是一樣的。若把食物放在樹下供養，這叫施肥，不叫布施，因爲樹木不是福田。若如此供養時有感應，那是寄居於石頭、樹木的鬼神受了供養，他們也屬於福田的一種，但不是無情能受供養，因爲都屬於非福田。

不信因果的布施也不是布施。所以布施時要相信布施的因果，才會有布施的福德，所以大家都要有智慧。當人家隨喜功德說：「你這個布施眞不得了，未來福報不可思量。」你可別懷疑的說：「有嗎？會嗎？」應該說：「是不可思量！不可思量！」那才是眞的布施，不信因果的布施就不叫作布施了。這些布施的過失，佛都爲我們說了，我們都應該要記住，不要沒有意義的布施；或是做沒有福德又沒有功德的布施。

如果有人專在良福田上布施，不樂於常常布施，專挑好福田，他未來世得到果報而有錢了，卻還是不會喜歡布施。我曾經向一個人講過，那是十年前的事，我說：「你這個人啊！如果有機會布施的話，你一定是精挑細選，挑了再挑，你才會做；你不會遇到誰需要布施時你就布施。」他反問說：「你怎麼知道？」我說：「你的個性就是這樣，所以你會有錢，但是你不會有布施的習慣。」眞的被我料中了，他就是這種人；日子很好過，但你要找他布施卻不容易。可是如果確有一個很好的福田，當他覺得是很好的福田時，他會突然間大手筆投資於布施，但是不會再做別的布施了。假使很有錢的人卻一直沒有布施的習慣，你就知道這種人上一輩子是專挑良福田的人；一定是別人告訴他：「某某法師是悟得很透徹的法師，是證悟的大福田。」他就去很大筆的供養一次，以後就不再來布施了！你若告訴他說：「你看那邊法師辦道很辛苦，都沒有資糧，你布施一下吧！」他將會一毛不拔。有錢人而一毛不拔的就是這種人。但將來假使我們會裡有一位師父很有名時，這種人就會來大布施一次。但他們都不會再作第二次的布施，也不會布施給別的小法師。佛說這種人未來世得果報時不樂於惠施，會使他不樂修道；即使後來發心想要修學佛道，但他的道業也會受到障礙， 佛說不樂惠施的意思就在這裡。

如果有人布施以後心中產生了後悔的心情，或有人去劫奪別人的財物來布施，這兩種人未來世雖然可以得到布施應該有的福報，但是常常會耗散而沒辦法守得住，所以應該如法求財來布施。有人想要布施時，是向別人借錢不還，用來布施，這人未來世所得財物也是常耗不集的。特別是布施以後絕對不要後悔，否則來世得福時也會常耗不集的；所以不管以前你們在哪裡布施過，現在已經知道不是了義正法的道場，但絕對不要後悔，要有歡喜心，才不會未來世福果常耗不集。

如果有人布施的財物是使眷屬起煩惱而得到的，譬如把眷屬應該有的財物強行拿來布施，或者偷偷拿來布施，或者把眷屬每個月應該得的財物剋扣下來布施，未來世雖然也會得到布施的大果報，但是色身會常常病苦；這是因爲眷屬並不樂意，他卻強行拿來布施，讓家人生起煩惱，所以他未來世雖然有錢財，卻會常常病苦不斷。如果有人聽到布施有大福，卻不是省下自己的用度，而是把父母每月的供養給停了，把妻子應該有的供養，奴婢應該給的薪水剋扣減少用來布施，這種布施不是善人之施，而成爲惡人了；這種布施叫作假名布施，不是眞正的布施；因爲不是他自己該有的錢財而強行取來布施，所以不名「義施」，不是眞正的布施。這種假名布施，在初學人中常常可以看見，所以佛說這種布施是沒有憐愍的布施，也是不知恩、不報恩的布施。父母生我、養我，妻、子照顧我，奴婢爲我服侍，他們都該得到應有的回報，可是我剋扣了他們來布施，就成爲不知恩、不報恩的人。不知恩、報的人，未來世雖然因爲這一世的這種布施而可以得到財寶，但是得了以後常常會遺失，沒辦法留得住，無法在他需要用錢時拿來用；因爲他是讓人起煩惱而布施，是用別人分內該有的錢財來布施的緣故，所以來世錢財仍然該由被剋扣的人從他那裡再接收過去，而他未來世也將多病多苦。

如果有人如法求財，然後如法布施，他未來會得到無量福德，而且所有的錢都可以隨意使用，不會被人遮障。如果有人不如法求財，而且布施時不如法布施，換句話說：他都透過別人來布施，不是自己親自布施，布施的錢財也不完全是自己的錢財，這樣布施以後未來世雖然得到了財物的果報，但是他所得到的福德果報都要依靠別人才能得到。換句話說，他未來世求財賺錢都得要依靠別人才能賺到屬於自己的那個部分，單憑自己就賺不到手，並且大部分要歸別人所有。譬如有人幫老闆賺錢，眞是賺得不亦樂乎，可是當他想要自己全得所賺的錢財而自己當老闆時，就賺不了錢了，社會上有許多這類人，他們上一輩子就是剋扣親屬的錢財而布施的。所以他如果問你：「爲什麼我幫老闆賺錢都有，我自己賺就賺不到？」你就說：「因爲你上一輩子布施不如法，是剋扣親屬應有的財物去布施，所以你這一輩子，只好幫老闆賺錢，每年領賞金：領幾百萬、幾千萬賞金。但是自己當老闆時就賺不了錢了，只能由老闆在那邊坐享其成，因爲你往世布施的錢財，本是老闆分中該得的。」所以他沒有辦法，得要幫他老闆，然後每年領個一千萬、兩千萬的獎金；他若不信邪，自己去經營事業就失敗，老闆也開始賺不了錢，兩敗俱傷；回到老闆那邊，大家又開始賺錢了！這叫作「雖得果報，恆賴他得」。

他所依靠的老闆如果捨報或離開了，他也就只好跟著貧窮下來，他的財物無法留在手裡，所以布施還眞的有許多地方要好好的較量。有智慧者，深入觀察人間的種種快樂，乃至天上的種種快樂，或者轉輪聖王的快樂，雖然是很微妙的，但是這些快樂終究是無常的法；所以眞正有智慧的人，布施時不是爲了求得人間、天上、轉輪聖王的快樂而做布施，應當求佛菩提之樂而做布施，將所有布施的福德全部迴向佛菩提道。這樣既得世間法的福德果報，也可以得到出世間法的種種法樂，才是有智慧的人。接下來還繼續較量布施：

【「善男子！施有二種：一者財施、二者法施。財施名下，法施名上。云何法施？若有比丘、比丘尼、優婆塞、優婆夷，能教他人具信、戒、施、多聞、智慧；若以紙墨令人書寫、若自書寫如來正典，然後施人，令得讀誦，是名法施。如是施者，未來無量得好上色，何以故？衆生聞法，斷除瞋心，以是因緣，施主未來無量世中得成上色；衆生聞法，慈心不殺，以是因緣，施主未來無量世中得壽命長；衆生聞法，不盜他財，以是因緣，施主未來無量世中多饒財寶；衆生聞已，開心樂施，以是因緣，施主未來無量世中身得大力；衆生聞法，斷諸放逸，以是因緣，

施主未來無量世中身得安樂；衆生聞法，斷除癡心，以是因緣，施主未來無量世中得無礙辯；衆生聞法，生信無疑，以是因緣，施主未來無量世中信心明了；戒、施、聞、慧，亦復如是；是故法施勝於財施。」】

講記　法布施不是出家法師的專利，在家菩薩們假使證悟了，而且有能力弘傳正法，也應該努力弘傳了義正法，因爲大乘菩薩的法道是不分出家與在家的。我們常常鼓勵同修們說：**如果口才便給、智慧勝妙，有能力的話，應出來當親教師。**親教師畢竟不是每一個人都能做，當親教師至少要五官正常，總不能說嘴歪眼斜，人家看了說：「**這樣的親教師，到底過去世是造什麼樣的業？**」所以至少要五官正常，不必五官端美，至少要正常。如果像馬英九市長那麼英俊，那是更好（大衆笑），但至少要正常。一切布施以法施爲最勝妙，可是如果上得台來講話，每一句話結結巴巴的，衆生想要聽你一句佛法布施，聽了老半天才能猜測出來，那也不行啊！或者說智慧不夠，許多法都會講錯，那也不行，所以當親教師要有基本的條件。我們希望的親教師：第一、沒有私心，第二、脾氣不要大、性障要少，第三、身體正常，第四、口才便給，第五、要有智慧，說法不會說錯。如果你的條件適合，發願來當親教師，我們是非常歡迎的，但不是每一個人發願了就能做得到。如果上得台來結結巴巴的說法，大家聽起來很難過，如何學得好呢？要怎麼當親教師呢？所以要有一定的條件。如果衡量自己條件適合，就往這個方向去努力，因爲佛法的布施遠勝一切布施。

《金剛經》大家都會背，如果有人以一個四句偈爲人解說，另外一個人是以遍滿三千大千世界的金銀珠寶來布施，結果是用四句偈做法布施的人，福德遠遠勝過無量財寶布施的人。遍滿三千大千世界就是說，遍布一個銀河系所有星球的珍寶來布施。誰能準備那麼多的金銀珠寶？可是這樣無量珍寶的布施，還不如四句偈的法布施，想想：法施的功德有多大呢？所以 佛說，布施有兩種（這是把無畏施暫置不談，單說二種布施）：第一、財物布施，第二、佛法的布施。財施是二施中的下等布施，法施才是上等的布施。如前所說，財物布施已經不得了了，但是與法布施相比較，卻變成下等了。

什麼是法布施？如果有比丘、比丘尼、優婆塞、優婆夷能教導別人具足對三寶的信心，具足持戒之法，具足布施的知見，能讓聽法的人多聞，而且產生了智慧，這叫作法布施。佛說：四種佛弟子：出家、在家等四眾都應該作法師來教導眾生。能爲人說法者就是法師，但法師不一定是僧寶，僧寶也不一定是法師；有可能是僧寶而不能說法，譬如阿羅漢周利槃特伽，正是大僧寶而不是法師。佛法布施，可以提供紙墨教別人來書寫經典，或者自己親自書寫如來的經典，然後送給別人去讀或課誦，這叫作法布施。依照這樣的意旨，請問諸位：**「你們有沒有做過法布施？」**（大眾答：有！）有嘛！因爲你們來助印宣講正法的書籍；以前是用寫的，寫得很慢；你們來助印，我們用機器一直印出來。寫一部經典，或者寫一本書，那要抄多久？尤其我的書大部分都很厚，難得一、兩本小小的，你要抄到何年、何月？現在不需要抄呀！**「我要助印三百塊錢。」**三百塊錢可以印幾本了，你知道嗎？我們《念佛三昧修學次第》現在已經不是第一版了，所以不用製版……等其他費用，所以一本才三十元左右的印刷成本，你助印三百元就有十本可以利益十個人了，這個福德眞大！有人就看見這一點，所以他專門助印，我們就一直把它流通出去，這也是法布施；今世不能當親教師，未來世想當弘法者，助印正法書籍就是爲未來世弘法而作因緣的，但這一世也成就了間接的法施。

所以，法布施不單只是親自爲人解說。假使口才不好，不會講話，人家問起法來，你不太會解說，就把我的書送他：「你問這些問題，我助印的這本書中有說明，請你看書。」這也成就法布施了，不但來世有世間財物果報，又加上法布施的果報。法布施能得的果報是：未來無量世得好上色，每一世都不會長得很醜，身體也很健康，這就是得好上色，並且是未來無量世中都如此。因爲眾生聽你說法，或者因爲你送給他的正法書籍，他讀過就得到法了，就開始斷除瞋心；因爲幫助眾生斷除瞋心的關係，未來無量世中你就得上妙色。瞋心影響色身很嚴重，且不說長時間，只說短時間就好：正在生氣時，整個臉是鐵青的，醫學家說生氣時身體會因爲化學作用而產生化學毒素。因爲每天生氣，一直產生毒素，身體就越來越差。你做法布施而使眾生斷除瞋心，他的心情越來越安祥，身體將會越來越好；他身體越來越好，回報到你身上的福德就是你未來無量世身體也會很好，所以施主未來無量世中得成上色。

眾生聞法之後慈心不殺，因爲你贈送的書中說：對眾生要有悲心，如果沒有悲心，殺害眾生，未來世得惡色身，羸弱色身。他信了就開始斷殺，生起慈心；由於這個因緣，投射到你這個施主的未來無量世中，就是得壽命長，不會五歲、十歲就中夭，一定是長命百歲。眾生聞法之後，不再去偷盜別人的財物，由於這個因緣，施主在未來無量世都是多饒財寶。眾生聞法以後，心開意解，所以樂於布施，就有更多人得到了財物的布施，就不必挨餓受凍，大家身體就有氣力。很多眾生有氣力，原因是從你教導他而來的，因爲你做了法布施，雖然你沒有布施財物，但照樣有布施財物的福德，所以未來無量世中身得大力。

這樣看來應該說：我過去世很少叫人布施，所以我這一世沒什麼力氣。因爲我說法都是在了義法上講，很少講布施，從來不曾大力鼓吹你們布施，所以我今生講這一部經還眞講對了。(大眾笑…）我的習性就是這樣，往世與今世都很少講布施；我自己努力在做布施，但是我很少勸人布施，說法時也很少勸人布施。我不習慣開口請求別人出錢護持我弘法，如果勉強開口就會耳根熱起來；小時候母親叫我取兩塊錢去買醬油，我到了店裡開口時耳根都會熱起來，不太敢向老闆要求醬油，都不會想到那醬油是用錢去換的。所以我不習慣開口向人要錢，從我這一世出來弘法以來一直都是這樣，所以早期學人來學法時，我都是半年內就讓他們明心或見性了！從來沒有教他們說：「**你要先修集福德資糧，要先去利樂眾生。**」所以來學三個月、六個月就幫他們明心了！也有人三個月、六個月就明心又見性，都沒有教導他們要先修布施。但是爲了正法的永續流傳，也爲大家的道業著想，我想是應該改變一下了！

我過去世也是這樣，又因爲往世都是出家身，所以度的出家弟子大多是不修布施行的聲聞人，努力修過布施行的出家弟子不多，倒是有很多在家弟子努力修布施而護持正法；但是我往世的出家弟子遠比在家弟子多，他們大多重視身分的表相，大多不樂勤修布施行；由於我往世不鼓勵弟子修布施行，因此就無法從受施的眾生身上回饋到我此世很康健、有力，只能是病痛不多而已。因爲好幾百年來都這樣做，而這一世以在家身來做這件事，也較需要大眾護助，所以這一世就稍微改一下，講這部經典來宣揚布施的好處，希望大家都能身心健康，我未來世也可以健康一點，有力氣一點，就不必將粗重的事情都要勞煩別人動手。所以你們在度眾的法布施過程中，如果是有談到布施時，眾生因爲你的法布施而瞭解布施的因果與得福的道理，他就去布施，結果是眾生有了力氣，不必挨餓受凍；那位布施者是財施主，你成爲法施主，所以他能得到的來世健康有力，你在來世也會得到健康與大力。

眾生聞法斷諸放逸，有了精進心，努力修學；不放逸的結果就不會產生種種色身上的病苦，所以身爲法布施的施主，你未來無量世中身得安樂，不會得到放逸所得的病苦。眾生聞法之後斷除了愚痴心，由於這個因緣，你這個法施主未來無量世中可以得到無礙辯才；因爲你這一世不斷的爲人說法，眾生聽了你說法之後就生起了很多智慧；在智慧上布施的回報是未來世會更有智慧。你未來世既然更有智慧，當然就有無礙辯才，誰要來與你辯論都贏不過你。這是我走過來的路，是現成的例子：因爲我過去世常常說法，雖然我通常都不當住持，但是我常常說法讓人家有智慧；所以在世間法上的辯論，我總是覺得口才很不好；可是上得台來說佛法，滔滔不絕就一直出來，這就是法布施所獲得的果報。小時在家中，我那幾位老哥都說我笨；可是如今一談到佛法，誰都拿我沒輒，這就是法布施的因緣。

幾年前也有人得了我的法，但是對眼見佛性不能信受，他認爲明心就是見性，就扯我的後腿、背後否定我。有人說：「你去跟老師辯嘛！你講得這麼有道理，去跟他辯論吧！」結果眞的來找我，談眼見佛性的事情，我就爲他解說了很多，回去了人家問他：「你跟老師辯論的結果怎麼樣？」「沒辦法啦！老師口才太好了。」天曉得！我哪有什麼口才？我始終都覺得自己口才很不好，可是法爲什麼沒有人能推翻？兩個原因：第一、法正確，第二、因爲法布施而得到無礙辯，所以他們講一句話錯了，我會寫出一篇文章來。就是這樣，所以去年退轉的那一批人增加一個第九識，我可以寫出三百多個理由出來，只要兩個晚上、一個白天就寫完了，爲什麼呢？就是從過去世做的許多法布施來的。所以你如果努力幾年後可以有親教師的條件，盍興乎來！你就發願而努力去做，讓你具足那個條件，將來出世弘法就能成就法布施的功德，未來無量世中得無礙辯；得了無礙辯以後，就表示你的法義通達了，未來要成就佛道就更快了。

所以，想做法布施的人，如果口才不便給，才智不好，就助印，把好書助印出去。如果沒有錢財助印，也可以做法布施啊！不單你們，我也是每週來都扛一大箱到處去流通，這也是法布施。（編案：上網說法也是法布施，但因為平實導師為了防止電腦檔案被入侵而不與網絡連線，所以不曾上網閱讀或說法，就漏講了這一項現代獨有的法施。在這裡順便提供給大家參考）所以法布施有很多種方式，不一定是為人說法的一種方式。如果你說：「**我沒有力氣，扛不動書箱。**」那怎麼辦？可以勸人來修學正法！這也是法布施，法布施有很多種方式。這樣一世又一世的做，十世百世以後漸漸的就能為人說法；因為這樣做的關係，未來世會漸漸變得辯才無礙，最後就可以親自為人說法，這都是法布施。眾生聽聞你說法，或者藉由你的因緣得到了正法書籍而去閱讀，生起信心而無懷疑，由於這個緣故，法布施的你，未來世對佛法僧三寶的信心就會很清楚、究竟。自然會知道：為什麼要信佛法僧？為什麼要皈依佛法僧？你對自己學佛而能具足信心的原因在哪裡呢，你也會很清楚，就不會再搖搖擺擺、心不決定。教導別人持戒而施給眾生無畏，以及法布施而使人生起聞慧，都會得到財物的果報，不是只有財物布施才會有財物回報，所以說佛法的布施勝過財物的布施。

【「或有說言『子修善法，父作不善，因子修善，令父不墮三惡道』者，是義不然。何以故？身口意業，各別異故。若父喪已，墮餓鬼中；子爲追福，當知即得。若生天中，都不思念人中之物，何以故？天上成就勝妙寶故。若入地獄，身受苦惱，不暇思念，是故不得；畜生人中，亦復如是。若謂『餓鬼何緣獨得？』以其本有愛貪慳吝，故墮餓鬼；既爲餓鬼，常悔本過，思念欲得，是故得之。若所爲者生餘道中，其餘眷屬墮餓鬼者，皆悉得之；是故智者應爲餓鬼勤作福德。若以衣食房舍臥具資生所須，施於沙門、婆羅門等貧窮乞士，爲其咒願，令其得福，以是施願因緣力故，墮餓鬼者得大勢力，隨施隨得；何以故？生處爾故。諸餓鬼等所食不同，或有食膿、或有食糞、或食血汙、嘔吐、涕唾，得是施已，一切變成上妙色味。雖以不淨蕩滌汁等施應食者，然有遮護，

竟不得食；如是施主亦得福德，何以故？以施主心慈憐愍故。若有祀祠，誰是受者？隨其祠處，而爲受者；若近樹林，則樹神受；舍河泉井、山林堆阜，亦復如是，是人祀已亦得福德，何以故？令彼受者生喜心故。是祀福德，能護身財。」〕

講記 佛說：「如果有人這麼說：『兒子修了善法，他的父親卻做種種不善惡業，但是因爲他的兒子做了種種善事，所以能庇祐他的父親不會墮落三惡道。』如果有人這麼說，這道理是講不通的。」所以有人說：「祖上積德，福蔭子孫。」那是不對的，因爲業是隨個人自身而受報的。可是「積善之家必有餘慶」，這是因爲共業的緣故，這叫作物以類聚、人以類聚：紳士不會去和小人交朋友。同樣的，這對父母是有福德的，感生的子女也會是有福德的子女。除了一種例外——報恩和索債。報恩者，譬如父母本身沒有其他的福德，但過去世有恩於人，那個人願意生作他的子女來報恩。索債者，就是父母往世常作布施、很有福德，但過去世曾經欠了某人一大筆債；他們布施得福德，但也有欠債，人家來要債就生作他的子女。除了這兩種例外，通常父母有福德時，感生的子女也是有福德的，通常是如此。所以子女來生到他們家中，是因爲有福德能繼承他們的產業，所以生到他們家中，不是因爲父母行善而庇蔭子女；所以「父作不善，子作善法」，不能庇祐他的父親不墮三惡道，因爲身口意業各別異故，各人所造善惡業都要由各人親得，不能通用。

所以子女修善法，而父母作不善業，子女的修善不能幫助父母不墮落三惡道中，主要原因是：各人造業、各人承受；善業如是，惡業也如是；因爲父親所造的身口意業是惡業，兒子所造的身口意業則是善業，兩者所造的業性各各別異，怎麼可能由兒子的善業來使父親不墮惡道？所以「積善之家必有餘慶」，是因爲父子二人都是有福德的人，都是心性良善的人，所以氣味相投才有因緣投胎在他家中。但這不是因爲父親行善而使他的兒子得福德；兒子是因爲有福德，所以來繼承他的事業家產。如果說父親行善，兒子就一定能得到庇蔭，那就不該有「很善良、很有錢的員外卻養出了敗家子」的事例；也不該有大善人卻生個兒子疾病纏身，年未及長，就中夭了！所以父親所造的惡業，兒子所造的善業，都是各自承擔互不相代，因爲造業者各別異故，所造的身口意業也是各別異故，不是同一個人所造的業當然不能互相繼承；否則就同於外道法的繼承原罪邪說了，那就不符合法界的眞理了。

假使父親造了惡事，喪命以後墮落在餓鬼道中，這時子女再爲他薦福、追福，幫他布施來迴向給他，他就可以得到福德的迴向。但這是他死後子女爲他做的，已不能改變他的正報，只能改變他的依報；爲他追福只能讓他在餓鬼道中衣食無憂，但不能免除餓鬼道的色身與大環境正報，所以他還是要繼續生存在餓鬼道中。如果生前子女爲他偷偷植福也一樣，子女在他生前私下拿他的錢而以他的名義布施，也是一樣的道理：他造了惡事，不能因爲子女私下以他的金錢行善來抵償惡業；行善有行善的因果，會在餓鬼道中實現他的金錢布施所得的福報，但是他所作的大於布施福德的餓鬼道惡業——譬如輕謗賢聖數句的惡業——仍不能免除，還是照樣要墮落在惡道中，只能在餓鬼道中享受其他餓鬼享受不到的待遇：膿、血、涕、唾易得。所以善惡業不能相抵消的。若他死後已墮落到餓鬼道去，子女爲他追福，可以使他依報獲得改善：環境比較好，食物易得，受苦較少；但是正報的餓鬼身與餓鬼道的環境仍不能免除，要繼續在餓鬼道中生活。

如果父母生前是行善者，死後生到欲界天去了，他的子女再爲他追福：以他的名義作種種布施，或請了道士來準備許多的冥紙，弄了一大堆飯菜一起供養，他不會接受的。他絕對不思念你所供養的食物與冥錢，因爲他在欲界天上，有甘露等妙食，遠勝妙於人間的食物；餓鬼道的冥錢在天界也用不著，天界也不需要用錢，所需之物自能隨意而得；所以子女請了最好的名廚，以一百萬元一桌的飯菜供養他，他也不稀罕，不會來受供的；因爲人廚終究比不上天廚啊！欲界天的酥陀妙味，人間比不上的！當他用過了酥陀妙味，再也不會思念人間的飲食了！所以 佛說天上成就種種勝妙寶，因此子女爲他作任何的追福，都是無意義的。如果他造惡業而入地獄了，譬如殺父母、殺人、放火、誹謗正法及與賢聖，都是地獄業；這時子女爲他追福也是沒有用的，因爲他受重大苦惱時，一心一意只想免除悽慘的痛苦，沒有時間想到孩子爲他追福所應得的物質享受。在地獄中全都如此，特別是無間地獄有五種受苦無間；譬如身上所受的痛苦沒有一處有空缺，又如痛苦到極點而死亡了，業風一吹又隨即活過來，立刻再受全身極苦，求免痛苦都來不及了，哪有時間想到你供養給他的食物呢？所以造大惡業而墮落地獄的人，爲他追福也是得不到的。

也許有人想：「**如果是小惡業，往生到畜生道去，我們幫他追福，能不能得到？**」一樣是得不到！因爲生到畜生道去，和重新出生爲人是一樣的，因爲他的正報得不到你爲他追福的福果。譬如他投胎爲人時，你幫他燒很多的紙錢、弄一大桌飯菜作冥供，他完全得不到，因爲他在人間而不在鬼道嘛！怎麼可能得到？同理，生到畜生道去也是得不到的，因爲他的正報使他無法得到冥界眾生應得的供養，所以佛說「**畜生與人中亦復如是**」。如果有想：「**人中也不得，畜生也不得，天界也不得，爲什麼單單生在餓鬼道能得到追福的福報呢？**」這是因爲他在生前就有愛貪及慳吝心，希望把所有的財物、糧食都據爲己有，不願意分給別人；甚至於寧可讓食物壞掉也不願布施，世間就有許多這類人啊！正因爲這種慳貪、吝惜，才會墮落到餓鬼道中。當他落到餓鬼道中，這個慳貪的習性會完全現行，所以每天想：「**我在世時什麼東西都捨不得用，**

都存起來，結果我現在什麼都不能享受到。」常常思念欲得，常悔本過：後悔當年省吃儉用，自己都捨不得用，也捨不得送給別人，眞是愚癡。悔恨自己不懂得享用，也後悔不曾讓親人享用，今天在餓鬼道中當然更會想念生前的財物，所以兒子爲他追福時就會心念相應，他就可以得到。

還有一個原因使他能得到子女的追福：他在世時什麼布施都沒有做，如今有的是時間，一天到晚都在找食物，這就是餓鬼道。如果生在地獄中，就沒有時間想了！逃避苦難都來不及了，就沒時間思想飲食等福報享受的事啦！至於欲界天，除了勝妙的寶物受用不盡以外，他享樂都來不及了，哪有時間想念人間的子女爲他追福，人間的食物或錢財他都看不上眼的。所以只有餓鬼獨得追福。

如果所作的業是出生到其餘五道中，而人間的眷屬爲他超薦，就只有其他已經落在餓鬼道的祖先們才能得到；凡是出生到其餘五道的眷屬，譬如生到人間、天上、畜生道或鬼道以外的修羅道，都得不到追福的；若是生在餓鬼道中，或者生爲餓鬼道中的修羅，如果人間眷屬懂得爲他追福，墮落於餓鬼道的祖先眷屬就都可以得到；但是若有人間的親屬願意為餓鬼道中的祖先追福，那也可以得福。譬如有人在超薦一位祖先時，假使剛好有一條狗仍然保有宿命通，牠知道你超薦的祖先是與牠有深厚因緣的人，牠就會咬著食物一直要參加超薦，想要把食物放到供桌上，那你就得讓牠放，因為牠也是這位祖先的眷屬；牠知道是在超度落餓鬼道的祖先，牠雖然墮落畜生道中，但今天剛好有福報，得到一大塊食物，又知道你這邊在超度，牠願意參加，你就得讓牠參加。不可以說：「哎呀！你拿這個東西，那麼髒，供養什麼？」不能拒絕的！即使很髒，落到餓鬼道的祖先手上還是歡喜得不得了，因為很難得啊！餓鬼道中很難得到食物的，所以還是得要接受。若有生在人間以外諸趣而超薦墮落餓鬼道中的親人，凡是墮落餓鬼道中的親人，皆悉得之。由於這個緣故，有智慧的人都應該為餓鬼道的眾生多做一些福德啊！

所以我們禪三舉辦的開始與結束，雖然只放小蒙山，但是食物準備都是非常豐盛，都是用大臉盆、小臉盆裝的，總是怕他們用不夠。這是因為鬼道眾生能得冥食的緣故，我們就藉這個布施來為打三者增福，因為都是大家護持的錢財買的；這也讓他們對我們在道場的共修不起煩惱，減少債主的遮障。每當我們去辦禪三，他們就會知道又有供養了，就不會來遮障大家，所以我們護三菩薩們才要那麼辛苦準備小蒙山的大量供品。禪三結束時還要再請他們大吃一頓才算圓滿，正因爲他們餓鬼道的眾生能得，所以諸位在禪三期間的遮障就減少了。這也算是爲餓鬼勤做福德。

如果是以衣服、食物、房舍、床鋪，以及平常生活所需的物資，供給佛門出家者及外道在家的貧窮乞士，再由他們咒願——持咒再加上祝願——使餓鬼道中的祖先或眾生得到福報。因爲供養修行人，加上持咒祝願的緣故，所以被祝願的餓鬼道的先人或眾生就可以因此得到大勢力。有大勢力的緣故，所以布施給他的財物、食物，其餘餓鬼就無法搶奪，所以他就隨施隨得。所以超薦祖先時，自己的能力還是有限啊！除非你已經證道了，在沒有證道之前，最好還是請比丘、比丘尼來做：看有哪個寺院，請師父們來辦總是比自己辦好！這是因爲加上了供養三寶大福德的緣故；你如果已經見道了，那就不在此限。但是千萬別請那些否定正法的出家人來做，因爲他們不但沒有出家功德，反而還有破法的大惡業；誤請他們來超薦，那不是反而拖累先人了嗎？又如不信有西方極樂世界存在，不信有 阿彌陀佛的印順派法師們：慈濟、佛光山、昭慧等法師們；請他們來超度先人往生極樂世界，怎能成功呢？當他們正在超度你的先人去極樂時，心中卻可能是不斷在懷疑：「印順導師說極樂世界不存在，到底有沒有極樂世界？我寧可相信印順法師說的：『沒有極樂世界，也沒有阿彌陀佛。』所以今天只是如禮行儀，純粹是做法事、收供養而已！」那你請他們做法事超度，能超度成功嗎？而且他們又是否定如來藏的破法者。可是卻仍然有許多人不明白這個事實呢！

言歸正傳，爲什麼餓鬼經由出家在家的修行者來持咒祝願以後就可以隨施隨得呢？因爲「生處爾故」。因爲他所出生的地方就是這個樣子，在餓鬼道中，飢火焚燒，所以心心念念只想一件事情：「食物」，所以才叫做餓鬼嘛！但是餓鬼道中也有幾種不同，我們上週《瑜伽師地論》還正講解餓鬼的境界呢！餓鬼有好多種，但是這裡沒有時間，且不談他。餓鬼眾生的食物各各不同，有的餓鬼只能吃膿血，別的食物都不能吃；有的餓鬼只能吃糞，有的餓鬼只能吃血污、嘔吐、涕唾。但是餓鬼如果有前世的子女藉由修行者，也就是心地清淨了的出家人來爲他追福，譬如供養三寶而迴向給他，請僧寶爲他做一場佛事追福或放蒙山施食，就可以得福而有大勢力，就能隨施隨得。如果他是專門吃膿血的餓鬼，有子女請修行人幫他追福祝願，那他得到的膿血也會變成上妙色味，這就是福德。在餓鬼道中，如果沒有子女爲他追福，他就可憐了，甚至於連膿血都得不到。所以爲餓鬼的先人追福，他們就能得到很大的利益，特別是經由清淨的修行者爲他們追福。

在餓鬼道中，雖然有人以不淨蕩滌汁，譬如吃過飯以後，用少量水在碗裡沖一沖，以碗中的殘渣布施給餓鬼，他們都得不到，因爲有遮護的緣故，那是餓鬼道中的大福德鬼或大力鬼應該吃的。一般的餓鬼是吃不到的，一定會被有勢力的鬼搶奪去，所以「竟不得食」。雖然如此，丟棄蕩滌汁的施主也有福報啊！因爲施主是以慈心、憐憫心而丟棄蕩滌汁的緣故，而蟲蟻也能得到食物。所以沒有人不能布施的，所有人每天總要吃個半碗、一碗飯吧！碗裡的殘渣總不會伸長了舌頭舔乾淨吧？所以把碗用水蕩一蕩來施給餓鬼，也可以得福德啊！若是欲施餓鬼，就在捨棄蕩滌汁之前，先持咒呼請餓鬼，然後在清淨的土地倒下去，順便爲他們做三歸。由於這樣的施主心慈悲，有憐憫心的緣故，也得福德。這樣看來，世間根本不可能有人是無法布施的。

有人問：「**如果有祭祀，在宗祠或其他地方祭祀的話，這個布施是該由誰來得到供品呢？**」佛說：就看你是在什麼地方做供養布施，就由那個地方的餓鬼眾生得到；如果是靠近樹林或在樹林中供養布施，就由樹神受供。如果是在房舍中，當然是由堅牢地神，就是我們台灣話講的「地基主」鬼神來受食。每一個家宅都有一位鬼神，台灣世俗人不都有人每逢初一、十五就要拜地基主嗎？其實就是經中講的堅牢地神啦！凡是有人居住的舍宅就會有堅牢地神，都是由較有威勢的鬼神來擔任，祂在宅主烹調食物時就有飲食了，但是祂也有義務保持家宅清淨，不讓其餘鬼神進來，除非是由家宅主人邀請進來的，或是落入鬼道中的祖先，祂是不許讓別的鬼神進門的，這是祂的義務，也是權利；所以你在房舍中供養布施，就由這個舍神獲得。若在河邊布施，就由河神得；在泉水邊布施就是泉神得，井邊布施就是井神得，乃至山中布施就是山神得。堆與阜，堆是比較小的土堆，阜則大一些，也都是鬼神住的地方，就看是在什麼地方上供布施，就是那個住所的鬼神得到。所以不論在何處祭祀，也都可以得到福德；因爲能讓接受供養的鬼神、餓鬼產生了歡喜心的緣故；所以常常祭祀的人所得到的福德，是可以幫助他色身不受惡鬼加諸橫難，也可以獲得未來世財物上的回報。

【「若說殺生祀祠得福，是義不然。何以故？不見世人種伊蘭子生栴檀樹、斷衆生命而得福德。若欲祀者，應用香、花、乳、酪、酥、藥。爲亡追福，則有三時：春時二月，夏時五月，秋時九月。若人以房舍、臥具、湯藥、園林、池井、牛、羊、象、馬，種種資生布施於他，施已命終，是人福德，隨所施物，任用久近，福德常生；是福追人，如影隨形。或有說言：『終已便失。』是義不然。何以故？物壞、不用，二時中失，非命盡失。若出家人效在家人，歲節之日棄飲食者，隨世法故，非眞實也！亦信世法、出世法故。若能隨家所有好惡，常樂施者，名一切施。若以身分及以妻子所重之物施於人者，是則名爲不思議施。若有

惡人、毀戒、怨家、不知恩義、不信因果、強乞索者、大勢力人、健罵詈者、得已瞋恚、詐現好相、大富貴者，施如是等十一種人，名不思議。」】

講記 有人主張：想要得福報，應該殺豬、宰羊來供養鬼神，但這個道理是講不通的。爲什麼呢？因爲從來沒有看見有人把很臭的伊蘭樹種下去以後，可以生出很香的旃檀樹。就好像中國話說的「種瓜得瓜，種豆得豆」，不可能種豆子得瓜類。同理，斷眾生命而得福德，這是不可能的事！因爲殺害眾生是凶事，要得福德是吉事，用凶事而想要得到吉事的果報，叫作顛倒。從今以後有人要殺豬公拜神祈福的話，請你們告訴他：「你應該改用香、花、乳、酪、酥、藥供養，不要再殺豬公啦！因爲殺豬是凶事，你要祈福卻是吉事，用凶事來祈福不可能成就吉事。」要告訴他吉事與凶事不能互相成就的道理，若只是教他用香花乳酪酥藥供神，他不會接受的。假使知道殺生是凶事，他聽到凶事與吉事不相應的道理，就能聽進去了！所以教導眾生時得要有智慧。

若爲亡者追福，當然這個亡者一定是指落到餓鬼道的亡者；如果你的親人（不管是直系尊親屬或旁系尊親屬），他在世時沒有作過惡業，也沒有誹謗賢聖或正法，而且一生行善布施，那你就知道他絕對不可能墮落餓鬼道，那就不需要爲他追福了！因爲他一定會生在欲界天或人間，就不需要再爲他追福，因爲得不到的。如果他是已經見道開悟了，他捨報前又沒有謗法，沒有誹謗賢聖，那他當然不會落到餓鬼道去啊！也不需要爲他追福。至於在祖師忌日時祭祀祖師，他們根本不屑一來啊！除非他悟錯而大妄語。不過我們還是應該照例上供，他來不來是他的事，上供是我們的事，這是爲人弟子本來該有的基本行誼嘛！如果親人不是生到餓鬼道中，那你三天兩頭或者每年去找某某師父幫他超薦，到底要超薦個什麼？難道他悟後還會生到餓鬼道去嗎？或是你在昭告世人「我那位證悟的親屬往生到餓鬼道去了」？超薦是希望他趕快捨離餓鬼道去往生的嘛！他悟了以後又沒有謗法、謗賢聖，爲何要認定他生到餓鬼道去？那你請人超度他，不就是多此一舉了嗎？如果他發了願，重新生到人間來，你還幫他超薦，你是希望他趕快往生嗎？那不是祝他早死嗎？如果他已經生到極樂世界去了，你還三天兩頭幫他超薦，是希望他在極樂世界趕快死掉嗎？所以超薦這回事還不好隨便作欸！還得要先判斷先人親屬是生到哪裡去了？先判斷好了再來作事才好。若是悟後沒有發願去極樂或來人間，那一定是生到欲界天了！那你再幫他超薦，到底是好心、還是惡心呢？是希望他趕快死而回到人間來嗎？還是希望他從欲界天下來享用這個食物呢？可是他根本看不在眼裡，欲界天酥陀妙味用慣了，他會說：「人間的食物好髒啊！」譬如你在人間，假使有一條狗從野外叼了一塊肉來供養你，牠認為是最好的肉類，那你吃不吃呢？又比如一隻老鼠抓到一條蜈蚣，牠認為是極好的食物，牠抓來供養你：「某某菩薩！這妙食供養你！」你吃不吃呢？一樣的道理，欲界天人看見人間的食物，覺得味道不夠好，也不清潔，他吃不下的；那你超薦他，請他來吃人間的不淨食物，是想要做什麼？所以要超薦先祖時，還得先判斷清楚他生前如何？應該生到哪裡去了？我需不需要超薦他？只有判斷確定親人真的往生到餓鬼道去了，才需要為他追福。這時就要看時節了，　佛說有三時最好超薦：春天在二月，夏天在五月，秋天則是九月；因為這三個時節追福，餓鬼道的眾生最容易得到。

如果有人以房舍、臥具、湯藥、園林、池、井、牛、羊、象、馬，種種資生布施給別人；後來這位施主命終了，他的福德將會使他未來世中由於所布施的財物，而得到同樣的財物，但是數量非常多，而且隨著他的需要任意使用，時間或長或短都由他自己來決定。換句話說，他在來世所得福德都不可能被人劫奪，所以福德不斷的出生而讓他獲得受用。而這種福德將會追逐著他，如同影子追隨一個人一般，永不離開。

有人說：「**他未來世所得的福德，在他來世命終時就會失掉了。**」這個說法是不正確的，因爲福德的失去，不因爲他一世捨報就失去了，必須是他應得的財物已經都用壞了，或者他根本就不想受用應有的福德，所以就不去賺取而保留原來的福德，使福德不實現，才可以說是福德不追隨他。很多修行人都是這樣啊！過去世修了很多福德，這一世很容易賺錢，但他賺到一部分以後，覺得已經夠一世使用了，就不想再賺了，這就是把福德寄存著不用，壽命終時福德又帶到下一世去。從另一方面說：如果有人是把一世應有的財物都賺到手，福德已經全部實現了！但他不用來利樂眾生、照顧親屬，只是積聚著，一世當有錢人，那他的福德就失去了！因爲福德已經全部實現而又不用，當然福德就失去了，捨報也帶不走，就永遠失去原來的福德了。所以修得的福德，賺到夠用就行了，想要布施的錢財也有了，以後過生活也夠了，要修道的資糧也有了，那就不必再賺了，其餘的福德都留著未來世再實現，福德就不會失去。若把所有福德都實現了，賺到了五億元，但是都不用而儲存起來心中歡喜，還沒有捨報之前福德就已經失去了。所以 佛說有兩個時候福德會失去：第一是物壞，表示那分福報已經用完了；第二，賺來了卻不運用它。所以說福德於二時中失，不因爲命盡而失。因爲若能好好運用福德，就可以增加後世的福德，命盡後可以把此世布施的福德，以及尚未實現的福德轉到未來世去，所以非命盡而失。如果有出家人效法在家人一樣，在每一次過年或者重要節日，把飲食在野外丟棄布施給餓鬼們，這是隨順於世俗法而做，這不是眞實的布施。假使出家人效法在家人做這種世俗法的布施，那是相信世間法和出世間法中都應該修福德的緣故，但這個行爲本身是不如法的。

如果在家菩薩們能隨著家中所有的好壞財物，都能樂於布施、常常布施，這就叫作一切施。一切施的福德最大，因爲同時具有功德，不只是大福德。如果有人能以自己的內財——身上的器官——來布施，或者說服他的配偶、子女把所看重的珍貴財物布施給眾生，這叫作不可思議的布施。如果有十一種人來乞求布施，而你能照樣的布施，也是不可思議的布施，這十一種人就是惡人、毀戒者、怨家、不知恩義者、不信因果者、強乞索者、大勢力人、健罵詈者、得已瞋恚者、詐現好相者、大富貴者。這十一種人通常是大家都不願布施的對象，譬如惡人大家看了就討厭，但是你願意布施給他，那就眞是不可思議的布施。第二種人是毀戒者，小戒不斷的犯，甚至於重戒也是有時會犯一、兩個，總是懺悔了又犯，這叫毀戒者。一般人聽到是毀戒者，就用不屑的眼神去看他，怎麼還可能奉上供養呢？但我們仍然應該布施！除非他的毀戒是破壞正法、誹謗賢聖。

若是怨家，就更沒有人願意供養，因爲想到怨家就氣憤了，當然不願布施；有人雖然不討厭也不氣憤，可是心想：「我去布施給怨家，搞不好還招來一頓臭罵：『你看我沒錢啊！』」當然，假使是怨家自己來求施，那就沒問題了。如果有人是不知恩義的：你布施給他，他照樣對你誹謗，絕不改變，一般人大概第二次就不會再布施給他了。確實有些人是茅坑裡的石頭——又臭又硬。當人家布施給他財物時，他的口氣眞的不好：「放在那邊吧！」財物放好了，你跟他說話時，他也沒給你好臉色，連道謝都沒有。這種不知恩義的人，如果有哪位慈濟委員願意第二次、第三次再去，一直持續不斷，這位委員可就眞的是不可思議施啦！第五種人是不信因果的人，學佛的人通常都不喜歡這種人；也許你今天布施給他，明天他卻背後還說你壞話：「昨天才送來三千塊，比上一次還少！眞是小兒科！」有人家告訴他說：「你這樣誹謗人家是有罪的欸！」他說：「哪有這回事！」你若下一回還是送三千元而不是五千元的話，他照樣誹謗你；假使這種人你還願意布施，那你就是不可思議的布施者。

第六種人是強乞索者，他不對你說好話求乞，不論你願意或不願意，他就是硬要；一般人遇到這種人，總是心煩氣躁，談都不跟他談；可是你仍然願意布施，那就是不可思議施啦！還有大勢力的人，仗著權勢來強求；但你如果要當菩薩，就得要心中歡歡喜喜的給。第八種人是一天到晚惡口惡語，出口就先送你三字經，然後就嫌東嫌西、罵來罵去，從來不對你說一點好聽的話，這種人當然一般人都不願意再布施給他，但你還是得歡喜的布施。還有一種人是得到財物以後還生氣，你送去一萬元給他，他還不高興：「我三天前就需要，你到今天才送來，什麼意思啊！」送給他一萬元還要被嫌太慢，這就是得已瞋恚。還有詐現好相的人，就是很虛僞的人；每次你送財物去時都對你說讚歎的話，把你講得多好、多好。等你一轉身就在背後開始罵你了，這叫做詐現好相。最後一種人更不應該，他已經很有錢了，卻老是希望你送錢給他，讓他越積越多，這就是慳而又貪的人；天下就有這種人啊！大富貴了還要貪小便宜，或者希望別人不斷的布施給他，這眞是世間最不知足的人了！可是他若向你開口要錢，你就說：「我布施一千元給你吧！」也是給他。但不必多，錦上添花沒什麼意思嘛！你送再多的錢給他也是嫌少的，因爲他本來就萬貫家財，你再送他一萬元，他也看不在眼裡，他只是喜歡愈積愈多罷了！他如果嫌少，那就拉倒！這樣也是布施啊！這十一種人你都能夠布施的話，表示你的布施波羅蜜修得有成績了！

【「善男子！一切布施有三根本：施於貧窮，以憐愍故；施於怨家，不求報故；施福德人，心喜敬故。善男子！若人多財，無量歲中供養三寶，雖得無量福德果報，不如勸人共和合作。若人輕於少物惡物、羞不肯施，是人增長來世貧苦。若人共施財物，福田、施心俱等，是二得果無有差別。有『財、心俱等』，福田勝者得果報勝。有『田、心俱下』，財物勝者得果則勝。有『田、財俱下』，施心勝者得果亦勝。有『田、財俱勝』，施心下者得果不如。善男子！智者施時不為果報，何以故？定知此因必得果故。」】

講記　佛又繼續較量布施，佛說：「一切布施有三個根本」，所有的布施不離這三個：「第一類是施給貧窮人，這是因為憐憫心的緣故。第二類布施給怨家，這是因為不求回報的緣故」，明知道施財給他，他一定不會回報你，但你只是不想與他再結惡緣，只是修集福德及行菩薩道而已。「第三類是施給有福德的人，是心中喜歡他、恭敬他的緣故，並無所求。」有福德的人就是報恩田及功德田，或者說世間有福德的人，那就可以細分為幾種；前面已經講過了，這裡不再重複。施給福德的人，是因爲你心中見了他而有歡喜，也尊敬他的緣故，所以做布施。這三種是一切布施的根本。

「如果有人錢財很多，他在很多年中不斷的供養三寶，都是自己在做；雖然未來世可以得到無量的福德果報，但是自己做不如勸別人共同和合來做。」所以修集福德不必全部自己一個人做成，能分一部分給別人共同來做最好；而自己節省下來的部分，另外再尋找別的植福因緣，再找別人一起做；這樣做的人，未來世不但很有福德，而且還會有非常多、非常多的世間法及佛法上的眷屬，未來世做事時絕對不會是孤單一個人，所以親眷、法眷都很多，所以 佛說「不如勸人共和合作」。

「如果有人對於自己所有的財物覺得太少而不便布施，或者想要布施出去的財物覺得不夠勝妙，因此羞愧而不肯拿出來布施，怕人家笑話，這個人就會增長未來世的貧苦。」福德愈增長愈好，貧苦就免了！因爲若增長了下一世的貧苦，又會導致下下世的貧苦，不斷循環下去；所以千萬不要覺得自己的布施太少而不好意思。譬如我們出版社也常常接到人家劃撥二十塊錢、五十塊錢的助印款，不是美金，而是台幣！但是我不曾皺過眉頭，我都用歡喜心來交代入帳及提領給同修會。二十塊錢轉入同修會前，郵局已經先扣了五塊錢手續費，同修會開一張收據出來，這三聯單收據的成本就要好幾塊錢了，我們再加上一個信封，貼了五元郵票寄回去，人工就不要算，還是不夠成本的。這就像稅捐稽徵處課房屋稅一樣，凡是一百五十元或兩百元以內的房屋稅，都不向你課稅了，因爲不夠成本啊！有的房子很老舊了，房屋稅只有一、二百塊錢，他開個單子，再加上人工成本及郵資，算一算眞的划不來，那就免徵了。但是我們不可以拒絕人家種福田的心意，一定要用歡喜心來看待，因爲他這二十塊錢、五十塊布施了，未來世可以得到很大的福德啊！那我們就不該因爲不夠成本而皺眉頭，應該爲他歡喜：來世有大福德可以作爲行菩薩道的資糧了！所以他很聰明，我們也歡喜的祝福他。有的人可能知道被扣了劃撥費用，再寄收據就不夠成本，所以會寫明：「收據免寄！」但我們原則上還是全部都要寄，因爲這也是幫他證明：他所護持的這二十元、五十元眞的種到福田裡去了，不是落到私人口袋去了，他心中也歡喜，這也是利他。所以有智慧的人會想：因爲過去世布施少，這一世福報就少；為免下一世福報繼續少，遇到良福田、大好福田時，不論錢財再怎麼少，也要把握機會種福田啊！這可以改變未來世繼續貧窮的果報嘛！別小看這二十塊錢，進到正覺同修會這個大福田來，未來世可是無量報欸！想想看，我們能夠阻止他修福德嗎？不行的！所以連一句輕嫌的話都不該說，都要以歡喜心來完成他的植福大業。雖然二十塊錢劃撥進來，劃撥費就要扣掉五塊錢了啊！剩下十五塊錢（那張收據的成本大約十塊錢，因為那是三聯複寫的，比較貴；現在不曉得有沒有便宜一點，以前印得少就比較貴），然後寄收據回去時郵資再加上五塊，剛好就沒了，還賠上信封及人工成本；但我們還是要為他歡喜：他懂得種大福田，未來世不再是無福人了！知道劃撥款項會扣劃撥費的人，就會特地寫明**免寄收據**，但我們照樣要寄，因為這是健全會計制度的必要方式。接著要說明不同的布施情況會產生未來世果報的不同。第一種是施與心俱皆平等：如果有兩個人共同布施財物，共同布施給一個福田，他們兩個人都以同樣的恭敬心、歡喜心布施給同一個福田，這兩人未來世所得的果報都不會有差別。

第二種情況是財與心同樣平等，但是田不平等。三個人各以同樣多的錢財及同樣恭敬的心去布施，但因爲他們去布施給三位法師時，福田的優劣有所不同，因爲那三位受供養的法師，心性與證量都不一樣，就成爲福田不相等了！譬如一位是已經見道開悟了，心性好得不得了，性障都不見了；另外一位也開悟了，可是不良習氣還很重！性障還很重；另外一位根本就沒有開悟，仍是凡夫。三個福田的證境功德都不一樣，那就隨著所供養的福田功德高低不同，導致布施者未來世的果報不一樣，這就依所供養的福田勝劣而有不同了：如前所說，供養到沒有開悟的人，來世是十萬報；若你供養到一個開悟的法師，那可是無量報的啊！因爲福田殊勝的緣故，果報就與其他人不同；雖然三位施主的財物和供養時的恭敬心是完全平等的，但因爲福田有差別，所得的果報就有差別。

第三種情況是：福田及施主的供養心都低下，都不勝妙；這時就依這三位施主所供養財物的多寡勝劣來決定果報的勝劣了；供養的物品比較好的施主，未來世得到的福德果報就比較殊勝，這就是「財物勝者得果則勝」。

第四種是：被供養的福田及用來供養的財物都低下，但是三位施主中，其中一個施主的恭敬心特別殊勝，所以他在未來世得到的果報就比另外兩人殊勝。

第五種是：福田及所供養的財物都一樣殊勝，可是三個施主中，其中一人心中並不是以歡喜心、恭敬心、至誠心來布施的，結果就導致他未來世得到的福德果報比其他兩個人差。

所以不同的布施情況會有不同的來世福德因果，諸位知道這個因果道理以後，就懂得在布施時要以至誠心及良好的財物，同時也要選擇好福田來布施，千萬別錯選了破法者或嚴重違犯十重戒的壞田來布施。這個道理得要讓大家瞭解，才不會對布施的因果矇昧無知，否則就會像某些人廣種福田時卻是成爲種毒田，來世將只能收穫鉅毒的果報：此世以錢財幫忙傳播外道常見、斷見的小毒，來世會有百千倍的回報，那就變成大毒了。

雖然知道不同的布施因果，但是菩薩在布施時卻不可追求最勝妙的福德果報；意思是說，要儘量以能得到最好果報的方式與心態去布施，但心中不要去貪求果報。因爲福果如影隨形的緊跟著施主，絕對不會消失掉，那又何必在心中牽掛福德果報而障礙了自己的道業呢？所以 佛說「定知此因必得果故」就不需要去牽掛或貪求果報了。

【「若人無慈，不知恩義，不貪聖人所有功德，惜財身命，貪著心重，如是之人不能布施。智者深觀一切衆生，求財物時不惜身命，既得財物能捨施人，當知是人能捨身命。若人慳吝不能捨財，當知是人亦惜身命；若捨身命求得財物以布施者，當知是人是大施主。若人得財貪惜不施，當知即是未來世中貧窮種子。是故我於契經中說，四天下中，閻浮提人有三事勝：一者勇健、二者念心、三者行淨。不見果報能預作因，不惜身命求得財已，能壞慳吝，捨已思施。既捨施已，心不生悔，復能分別福田、非福田，是名勇健。」】

講記 佛又說：「如果有人因爲沒有慈心，所以不願意利樂有情，對於有恩報恩的道理他也不懂，他也不貪求聖人所有的般若德與解脫德，只是愛惜色身、性命、財物，貪著心很重，像這種人就不可能布施啊！有智慧者深入觀察一切眾生，他們在追求財物時是不惜身命的。」俗話說：「賠錢的生意無人做，砍頭的生意有人做！」只要能僥倖賺錢就好，被抓到要砍頭也無所謂啊！可是如果萬一這個生意做下去一定賠錢，不會被砍頭他也不做啦！所以眾生求財物時可以不惜身命去做啊！「這樣觀察了以後，這個有智慧的人就知道：賺得的財物應該能分出一部分施捨給別人。如果能這樣觀察，也能這樣做的話，當知這個人乃至連色身性命都能捨的。」因爲爲了賺一世所能擁有的錢財就可以不惜身命，那麼爲了賺未來世的無量大財，難道不可以不惜身命嗎？所以他是有智慧的人啊！「如果有人很慳吝，連身外之財都無法捨，那麼我們就知道這個人一定是更怕死。」這很容易判斷啊！如果這個人很吝嗇，那你就知道這個人很怕死；這種很吝嗇的人，你如果用刀子逼他，他就會捨財，因爲他怕死嘛！肯做大布施的人，往往爲了義氣、一句話，他可以爲朋友兩肋插刀，捨身捨命都沒關係，就只是爲了要履行那一句話。你去觀察這種人，他平常對財物也不會看重，朋友需要什麼財物，只要他有，都願意拿出來。所以慳吝財物的人也是怕死的人啊！從這裡很容易看出來的。但是可別聽了這句話就老大不歡喜，因爲這是 佛講的，不是我講的啊！「如果有的人爲了布施，願意冒著生命危險去得到財物用來布施，這個人就是大施主。」因爲他連命都可以不要，只爲了要布施就能不顧性命去做，當然是大施主啊！

有智慧的人千萬不要種下未來世貧窮的種子，未來世貧窮種子怎麼種的呢？我們先要知道貧窮的原因，就不會再去種它了！也就是說，有人得到財物之後，一直都很貪戀那些財物，太過於珍惜那些財物了，都不肯布施，那他就是已經種下未來世的貧窮種子，所以未來世貧窮種子就生長發芽，他就只好繼續貧窮了。所以 世尊在契經中說：「南閻浮提洲的人有三件事情勝過其他三大洲：第一是勇健、第二是有憶念之心、第三身口意行清淨。什麼是身口意行清淨呢？就是說：他雖然沒有天眼來看見未來世的果報，但是能爲未來世的善淨果報，預先種下清淨因、福德因；他看不見卻願意去做，所以叫作心行、口行、身行清淨。第二個念心，就是念念想著布施啊！有這個心，所以南閻浮提洲的人不惜身命而求得財物之後，卻能夠把慳吝之心破除；並且布施財物出去以後，還想著下一次有什麼機會再來布施。」

我們會中的同修們大部分是這樣的人，我們的會員同修們都不是大企業家、大官、富賈，但是大多願意布施。我們同修們都不是好幾千萬好幾億身價的人，可是正覺寺土地一買，五十萬、一百萬就捐來了，這比大企業家捐上一億、兩億的心還要大。譬如我們的同修們，有好多是公務人員、勞工階級的升斗小民，能這樣發起布施心，眞的很不簡單囉！這叫作「不惜身命求得財已，能壞慳吝」。這樣大筆布施了以後（對我們同修會來講都是大筆金錢啦！對慈濟來講都只是小錢），但是布施了以後，哪一天他又看見一本書：「哎呀！這本書太好了，我要再助印！」五千元、三千元又拿出來，這就是 佛說的「捨已思施」，這就是念心啊！我們同修會中很多這種人啊！所以你們能破參明心，都不是沒有來由的。你們就是有這種心性、有這種念心啊！

什麼叫勇健呢？布施了以後心中不後悔，甚至去年法難時也完全沒有後悔，人家說：「你護持了那麼多錢，但是正覺這個法有問題欸！」他說：「我不後悔，我布施了就是布施了！」這叫作勇健：捨施已，心不生悔。並且還能一一的告訴對方：「你們不知道啦！我們同修會才是眞正的良福田啦！你去那邊護持的叫作非福田啦！」有這樣的心就是勇健的心。這種人在會中多不多呢？很多喲！當時必然免不了會有些人猶豫不定，但是到最後還是慶幸：「還好！我沒有離開同修會，沒有跟著他們走錯路！」後來還是能分別正邪啊！後來還是繼續又種大福田啊！這就叫作勇健！這三種心是閻浮提的眾生才有，其餘三大洲的眾生都沒有，所以說我們閻浮提洲的人，雖然身形與世間法的果報都不如其他三洲，但我們這三件事情就遠勝過他們很多倍了。

【「善男子！施已生悔，因於三事：一者於財貪愛、二者諮承邪見、三者見受者過。復有三事：一者畏他訶責、二者畏財盡受苦、三者見他施已受諸衰惱；善男子！智人三時不生悔心。復有三事：一者明信因果、二者親近善友、三者不貪著財。信因果者復有二事：一者從他聞法、二者內自思惟。親近善友復有二事：一者深信、二者智慧。不貪著財復有二事：一觀無常、二不自在。善男子！施主若能如是觀察，如是行施，

當知是人能具足行檀波羅蜜。是故我先說『有布施非波羅蜜、有波羅蜜非是布施；有亦布施亦波羅蜜、有非布施非波羅蜜。』」】

講記　佛接著開示說：「善男子啊！布施了以後會出生後悔的心，是因爲有三件事情而產生的，第一是對財物的貪愛心還很強，所以布施了以後就後悔：『這麼多錢，我要是留下來，今天可以買車子啦！可以做一些自己喜愛的事情！』」這就是於財貪愛，所以布施以後產生了悔恨之心，有了後悔。「第二個原因是因爲去問別人：『我已經做了這件布施，你看做得好不好呢？』但是因爲承受了別人的邪見，因此後悔了。」外面也一樣，常常有人護持正覺同修會以後，去問某些道場的住持法師，他們就講：「你千萬不要再去布施了，那個是邪魔外道。」他心中聽了就很恐慌！就後悔：「哎呀！我當初要是沒去正覺講堂布施就好了！」（大眾笑…）一直到後來讀了我們很多本書以後，發覺是那些住持法師錯了，是正覺講堂的正確，這才講出來，所以後來就不後悔了。可是有些人聽人家說：「你在正覺布施是幫助邪魔外道破壞正法，他們的書也都不可以讀，讀了就會中毒！」所以他們根本不讀，不讀就會盡未來際世世永遠後悔。他們卻不知道在正覺種福田的人，未來世已經有無量報在等著他，有無量的福德在等著他，卻平白失去植取大福的機會了！正是因爲他們聽信讒言而不肯來正覺講堂學法及布施啊！這就是因爲諂承邪見，所以布施以後產生後悔了。「第三，他布施以後，看見受布施的人把錢財用在不適當的地方，受施以後反而造惡業，來世將遭受災害，因此後悔：『早知道這樣，我就不要布施給他了！』以後他對布施就沒興趣了。」這叫作看見受者產生過失能生悔心。

「還有三件事情使人布施以後會後悔：第一，布施以後恐怕家人知道以後會訶責他，因爲家人的訶責很嚴厲，他心中就會想：『我這個布施好不好？恐怕不太好。』心中就後悔了。第二，自己恐怕財物布施完了，以後生活沒有著落，叫作畏財盡受苦。第三，看見別人布施了以後卻沒有好報，反而事業失敗或出了車禍，所以他後悔布施。」可是他們不曉得三世的因果：這一世的布施是要下輩子才得果報啊！他在某個大道寺院布施以後卻出了車禍，那個車禍事件是因爲他過去世傷害了人，所以這一世遭受車禍的果報。布施的果報不是在這一世馬上現報的啊！

就像去銀行存款，早上存了不能下午馬上就要領利息啊！得要存款到期了才能領得利息啊！所以看見別人布施以後受諸衰惱，而不知道因果，就會對自己曾經布施產生後悔了：誤認爲布施沒有善報因果。有智慧的人在這三件事上都不會產生後悔的心。所以布施了以後如果有三件事出現，不論是前三件事或後三件事，都能不後悔的話，那你眞的是有智慧的人啊！家人訶責就讓他們訶責去，布施還是照做不誤，那你就是有智慧的人啊！

佛說：「另外還有三件事情是有智慧的人做的事：第一、明信因果。明就是很清楚知道因緣果報的道理，而且很相信布施的因緣果報，第二、常常親近善友，就不會諂承邪見了！第三、不貪著財物就不會畏懼財物布施完了以後會受苦！這就是有智慧的人。相信因果的人還有兩件事情，從這兩件事情能如實的相信因果：第一、從他聞法，自己不知道布施的因果時，就從別人那裡聽受布施因果的道理，第二件事情是聽受布施的正確因果道理以後，自己還要內心中深入思惟，看看那個道理對不對？」思惟以後發覺 佛在經中所說的布施因果眞的正確，那就能夠樂於布施而使得自己生生世世都廣有福德。

佛說：「親近善友也有兩件事情會獲得利益，第一、很深刻的從深心中相信善友所說的布施因果，第二是從善友那邊得到眞實的智慧。想要不貪著財物，也有兩件事情要做：第一、要觀察無常。」自己的五陰是無常的，財物也是無常的；不可能永遠保留在自己身上，因爲自己的五陰不可能永遠完好的存在。財物可以存在銀行保管箱中，但是如果再來一次舊台幣換新台幣，如果再來一次以前大陸的金元券、銀元券：要帶著一麻袋的金元券，每一張都是幾百萬元、幾千萬元的金元券，裝滿了一麻袋才能買到幾斤的蓄薯。那時的錢不是算面額，而是用秤重的，眞恐怖！那你今天存入銀行一億元，到明天這一億元可能就買不到一顆蕃薯了！所以財物眞的無常啦！什麼時候你的銀行存款會變得幾乎沒有用處，那也不知道。有些經濟學家一直都很擔心美元，因爲美元在幾十年前就取消了金本位，學經濟學的人就懂這個意思。換句話說，它沒有任何準備的，就是只是一個數目字，如今只因爲全球都不願意讓美元變成無用，以免金融崩盤而產生全球性的經濟、產業崩盤，所以大家都在支持。但是政府發行貨幣必須要有準備：以多少黃金或白銀等有價財寶做準備。以黃金做準備就叫做金本位，白銀做準備就叫做銀本位。你想：「安啦！台幣有金本位的準備啦！」但我告訴你：台幣也不完全是金本位了！一大部分是用美元做準備的啦！那你說：「我就存美金存款吧！」可是什麼時候美金存款會壞失？大家都不知道！所以財物無常，很難講的；經濟學家擔心了幾十年的美元，現在還是擔心，不曉得會不會出現美元崩盤，誰都不知道。你說：「那我存黃金總沒有問題吧！」就建地窖專門買黃金存起來，看來似乎是常！黃金不腐蝕，永遠不會減少啊！可不曉得哪一天被人家偷挖了；就算沒有被偷挖，不曉得哪一天忽然捨報了，也不歸自己所有了，恐怕連子孫都不知道藏在哪裡呢！哪裡有常？連山河大地都無常了，財物還會是常嗎？五陰還會是常嗎？能觀無常，心中就想：「布施了吧！反正這一世來時也沒帶錢財來，死了以後也帶不走；既然如此，這一世夠用了，有錢布施總是強過被人家布施吧！」想一想，有道理，量力而爲就去做了！這一世有錢時，要記得把下輩子要用的錢財先準備好；可別這一世很有錢，下輩子是窮光蛋，那就愚癡啦！可是世間確實有很多這種愚癡人啊！他想：「我這些錢財統統要留給孩子，一毛錢也不准受損！」留給孩子很多錢，他捨報時很得意：「我有這麼多錢留給你們，你們可要幫我看守好喔！」可是他沒有想到這些錢都不再是他的囉！他下一輩子變窮光蛋，都因爲這一世一直累積而沒有布施啊！下輩子沒有福德了，結果是生到餓鬼道去，每天與別人搶膿痰吃，還不一定搶得到。世間就有很多這種愚癡人，所以菩薩一定要常觀一切法無常。

第二、「要觀不自在」：財物不自在。因爲財物永遠都會有「有福德的人」準備在後來接收，怎麼會自在呢？財物永遠都是歸屬於施主所有的，它不會一直自在的由一個人擁有。那麼人就自在嗎？人也不自在啊！你今天再怎麼有福德都一樣，再怎麼想辦法也控制不住啊！總是要捨壽而移交給別人的，全部移交給子孫或別人以後，未來世的自己是不是準備要當窮光蛋呢？腦筋要先盤算一下啊！若想要讓自己未來世得自在，當然這一世要先布施嘛！才能在世間法上得自在啊！所以不貪著財物的人一定是能觀這兩種法，才能不貪著於財物。

佛又說：「施主如果能像這樣觀察，像我說的這樣來布施，我們就可以知道這位施主能具足修行布施波羅蜜，所以我釋迦牟尼佛在講這一段經義之前，曾經先講過有四種波羅蜜差別：第一種人是有布施而沒有波羅蜜，第二種人是有波羅蜜而不是布施，第三種人是既有布施也有波羅蜜，最後一種是既不是布施也不是波羅蜜。」這就是佛法中常有的四句分別，四句分別是法界中的定律；你如果有智慧，有很多法都可以拿來做四句分別。什麼叫作有布施而非波羅蜜？眼前就可以看得見：慈濟功德會上下共同做了很多的布施，有沒有波羅蜜呢？沒有！因爲她（他）們走印順法師的路線，公然把如來藏否定掉了，哪裡可能會有波羅蜜？印順又說：「涅槃是不可知不可證的。」只能想像的怎麼叫做波羅蜜？連我見都斷不掉，我執也斷不掉，因爲他主張意識細心常住不壞而聯繫三世因果，那就是我見不斷嘛！這樣哪裡會有波羅蜜？三乘菩提的見道都沒有啊！慈濟人跟著這種邪見在修布施，所以說她們只有布施而無波羅蜜，儘管她們每天很歡喜的去布施，仍然與歡喜地的實證無關，仍然是「有布施、非波羅蜜」。慈濟的委員、會員們正是具體的代表者。

第二種人有波羅蜜——可以到彼岸而度過生死——可是沒有布施，這就是定性阿羅漢，特別是指辟支佛；因爲阿羅漢有時候還會隨緣而做法布施，但有些阿羅漢是從來都不做法布施的；若是有法布施，那也算是有布施也有波羅蜜。可是辟支佛受供養以後，示現個神通飛走了！施主見了滿心歡喜：「喔！我供養到聖人了！」但他不做法布施的，從來不說法。所以是「有波羅蜜非是布施」。他們能到彼岸而解脫生死，但是沒有布施。

第三種人是既有布施也有波羅蜜，那是誰？是誰？（大家回答：我們！）對啊！就是你們嘛！既有布施也有波羅蜜啊！用你們捐助的金錢印出好多的書來布施給眾生，這就是有布施啊！把正法書籍印出來利益眾生，既有財施也有法施，兩者兼得啊！但是你們也有波羅蜜啊！因爲涅槃的本際、涅槃的實際你們已經證得了，阿羅漢都還不知道涅槃中是什麼哩！但你已經知道涅槃中是什麼了，所以你也有波羅蜜也有布施啊！這就是菩薩啦！所以當菩薩雖然辛苦，但是勝過二乘聖人多多啦！

但也有人是非布施、非波羅蜜，那就是慳吝的凡夫；他們永遠沉淪生死而到不了彼岸，也慳吝而永遠不肯去布施，就是「非布施、非波羅蜜」的世俗法中慳貪的人們。所以菩薩在世間法上都會過得去，絕不會一貧如洗；因爲菩薩生生世世學習布施、行布施行，所以每一世資生之物都不虞匱乏。今生又遇到了正覺同修會正法，我見斷了，三縛結斷了，涅槃的實際又抓在手裡了！你明心回來就一定已經把涅槃中的實際抓在手裡了！我確實沒有騙你啊！等你回來了說：「哎呀！老師說涅槃的實際，明心了就抓在手裡，還眞的沒錯哩！」那時你就說：「嗯！我眞的是菩薩，我有布施，我也有波羅蜜！」這樣，當然我們要好好恭喜你了！你也應該可以自我慶賀一下。如何慶賀呢？以至誠心、歡喜心再護持正法，再修集進道所需的福德資糧，讓未來世的異熟果更加的可愛，誰見了你都歡喜，就又可以繼續做財施與法施了。

【「善男子！智有三種：一者能捨外物，二者捨內外物，三者施內外已、兼化衆生。云何教化？見貧窮者，先當語言：『汝能歸依於三寶不？受齋戒不？』若言能者，先授三歸及以齋戒，後則施物。若言不能，

復應語言：『若不能者，汝能隨我說〈一切法無常、無我、涅槃寂滅〉不？』若言能者，復當教之，教已便施。若言『我今能說二事，唯不能說諸法無我』，復應語言：『汝若不能說諸法無我，能說諸法是無性不？』若言能者，教已便施。若能如是先教後施，名大施主。善男子！若能如是教化衆生，及諸怨親無所選擇，名大施主。」】

講記　布施時應當同時以正法之理教化眾生。佛說菩薩布施時應該具有的智慧有三種：第一種是能捨身外之物。身外之物就是衣食住行所用的資生之物，凡是身體以外的財物都是身外之物。第二種有智的施主是捨內外物，他不但捨身外之物，連色身的器官也能捨，所以有智慧。第三種是能捨內物、也能捨外物之後，並且有解脫智或般若智來教化眾生。這三種施主都各有不同的困難程度，對諸位來講，能捨外物是簡單的事，但是對某些世俗人來講，要捨外物都是相當困難的事情；他們的觀念與我們大不相同，他們的每一個錢都要打四個結，都用四個結綁死了！這是以台灣話形容一個吝嗇的人，要教他捨身外之物，眞的是非常困難。捨內物，就是施捨色身中的器官，這就很不容易施捨了！有人想：

「那簡單啊！人家來求頭髮，我就剪給他啊！」這也算是身內之物啊！可是如果求某一位女眾當場剪光施捨出去，那也難啊！光說男眾就好了，有好多人想要剪光頭髮以前總是思索再思索，甚至有人思索了好幾個月還是剪不下去，後來只能剪個小平頭，還是無法理光頭啊！所以這三千煩惱絲還眞的不容易剪啊！光是要捨髮都不容易，何況是內物？若能捨內、外物，就不簡單了！

若是臨死時捨內外物，我在這裡還要重複再提一下：如果你們有親朋好友在慈濟簽了器官遺贈同意書，請他們務必附帶一條：**「要割器官以前，要在心臟停止前五分鐘先打麻醉針，做全身麻醉。」**不然到時候息脈停止了，可是意識覺知心還在，那時疼痛難忍而生氣起來，心中大聲詛咒天地，詛咒證嚴法師及施刀的醫師，瞋心大發而下墮惡道，可別怨我知道內情而沒有先說。我現在把話先講在前頭，諸位要是有親朋好友簽了同意書的話，請告訴他們，救救他們；免得到那時醫生說他腦死了，其實意識都還很清醒，然後就被活生生的開割，沒有麻醉的開刀，無比的痛苦啊！但那時色身都無法動，無法表示意見，就只好怨天尤人：生起大瞋而怨怪詛咒證嚴及操刀的醫師，然後就下墮三塗，眞是冤枉。所以請大家千萬要救他們，請「大家一起來救大家」。

捨內物確實不容易，但是佛弟子不應該以此爲足，還應該在捨外物、內物時，要同時教化眾生：看見貧窮人而想要施錢財給他，必須先要求他：「你能皈依三寶嗎？你能受持齋戒嗎？」已經窮慌了、餓慌了，那時口不擇言的說：「能！」他想：如果對你講不能，也許你就不肯施捨了，所以通常會說能，那你就爲他說明三歸依，讓他理解皈依三寶的意思；講完了就幫他受三歸依。三歸完了要再問他：「你能持齋戒嗎？」齋戒就是八關戒齋或持五戒。就告訴他：「持一天的八關戒齋，你能不能做到？」他如果說「可以」，那你就告訴他八關戒齋的內容，然後要求他：「你皈依作三寶弟子，就每月持一天的八關戒齋。」然後就施捨給他三千元、五千元。他心裡歡喜：「我受三歸、持八關齋戒一天，還可以有這麼好的收入！」就接受了。

如果他說：「我無法三歸，受八關齋戒也做不到。」那就另外問他：「如果你做不到，那你能不能隨我說幾句話啊！這幾句話是：『一切法無常，一切法無我，一切法涅槃寂滅。』」他如果說：「這個容易，我可以說！」因爲不必受八關齋戒，只要講幾句話，他一定會接受，那他就跟著你講這三句話；講完了先別布施，要爲他解釋清楚，一切法無常、一切法無我、一切法涅槃寂滅的意思。諸位在外行施，先要想一想：我能不能講這些法？這還眞的不太容易講。一切法無常比較容易講，一切法無我也比較容易講，可是一切法爲什麼是涅槃寂滅？要是沒有證悟般若而生起總相、別相智慧，就講不來了！想要講這些法，還得要先明心，才容易做得來，可見明心眞的很重要！如果能這樣教導眾生然後布施，功德、福德無量廣大，所以應當要趕快求明心啊！然後要思惟整理爲何一切法涅槃寂滅？現觀完成了！就能爲受施者宣講。教完了這些法，他聽進去了，然後就布施錢財給他。

如果前面的上等、中等受施者的事情都做不來，這是下等受施人，他說：「我只能說『諸法無常，諸法涅槃寂滅』，我沒有辦法說『諸法無我』。」因爲他現在餓得慌、窮得慌，這個「我」正在作祟啊！他沒辦法接受「諸法無我」啊！所以他會這樣講。他說：「其餘兩個法我可以講！就是這句『諸法無我』沒辦法講，因爲我現在難過得很，『我』明明痛苦的存在，怎麼會沒有我呢？沒有我怎麼會痛苦？」這時你說：「沒關係！你既然不能說『諸法無我』，那你就先講其餘兩句！」等他講完了，再對他說：「你能不能說『諸法都沒有眞實的法性』？」他就跟著說：「諸法都沒有眞實的法性！」你就告訴他，諸法沒有眞實法性的道理。又從諸法的內容開始講，講到最後是蘊處界我等法都沒有眞實法性，他還是不得不接受「諸法無我」；教完了就布施錢財給他，這就是菩薩的度眾方便。如果你能這樣布施，就眞是個大施主。

請問大在何處？（有人說：法大）只這麼三千、五千元布施就大啦？人家有幾億元在布施哩！剛才我們張老師說「法大」，確實是法大嘛！所以我們悟圓理事長說我們是大道場，不是道場硬體大，而是法大。你能這樣布施，就同時已經做了了義法的布施了，這樣布施時也正是同時作法供養，所以叫作大施主。佛說能夠這樣教化眾生，而且不單是對親人眷屬，乃至對冤家也一樣無所選擇的這樣布施，就叫作大施主。

【「善男子！智者若有財寶物時，應當如是修行布施；如其無財，復當轉教餘有財者，令作是施。若餘施主先知此法，不須教者，應以身力往佐助之。若窮無物，應誦醫方種種咒術，求錢湯藥，須者施之。至心瞻病，將養療治，勸有財者和合諸藥，若丸若散若種種湯；既了醫方，遍行看病，案方診視，知病所在，隨其病處而為療治。療治病時善知方便，雖處不淨，不生厭心；病增知增，損時知損；復能善知如是食藥能增病苦，知如是食藥能除病苦。病者若求增病食藥，應當方便隨宜喻語，不得言無；若言無者，或增苦劇。若知定死，亦不言死，但當教令歸依三寶，念佛法僧，勤修供養；為說病苦皆是往世不善因緣，獲是苦報，今當懺悔。病者聞已，或生瞋恚惡口罵詈，默不報之，亦不捨棄；雖復瞻養，慎無責恩；差已猶看，恐後勞復。若見平復如本健時，心應生喜，不求恩報。如其死已當為殯葬，說法慰喻知識眷屬。無以增病食藥施人，若病差已，喜心施物，便可受之，受已轉施餘窮乏者；若能如是瞻養治病，當知是人是大施主，真求無上菩提之道。」】

講記　佛接著說：「善男子啊！有智慧者如果有財寶、財物時，應當這樣修行布施，如同前面所說的兼以教化來修行布施。如果沒有財物，就應當以布施的道理，輾轉教導其餘有財物者，讓他們來做財法二施。如果有別的施主已經先知道布施時應同時做法布施，而不需要你來教導他的話，你當時如果沒有錢財，就應當以自己色身的力量前往輔佐，幫助他做財、法二施。如果本身窮苦而沒有財物，又想布施，也可以讀誦學習醫術與藥方。依憑自己學來的醫藥知識來幫助人。」若在現代，尤其是在台灣，必須先取得醫師執照才能爲人診病及開藥方，否則就是違法；違法的事就不能做，不可以辯解說：「佛這麼交代我，你法律不應該辦我！」可是法律並不信 佛，而且 佛有講過：我捨壽之後，大戒不許改，小小戒可以因時因地而修改！意思是說：我所未制戒，於他方所應行者則當行；我所已制戒，於他方不得行者即不應行。如是小戒可以因應地方國法民情而捨、而增。所以學戒時別被戒相綁死了，要依照 佛陀制戒的精神來持戒。萬一私自爲人看病而被起訴了，法官判刑，只能接受；因爲法官也無可奈何，得要照判，因爲法律規定就是如此嘛！如果私自爲人免費看病是不可行的，那就設法考取醫師執照，也能爲人廉價的診病處方、救護眾生身病，也是布施啊！另外，譬如種種咒術爲人治病也是可行的，只要是義務性質的，並不牽涉醫療法規，就可以爲人持誦某些咒法治病，這是沒有財物時的變通布施辦法。

「自己沒有錢財時，可以爲眾生求得錢財來請醫師看病，再去求別人施捨藥物、藥湯來爲眾生治病；只要眾生有需要，就布施給他。照顧眾生疾病時，要以至誠心來看顧，還要帶持著患病的眾生，以食物供養他，讓他有體力好得快一點，並且還要請醫師幫他治療；若自己有能力，就自己幫他治療。並且勸導有錢財的人去買藥材來和合作成種種的藥，譬如藥丸、藥粉或者煮成藥湯。假使自己已經讀誦醫方而通達了，也可以到處去看有誰生病又窮苦無錢去看醫生，就去幫他們看病；然後案方診視，依照他們的病徵尋找出藥方，再詳細觀察病狀的根源而爲他治療。治療眾生病時也要善知方便，不能單以自己的想法而堅持不變，要以種種方便來對治。」眾生的習性千差萬別，有時你爲他診治得很清楚，他偏偏就不信，還提出一番歪理來跟你辯論，說他最懂自己的身體，說你診斷不正確，所以菩薩爲人診病時要有種種方便善巧。

「雖然診病時眾生病處往往是不清淨的，但不要因此生起討厭之心。當病人的病加劇時，應當知道他的病加重了；假使病狀有損減時，也應該知道病減輕了。也要知道給病人吃的食物及服用的藥物，是能增加他的病呢？或者能減輕他的病況？都要詳細的瞭解。如果病人要求的藥物或食物是會增長他的病，就要有方便善巧，用適當的譬喻，隨順眾生的心性而委婉為他說明，讓他瞭解這些藥物及食物會增加他的病況，不要騙他說你手中沒有這些食物或藥物；應當據理為他說明清楚，以免誤會。如果實際上有這些藥及食物，卻騙他說沒有，他可能心中產生瞋恚心，認為你欺騙他、不肯給他，可能因此導致他的病勢加重。如果知道他的病治不好，一定會死，也不需要明說，免得增加他的恐懼。只要開導他，教他皈依三寶，教他要念佛、念法、念僧，還要勤修供養三寶。如果可能，再為他解說：『這一世的病苦，都是因為在往世作了不善業的因緣，這一世才會有這些苦報，所以你現在應當懺悔罪業。』有些病人聽到這一些話，往往會生起瞋恚心，自認無罪，只是倒楣而生病，就會破口大罵，說你咒他往世做過惡事，」……

以前不是有人女兒被害死了，有人告訴她：「妳女兒過去世一定是作了什麼惡業，現在遇到了討債者，所以就被人害死了！妳就別再傷心了！」她聽了很生氣：「你憑什麼說我女兒過去世造惡業！」她那個女兒還蠻有名的，諸位大概就知道是誰了。其實因果很難說，也許她的女兒這一世被害死，只是惡人造因而不是自己往世惡因來完成被害死的果。有智者可以加上另一層面的說法：「也許過去世是這樣，但也許沒有造惡業，這一世被害死就變成惡人對她造惡因了！那個惡人不但要下地獄，他未來世回到人間時，還會在某種因緣下不得不還給你女兒這一命。人死既不能復生，而這果報對方也逃不掉，妳就儘量放寬心，別哭壞了自己的身體。」這樣她也會比較心平氣和，比較能接受三世因果。這時就該順便講一番因果道理，讓她相信因果，這也是菩薩的方便善巧啊！

佛接著說：「如果病者不能接受因果而生起瞋心，躺在病床上還對著你大聲叫罵」，你說這個人該病、不該病？（大家笑⋯）但是你也不必對他說破，不必對他說：「你看！你看！你就是該病嘛！」（大家笑⋯），這話就不必說，佛說要「默不報之」。當他大聲罵起來，你就去倒杯茶水給他，弄個好吃的食物給他，讓他知道你對他並無惡意，「千萬別捨棄他，仍然要好好瞻、養」，瞻就是看顧他，養就是弄食物養護他的身體，但是千萬不要因此就討人情說：「我對你有恩惠，每天看顧你，還弄食物來養你。」不必要這樣說，因爲他大聲憤怒的叫罵時，你對他說：「我是在照顧你欸！我有恩惠於你欸！你還罵我！」不必講這些話，這就是 佛說的「愼無責恩」。

「差已猶看」：他的病好了，你還要三天兩頭去看他，看過一段時間沒事了，才可以放心，因爲「恐後勞復」；恐怕以後病又發起來，你還得要辛勞的、不斷的又爲他奔忙，所以一定要把他的病已經治到眞正的痊癒。如果看見他果然病已經好了，身體平復猶如本來健康時，我們心中應該要生起歡喜心；不要開口去討人情：「我對你這麼好啊！你沒什麼回報我嗎？」如果他是必死之病，治不好，後來死了，就設法爲他殯葬，要藉著爲他殯葬的機會對他的眷屬及參加葬禮的職事們說法。

瞻病時，絕對不許用增加病勢的食物或藥品布施給病人。如果病人的病已經痊癒了，他很歡喜布施財物給你，你可以當下接受，再把它轉施給其他貧窮人。但是要交代諸位：接受時要當下告訴他：「我會將你的財物轉施出去。」有些人心地不是很淳厚，他會這樣想：「這是什麼佛弟子？還說是在修布施行呢！我送財物，他就接受了。」他會這麼想，避免他生疑謗法，就當場告訴他：「我接受，成就你的布施功德和福德，但是我會幫你轉施出去。」轉施以後再告訴他布施到哪裡去了，免得他心中生疑謗法。因爲現在的眾生很多疑的，像我們這麼老實的人已經很少見了，所以老實人現在已經是稀有動物了。譬如去年年初法難時，那些跟著他們離開的幾十位法師們就是會相信謠言，因爲有人向他們講：「蕭平實在同修會中不曉得搞了多少錢財，你們知道嗎？」他們就信了！就因爲信這句話而懷疑我的法，就這樣跟著楊先生、法蓮師等人退失掉了！眾生眞是多疑啊！但是我既不經手錢財，也不管帳，那要怎麼搞錢呢？所有人供養紅包我又不曾收過！那要怎麼搞錢？那除非管錢和管帳的人合起來送錢給我，但他們要怎麼對帳目交代？我們只有一套帳目，不像某些大道場另有一套帳，個人又都有在收受供養；既只有一套帳目，假使送了錢財給我，那麼這些錢去處是哪裡？總不能在帳上記說蕭平實領了三百萬元吧！那該怎麼辦？所以我特地設計了這樣的會計制度，誰要在會中搞錢都沒辦法的，所以那種說法也是誣衊了會中的會計組和財務組同修，這是很不好的無根誹謗；可是那些法師眞的沒智慧，聽了就心疑、就相信，所以就退失而跟著楊先生離開同修會了！因爲相信別人的無根誹謗而對我不信，所以對法就生疑而退失了嘛！

所以，當你治癒了那個人，他布施財物給你，你接受了就要當場告訴他：「**我會幫你轉施給需要的人。**」幾天後或者十幾天後，還要爲他說明轉施到什麼地方去，是哪一天轉施出去的；否則衆生會疑，跟著就會謗法，這一點也請大家注意一下。如果對窮苦人、有病者，你能夠這樣瞻養治病，那你就是大施主。因爲不但能夠委屈自己而爲衆生做事，付出財物並且還能把法布施給他們，那你眞的是大施主。這就是眞正在求證無上菩提之道的人啦！

【「善男子！有智之人求菩提時，設多財寶，亦當讀誦如是醫方，

作瞻病舍，具病所須飲食湯藥以供給之。道路凹迮，平治令寬，除去刺石糞穢不淨。嶮處所須，若板若梯若緣若索，悉皆施之。曠路作井，種果樹林，修治泉潢；無樹木處爲畜豎柱，負擔息處爲作基埵，造立客舍，具諸所須瓶盆燭燈床臥敷具，臭穢流處爲作橋磴，津濟渡頭施橋船栰。不能渡者自往渡之，老小羸瘦無筋力者，自手攜將而令得過。路次作塔，種花果樹，見怖畏者輒爲救藏，以物、善語誘喻捕者。若見行者次至嶮處，輒前扶接令得過嶮。若見失士破亡之人，隨宜給與，善言慰喻；遠行疲極，當爲洗浴；按摩手足，施以床座；若無床座，以草爲敷。熱時以扇，衣裳作蔭；寒時施火，衣服溫暖；若自爲之，若教人爲。販賣市易教令依平，無貪小利共相中欺。見行路者，示道非道：道者所謂多饒水草，無有賊盜；宣說非道，多諸患難。」】

講記　佛說：「有智慧者求菩提時，假設自己有許多的財寶，也應當讀誦醫術和藥方，並且要做看護病人的病房，讓病人安住，要具足醫病所需的飲食、湯藥、藥丸等而供給之。」當然這是講以前，現代就不允許個人這樣做了，除非是開醫院。古時爲什麼也要懂得醫術與藥方呢？這是對醫師所作的診治正確與否，交代病人所吃的食物、服用的藥物適不適合？你也要知道大概，在醫師沒有注意到的地方，你可以幫忙注意到。所以有醫師主持時，你也得要懂一點。如果道路有凹陷不平或者突出地面的障礙，或者道路不直、太狹窄，都應當修整拓寬，並且除去石礫及竹木等刺；如果路上有狗糞牛糞等等不淨之物，就把它除掉。在那些道路危險的地方（當然這些都是古時的狀況），需要裝置某些物品或木板、梯子，或是方便攀緣的物件、繩索，要布施出來做好。如果在很空曠很長遠的路途中，就在半路挖井，準備繩索與水桶，並且在井邊多種果樹成林，讓行路渴乏的人可以在樹蔭下休息，萬一很餓時還有些果子可以吃。並且在需要洗腳的地方把設施都做好，在沒有樹木的地方就建立一些木樁，讓行路人可以綁牲畜。

如果是有人挑著重擔行遠路，就爲他們特地做一些挑重擔者可以休息的地方，並且要做基堆——基礎土堆。爲什麼做基堆呢？因爲有人挑得很重，挑累了一旦放下來，休息後蹲到地上想要重新再挑時就挑不起來了，那你就先做兩個平台，每兩個一對，兩個平台中間空出來；當他們挑到這裡時只要稍微蹲一下，就可以把重擔放在那兩個基埵平台上；等一下休息夠了要走時，不必蹲在地上，只要稍微彎一下腰就可以挑起來了，這對挑重擔遠行的人是很好的設施，所以要做基埵。並且還要建造旅客需要住的房舍，其中還準備了淨瓶，裝了淨水、盆子、蠟燭、油燈、床鋪，以及睡臥時所需要的器具，譬如棉被……等等。在臭穢之處，他們無法踩過去，就爲他們做橋；若沒辦法做橋，就擺上大石頭作磴，讓路人可以踩過去。如果在有河流的地方，就爲路人做橋；若沒辦法做橋，就布施船或竹筏、木筏；如果行路人不會使用船筏渡河，自己渡不過去，你就親自幫助他們渡過去。若是老小羸瘦的行路者，氣力衰弱；或者雖然是青年、壯年人，可是生病了，氣力很弱，沒有力氣的話，你就牽挽幫助上船，並親自幫他們渡過去。在馬路旁邊則要建立休息用的塔，塔邊種花、種果樹。如果看見有恐怖畏懼的人，當他們被惡人追趕時，要出面救他們，並且覆藏他們，然後用財物及好話來勸誘解說，讓惡人歡喜接受，放過被追捕的人或獵物。

假使看見行路人走在危險的地方，你就攙扶他，或伸手接引他過來，讓他可以越過危險的地方。如果看見有人失掉了所有的土地，家庭也敗亡了，就隨著自己的能力方便，多少布施給他們錢財，還要用良善敦厚的言語來撫慰開導他。遠行而來，很疲苦的人，可能連動轉身體都不易了，你既然當菩薩，就得幫他清洗，甚至按摩他的手足，布施床座給他坐；如果當時不方便，沒有床座布施給他，就弄一些草鋪在地上讓他坐著軟一點、舒服一點。天氣很熱時，就用扇子幫他搧一搧；如果有大太陽，就用衣服幫他遮擋陽光；冬天時就布施一盆火給他，讓他不會那麼冷，再添加衣服給他溫暖。這些事情要自己親手去做，或者有錢財而教令下人去做，或者勸導親朋好友共同去做。

如果是在市場中交易販賣，都得要平準，不可以貪小利，不應在交易過程中互相欺騙；看見別人遠行時，要告訴他們正路，指示歧路、岔路所在。所謂正路就是說，路上有很多的水與草，可以供養牛羊，不會在路上餓死，而且那一條路上也沒有盜賊。如果正要走入岔路，就告訴他們：那路上沒有水草，也有盜賊患難。不要讓他們走上岔路。這就是說，在古時若眞要專行布施，就得這麼做。聽到佛這樣講下來，你想：

「這還眞不是人幹的。」所以才說是菩薩幹的事啊！菩薩專門做傻人所做的事，我們十來年不就是這樣嗎？出錢出力還把無上妙法送給學人，卻還要讓人誹謗成邪魔外道，你說這是人做的事嗎？當然是菩薩做的事啦！你不受供養，還想要把正法送給人家，可是人家還吐口水、誹謗你哩！但你還是要繼續做，要想辦法讓正法愈來愈光明，前途愈廣大，眾生才可能因你而得大利益。因爲這不是人幹的事，所以才要菩薩你來幹嘛！不然你怎麼叫作菩薩？所以不該說：「佛這樣講，有誰做得到？」但就是有人做得到，凡夫菩薩就能做了！在古時若是做了這些財施、無畏施等事，還要同時做法布施，才能叫作大施主，所以大施主不好幹，但是還得要想辦法做。

佛所說的這些財施等事，現在已經有慈濟在做了！就讓他們繼續做，等他們做夠了時就會有證悟的因緣，如果還沒有做夠，他們這一世還要繼續做，不該停下來；這一世若還沒有做夠，下一世還要再繼續做；下一世沒做夠，下下世再一直做；也許他們有人還要再做上好幾劫以後，做夠了就會起心動念：「難道佛法就只是這樣嗎？難道這就是成佛之道嗎？」當他做夠了就會開始探索，沒做夠以前，還是會繼續相信證嚴的說法，認爲快樂的布施而永遠不反悔，永遠快樂的做下去，就是證得初地歡喜地，不改變而信受不移；等做夠了就會開始省思：難道佛道就只是行善嗎？這樣行善與外道的行善有何不同？沒做夠以前，福德還不足，就不會探索這個問題。你們是過去世做夠了，想要探討了，所以這一世才會尋尋覓覓的找到正覺來；還沒做夠的人還會繼續去做，一直做到他終於警覺：「我做了這麼多善事了，難道佛法就只有這樣而已嗎？」他開始探討了，遲早有一天會找到正覺來！那就只好期望正覺不但延續三十年、五十年，還要延續一千年、兩千年，最好是可以延續十千年，那他們就有救啦！

這些都是身爲在家菩薩所應該修集的基本福德，正是大乘見道的資糧。這些善事不做，三乘菩提證悟的資糧，特別是大乘菩提證悟的福德資糧永遠不能滿足，想要開悟就很困難！縱使善知識有心幫忙，自己的福德資糧不夠，幫忙悟了還是會退失謗法的。有時你們看看外面那些學佛人每天在世間法上利益眾生，你很感動就大發悲心，想要拉他們進來正覺，但是沒那麼容易。因爲了義正法與表相佛法不一樣，他們得要把這些外門六度萬行修足了，福德資糧夠了才能進得來啊！接著再看凡夫菩薩位的他們還應該繼續做什麼？

【「見人靴履、衣裳、鉢盂朽故壞者，即爲縫補、浣染、熏治；有患鼠、蛇、壁蝨、毒蟲，能爲除遣；施人如意摘抓、耳鉤，縫治浣濯招提僧物，謂坐臥具；廁上安置淨水、澡豆、淨灰土等；若自造作衣服鉢器，先奉上佛，并令父母師長和上先一受用，然後自服。若上佛者，以花香贖；凡所食噉，要先施於沙門梵志，然後自食。見遠至者，濡言問訊，施以淨水，洗浴身體，與油塗足。香花楊枝、澡豆灰土、香油香水、蜜毘鉢羅、舍勒小衣。作塗油者，洗已復以種種香花、丸藥散藥、飲食漿水，隨所須施；復施剃刀漉水囊等，針、縷、衣納、紙筆墨等。」】

講記　若看見出家人穿的靴子或布履、衣裳、鉢盂（這不一定是指佛教的出家人，對外道出家修行人也一樣看待，生活上的所需，在家菩薩們一視同仁的布施），如果有朽爛，或是故舊而快要壞掉的，不太好用了，就爲他們縫補；舊衣就爲他們洗清潔再重新染過，或者沾上臭味洗不掉時，就把它熏好再縫補。如果修行者的住處有鼠患、蛇患，或有壁蝨、毒蟲時，要能爲他們除遣：把蛇鼠害蟲滅除或趕出去。還要布施如意、摘抓，如意就是古時講的「癢和子」，現在叫作竹如意；當冬天衣服穿得多時，或是老人家手腳不伶俐，手抓不到癢處，就用竹如意伸進衣服中抓癢，就覺得很如意，所以就叫作「如意摘抓」。還要布施耳鉤，也就是耳扒子，耳朵癢了可以扒一扒。

並且要爲招提僧（招提僧是指常住於寺院中的僧侶，雲水僧是一個人只有三衣一鉢，用一個布囊裝著簡單的生活用具，到處行腳雲遊，走到哪裡就托鉢到哪裡，晚上走到空曠處，找棵樹坐下來就過夜了！招提就是寺廟，招提僧就是在寺廟中常住的僧人，招提僧物是指寺廟常住僧人的物品），你要幫他們縫治洗滌坐臥物，他坐墊破了、舊了、髒了，或他的床鋪鋪蓋或墊子髒了、舊了，就幫他洗清潔、縫補整齊。並且要在廁上安置淨水，讓他們如廁以後可以洗手，還要準備澡豆或淨灰土供用。古時沒有肥皀，都是用澡豆。台灣以前也有這種東西，叫做「麻未子」（台語發音），年紀大的人才聽過這個名詞，那種樹現在大概沒有人種了，那個種子就像星月菩提子這麼大，外面有一層厚厚的果肉，比龍眼稍微大一點點，摘下來再把果肉搓一搓就生起泡沫，滑滑的，可以洗滌污垢。我們小時鄉下都是用它洗衣服。當時沒有肥皀，所以有人把它採下來做成豆餅的模樣，那個豆餅我們台灣話就叫做「爹摳」（台語發音），現在鄉下人還用這個名詞來指稱肥皀。現在年輕人連聽都沒聽過「爹摳」（台語發音），這物品就叫作「澡豆」。以前台灣鄉下都有人加工做成餅狀，要用時就撕一大塊下來，可以洗手、洗衣服。現在可能已經沒人在種了，那樹的果實就叫作澡豆。

如果沒有澡豆，就準備清淨的灰土；也就是樹木燒過以後留下的木灰，有時用草灰；沒有混到泥土的就是「灰土」，並不是加上泥土；只因爲它看來好像土灰一樣，所以叫做灰土；但因爲可以用來淨手，所以叫做淨灰土。這個東西用盒子裝著，如廁以後把手沾濕，在灰土中沾一下、搓一搓，清水再沖一沖就清潔了。這兩樣物品叫作澡豆與淨灰土。

如果是自己要用的衣服，或想要布施給別人的衣服，或是直接造作了僧服、缽盂及出家人所用的器具，都是在做好以後先供佛；供佛以後，如果是俗家的衣服就先讓父母用一用，然後再自己使用，新的要先讓父母穿一穿。如果是僧服，就請和上、師長先用，用過以後再由和上、師長賜下來自己再用。我過去世出家時都是這樣，我都是先供上去，供佛供完了就送到和上房裡去。因爲人家布施給我，我穿不完，就先供佛、供師父，師父若不用而撤下來，我再送給師兄弟們，我自己穿得很簡單，不貪著新的僧袍，已經是很久的習慣了。所以小時後我都討厭上下兩截的衣服，我喜歡長長的、輕飄飄的，下擺遇到風吹了會飄的衣服，小時候就喜歡這樣。後來既沒出家就喜歡長袍，仍然不愛上下兩件的衣服，仍然喜歡僧服，但這一世大概沒什麼因緣穿它了。這是說，凡有所造，不論是衣物或其他用物都要先奉佛，然後令父母師長和上先一受用，他們不用了再賜下來，我們自己再穿。

如果上供了佛，那就是佛物了，我們怎能再用它呢？可是現在已經沒有應身佛，一定要撤下來由人使用，那該怎麼辦？就用香、花來贖，想要撤下來用時得要向佛贖回：上香、上花，以香或花供佛而贖下來。

因爲供了 佛就是 佛所有的，你怎麼又可以穿呢？ 佛所有的衣服你一定穿不得，所以要先用花或香來贖。這是規矩，諸位要會啊！所以我們很多同修都還不懂侍佛的規矩，以後遇到 彌勒菩薩成佛時，侍佛的規矩可要懂得。侍奉師長的規矩，有很多同修也都不懂，因爲我一直都沒向你們講過；雖然我自己從來都這樣在做，但是我沒有講過，所以你們可能就不懂了！我不講，是因爲講了就有嫌疑，人家會說：「**你就是希望我這樣來侍奉你啊？**」我沒有那個意思，所以乾脆就不講了，因爲我從來都不計較這個，都無所謂。

你既然要當在家菩薩，就得依規矩來：凡是有所食噉（食就是吃的，噉就是要用咬的比較硬、脆的食物），都要先施給沙門，就是眞正的出家人；沙門兩個字專指佛教中的出家人，佛說只有佛門中有沙門，外道中無沙門。梵志是指外道的修行人，雖然他們沒有圓頂，看起來好像在家人，但他們不在家裡住，離家修行。菩薩要先準備一分施給沙門或梵志以後，才可以自己食用。若看見有人從遠方而來，就以柔軟語言問候：「**沿途好不好？有沒有遇到什麼狀況？**」這就是訊：探詢沿途有沒有意外狀況，「問」就是問他身心安好或不安好。然後再施給清淨水，讓他洗浴身體；如果腳很疲累乃至有受傷，就給他治療腳痛的油，塗在腳上止痛消腫，並且在房舍中還要準備香花、楊枝。現在的人都不用楊枝了，改用牙刷。古時沒有牙刷，都是用細楊枝，折下來用臼齒咬一咬，楊枝的纖維鬆開就變軟了，就用楊枝的纖維來刷牙；其實應該說是半刷半剔。香與花是讓那個地方莊嚴一些，不會臭臭爛爛的；再加上澡豆、灰土、香油、香水，這些都是清潔與莊嚴的用品。

蜜毘缽羅舍勒小衣，就是內衣一類的衣物，讓他們可以替換。如果是做了塗油的話，讓他們以香油塗身，塗完以後再用種種香、花、丸藥、藥粉，乃至飲食漿水，依他們的需要而布施。若是有出家修行的沙門，還要布施剃刀、漉水囊（濾水囊）。古時理髮都是用剃刀剃，沒有現在所用的電剪，所以要布施出家人剃刀；漉水囊就是濾水囊，出門在外行腳若口渴了，就在河中舀水到缽中，再用濾水囊濾過，避免把蟲吃進肚子中；古人腸胃很好，蛋白質的來源也很少，所以喝水時不論喝到蟲或魚類，就咬碎吃掉，也是古時一般窮人的蛋白質來源。但是 佛規定出家人不許吃，所以要用濾水囊先濾過；如果沒有用濾水囊濾過就直接喝了，那就是犯戒。當然現在不需要濾水囊了，到處有自來水，很方便；並且也沒有人喝自來水了，在外大多是買飲料來喝。所以現在濾水囊只是一個形式，有人就乾脆廢掉而不準備了！譬如戒刀現在也只是一個形式，都用不著了。還要準備針線及衣衲，衣衲是裝衣物的布袋子。還要預備紙筆墨等，讓他們書寫使用。這些都是在家菩薩們外門應修的六度萬行，也是檀波羅蜜。接下來佛又說：

【「若不能常，隨齋日施；若見盲者自前捉手，施杖示道。若見有苦：亡失財物，父母喪沒；當以財給，善語說法，慰喻勸諫，善說煩惱福德二果。善男子！若能修集如是施者，名淨施主。善男子！菩薩二種：一者在家、二者出家；出家菩薩爲淨施主，是不爲難；在家菩薩爲淨施主，是乃爲難。何以故？在家之人多惡因緣所纏繞故。」】

講記　佛又說，如前所說的清淨布施，假使菩薩無法每天這樣布施的話，也可以選擇六齋日來布施。諸位記不記得六齋日是哪些天啊！有心人記得住，有些人大而化之，老是記不住，我教你們很好記的方法：你把每個月分成白月與黑月，白月就是初一到十五，月亮從黑變白，就是白月；黑月就是十六到月底，因爲月亮從白漸漸變黑，就是黑月。然後只要記住白月及黑月的第八天及最後兩天，這就是六齋日，很好記嘛！所以白月就是初八、十四、十五；黑月就是二十三與最後兩天。從此以後只要記住是第八天及最後兩天，這樣你就弄清楚六齋日了！如果是月大，黑月最後兩天就是二十九、三十，月小就是二十八、二十九，都是最後兩天，這就很好記了。

菩薩如果無法每天這樣行施，那就選擇六齋日來做：如果看見有眼盲的人，就自己走上前去握住他的手說：「我扶你過馬路！」然後再布施給他一根手杖，再指示他想要前往的方向。如果看見有人有痛苦了，譬如說他的財物遺失了，父母過世了，就施給他一些錢財，再用好話勸導，還要告訴他：「眷屬無常不可久保，恩愛合會要當有離！」好好勸慰他：不可能有永久的眷屬、不失的財物，他想：「既然無常，人生難免，只能接受了！」心中就不會再那麼痛苦了！這叫做「善於說法慰喻勸諫」。當他聽受以後，再進一步告訴他：煩惱和福德的兩個果報：「如果一直記掛著父母而痛苦不堪，這就是煩惱，是你所有的我所煩惱啊！」就從我所煩惱開始說，再告訴他**我見**與**我執**的煩惱，並且進一步告訴他：「你如果把我見確實斷除了，你就有大福德了。」就告訴他：有煩惱時會得到什麼果報，有福德時會得到什麼果報，一一教導他。如果能這樣修集布施波羅蜜，你就是清淨的施主。關於布施，佛就講到這裡。

佛隨即作一個總結：「菩薩有兩種，第一種是在家菩薩，第二種是出家菩薩，出家菩薩來當淨施主，不困難，因爲沒有人來阻擋他。可是在家菩薩要做淨施主，這就很困難了，因爲在家之人總是有很多惡因緣纏繞著他的緣故。」但是現在時值末法，正巧顛倒；因爲在家菩薩反而很多是全家人都在學佛，都互相勉勵來做清淨布施。出了家想要布施，反而是上頭和尚說：「不許隨便布施！我們道場自用都不夠了！」所以有些窮苦人眞的走投無路了，去某個佛教慈善團體去，結果他們不理他，最後只有去找政府機關：社會局、社會處！再不然就是人家幫他去找新聞記者報導出來，就有很多社會善心人士捐款救助。甚至曾經有人找到我們這裡來，我們義工菩薩問：「你們爲什麼不去找某某慈善團體啊！他們那麼大的規模，又是專門在做慈濟眾生的事業，爲什麼不去找他們？」他們說：「我們去找過了，可是他們不理我們啊！」沒辦法。

但因爲我們主要不是在做慈濟事業，我們救濟眾生是救心病，不在救治身病上用心，我們也不救濟窮病，那些事要給慈濟功德會去做。他們沒有法可傳，既然不能弘法，又喜歡做慈濟眾生的工作，就讓他們普遍的做；不要爲了自己想達到國際化的大名聲目標，就對台灣這些窮苦人不肯照顧，這樣的心態並不好。既然他們是走慈濟眾生的路，這些事情就由他們去做；我們要把會裡的所有資源都用在正法上面，因爲沒有人能把正法作一個總整理，只有我們能做；而這個大工程，也需要有些財力才能做出來，所以目前我們只能在他們都無法做的整理佛法內容的大工程上用心，因爲我們的資源並不多，比起慈濟來，我們的資源連小巫都算不上，何況能與大巫比？那些事救濟眾生的事業，未來十年、二十年後我們可能會做，我們現在的章程已經爲此而先作了一些修改，從此開始就有法源依據可以捐到社會局去，以後每年都會定期捐助，透過台北市政府社會局去做。

未來我們也可能會在救濟事業上漸漸擴大做事，但目前仍沒有確定的時間與計劃，因爲我們目前沒有能力做，我們的能力還是要放在正法的弘傳與整理上，因爲這個工程很大，須要很多的人力與物力，而目前佛教界沒有人能做這件工作，這工作遠比救濟眾生的貧窮更重要，而且救濟貧窮的事情已經有慈濟在做了，所以目前不需要我們參與。以前　彌勒菩薩第一次把佛法做了總整理，所以有了《瑜伽師地論》；後來　玄奘菩薩又做了一個總整理，所以有了《成唯識論》，但是現在這些論典已經沒有人讀懂了，我們要把許多重要經典都正確而語體化的解釋出來，要以更大量的文字白話解釋出來，以免被印順派的法師們以錯誤的解釋繼續誤導大家；這樣可以讓大家這一世及未來世的所有佛弟子們都讀得懂。但這個工程很龐大，都不是硬體的工程，而是軟體的工程，所以我們目前不做社會救濟的事。若有人來找我們要求救濟，都只是同修們私下掏一些錢幫他們，因爲同修會的會計制度到目前爲止，仍然沒有這個科目，也沒有施行的辦法，所以目前無法做。等我們這些佛教的根本大業做完了，行有餘力了就會參與，目前就留給需要外門廣修六度萬行的慈濟人去做。

這就是說，時值末法，經上說的與現在時空正好顚倒了！所以，諸位在家菩薩！反而是你們做淨施主比較沒困難，我們同修會法師們做淨施主也沒什麼困難，但是外面的法師們想要做淨施主，往往道場中會有很大的阻力使他們不能做。但是有些少數道場的法師們，仍然可以當淨施主。接下來是〈淨三歸品〉，這三歸依中也有許多道理是我們應該知道的，因爲以往大部分道場都沒有講過。

〈淨三歸品〉第二十

【善生言：「世尊！如佛先說『有來乞者，當先教令受三歸依、然後施』者，何因緣故受三歸依？云何名爲三歸依也？」「善男子！爲破諸苦，斷除煩惱，受於無上寂滅之樂，以是因緣，受三歸依。如汝所問：云何三歸依者？善男子！謂：佛、法、僧。佛者：能說壞煩惱因，得正解脫。法者：即是壞煩惱因，眞實解脫。僧者：稟受破煩惱因，得正解脫。或有說言：『若如是者即是一歸。』是義不然，何以故？如來出世及不出世，正法常有，無分別者；如來出已，則有分別，是故應當別歸依佛。如來出世及不出世，正法常有，無有受者；佛弟子衆能稟受故，是故應當別歸依僧。正道解脫是名爲法，無師獨覺是名爲佛，能如法受是名爲僧。若無三歸，云何說有四不壞信？得三歸者，或有具足，或不具足。云何具足？所謂歸佛法僧；不具足者，所謂如來歸依於法。善男子！得三歸者，無不具足，如比丘、比丘尼、優婆塞、優婆夷戒。」

講記　既然要當佛弟子，當然要先知道三歸依是什麼意思。既然要當淨施主，布施時也要教導衆生同時三歸、受持齋戒，當然你本身得要先瞭解三歸的道理，才有辦法爲衆生說明三歸及八關齋戒。所以善生聽了佛的開示就爲我們請問三歸的眞義？三歸之後又爲我們請問戒齋。

佛解釋爲何要三歸的道理：是爲了要破除世間種種的痛苦，爲了要斷除煩惱，想要經由破除諸苦、斷除煩惱，得受無上寂滅的法樂，以這個因緣來接受三歸依。破除諸苦無非就是破除三苦與八苦，八苦諸位都知道，三苦比較少人知。三苦就是：苦苦、壞苦、行苦。苦苦，譬如不小心撞到了身體，很痛就是苦，本身就是苦，是痛苦的苦，所以是苦苦；又譬如病了就是苦，吃藥很苦也是苦，這都是苦苦，因爲本身就是苦。壞苦，譬如財物賺來了會損壞，色身出生了終究會壞，山河大地也會壞，一不小心被泥土活埋了也是壞，因爲會壞所以是苦，這就是壞苦。行苦就很微細了，譬如人出生了，蹦蹦跳跳去當學生、或者後來學佛；不論是學世間法或佛法，都覺得很快樂：當學生當得很快樂！學佛也學得很快樂！法樂無窮！很快樂，但是快樂當中還是不離行苦，因爲快樂也是心行的一種，也終究會過去，過去了仍然是消滅了，所以叫作行苦。很多人不瞭解，就說：「**正在快樂時哪裡有苦？我現在唱卡拉 OK，唱得眞歡喜啊！哪會有苦？**」可是他不曉得這個過程就是行苦啊！因爲都是行陰所攝的法相，都會過去的，再怎麼快樂終究會過去，因爲一直在進行而不可能是常，都是無常！無常本身就是苦嘛！

但是從另一方面來說，如果不是無常就不會有快樂，所以一切快樂都是無常，常就沒有樂囉！常而樂是究竟佛果中說的究竟樂啦！但是沒有世人所知道的樂，所以不是世俗法的樂。如果一切法是常，一切世間人都不會喜歡的，譬如他快樂的吃著紅豆湯：「我現在吃紅豆湯，好好吃喔！眞享受！」但如果叫他舌頭永遠都是紅豆湯的甜樂受，他可就不想要了！一定是要在吃時甜，吃過了不會仍然是甜味，就可以再吃不同口味的冰或鹹湯，這樣無常的變來變去，才會覺得快樂，所以眾生都是要無常的快樂。如果是常，不管吃什麼都是紅豆湯的味道，他一定不喜歡的！當舌頭上的味道永遠是那個甜味，他就不覺得甜了！所以一定是無常的變化才會有樂受出現，樂受既然是從無常變化而來的，當然不離無常變化的過程，這個過程就是行或行陰，所以行就是一個過程，是時間空間轉換的過程，當然不可能常，所以行本身是無常，無常所以是苦，所以說是行苦。樂受時也不離行苦，苦受時也不離行苦，但眾生都不瞭解這個行苦，所以世世都是苦中作樂，都是在行苦當中享受快樂，這就是眾生。特別是凡夫修行者，他們都不知道離念靈知正是意識的行陰，都落在行苦當中卻還不知道，還振振有詞的強辯是無苦的眞心。

若眾生想要破除八苦、三苦，應當要斷除煩惱。要把我見、我執斷了，這二個煩惱斷了以後才能得到無上寂滅之樂啊！眾生不知道無上寂滅之樂，初學佛的人也不知道，總以為證得涅槃時一定是心情很快樂，色身也很快樂。常常會這麼想，那叫作常見外道的見解。邪見不滅，所以他們想要保持覺知心在離念狀態中，享受離念的寂靜之樂，但那個境界並不寂，也不滅，而是喧鬧。因為覺知心仍在，一定六塵也全在；設使已經入二禪等至位了，定境中沒有五塵至少還有法塵在，六塵沒有全部遠離，哪裡叫作眞正的寂？覺知心滅了，沒有一塵存在，才是眞正的寂；因為這個寂是要滅了覺知心自己的，滅了自己而無六塵中的任何一塵，不在三界中，才是無上寂滅之樂。可是我見與我執不斷的人，你告訴他這種究竟眞正的寂滅之樂，他會說：「這個哪兒有樂？這個境界一點兒六塵中的快樂都沒有，我才不要哩！」因為他的自我都不存在了，所以他有恐懼，不以為樂。但是佛法背俗，偏就是以此為樂，因為這是離開三苦、八苦的眞正寂滅之樂，這才是無上的寂滅之樂。

「正因為想要得到無上寂滅之樂，所以要接受三歸依。譬如善生你所問：『什麼叫做三歸依？』我告訴你，三歸依就是歸依三種對象，所歸依的是佛、法、僧。什麼是佛呢?佛是能爲眾生宣說壞斷煩惱的因,能把眾生的煩惱壞除,使眾生得到眞正的解脫(不是邪解脫,不是猜想所得的解脫,這叫做得正解脫)。」可是煩惱因和正解脫,現在已經難可得了!不說現在,南傳佛法五世紀時有位覺音論師寫出三巨冊的《清淨道論》,我從頭到尾把它讀完了,從台北出發去到台中,在路上把三巨冊的《清淨道論》讀完了,其中都沒有談到怎麼斷我見,還教人要保持正念。可是保持正念時就是覺知心的自我啊!念念分明覺醒的正念就是覺知心我,正是落在我見中。這是南傳佛法,據說覺音已是阿羅漢了!但這個覺音論師(所謂的阿羅漢),連我見也沒有斷除。南傳佛法在五世紀時已經如此,現在的南傳佛法當然更是枝末了!除非有通教的阿羅漢菩薩發願再去爲他們宣說正法,否則要叫他們斷我見還難欸!

又如他們所謂的阿羅漢阿迦曼尊者,這個尊者連我見都沒斷啊!把他的開示從頭讀到尾,沒有一句話能讓人斷我見,也沒有一句話能顯示他已經斷我見,那樣的「解脫」怎能叫作正解脫呢?所以到了現代,南、北傳修學解脫道的大師與學人們,都是想要用覺知心住於無念當中去入無餘涅槃，這都是邪解脫！爲什麼得邪解脫不能得正解脫呢？因爲壞煩惱的因沒有弄清楚。怎樣才能把三界煩惱壞掉？就是要斷我見啊！我見斷了以後才能斷我執啊！可是他們都無法把我見斷掉。對自我執著的煩惱正是讓眾生輪迴三界生死的因，可是這煩惱的因是什麼？就是我見。但是現在這些南、北傳的法師居士們，總是叫人家要正念分明：「打坐要保持正念分明，你如果能永遠保持正念分明、一念不生，將來捨報時這樣保持正念分明，不再去入胎，就是住在無餘涅槃中了！」都是這麼教哩！所以當他們讀到《邪見與佛法》時，書中說無餘涅槃就是要把十八界斷滅，他們就不能接受了！都想要保持意識靈知心昭昭不昧，都想要保持住正念分明，更有人說要隨順知、隨順覺，都落在意識心上，我見都沒有斷。所以很不服我在書中說的法，卻又不敢出面來正式反駁。

有兩個原因而不敢公開反駁我的書：第一是怕出面反駁以後會被蕭平實寫書回覆，那時更加顏面無光；第二是因爲去找經論詳讀以後，發覺蕭平實講的沒有錯。因爲大菩薩的論中也有寫出來啊！當初我是還沒有讀到那部論就寫出來了！我是去年或是前年末才讀到的，是不小心而讀到《廣百論》時，才發覺 護法菩薩早就講過這個道理了：無餘涅槃就是要滅掉十八界。可是他們都要把十八界中的意根和離念靈知意識心保持著不斷，想要這樣進入無餘涅槃。那怎能進涅槃？那叫作外道涅槃，所以都無法得正解脫，得到的都是邪解脫，叫作「外道解脫」。外道解脫不是正解脫，都還要在三界中輪迴啊！

所以 佛特地示現給眾生看：跟隨外道修初禪、二禪、三禪、四禪、四空定，最後隨著鬱頭藍弗學非非想定，鬱頭藍弗教導祂修證非非想定，沒想到 佛世尊一坐下來，從無所有處定一下子就轉進非非想定，一看：「這仍然不是涅槃！」所以對他講：「這也不是涅槃！」鬱頭藍弗說：「這確實是涅槃。我把弟子分一半給你，我的法座也一半給你坐，我們共同來領導。」 佛說：「你這境界並不是眞正的涅槃，還是在生死輪迴中！」所以就離開他了。所以那些外道都是沒辦法實證解脫的，都還要繼續輪迴三界生死的。所以說，我見就是煩惱因，三界煩惱就是見惑與思惑；歸結起來其實也就是見惑，我見若不能斷，三縛結、五下分結、五上分結就都斷不了，所以我見就是煩惱因。但是 佛能爲眾生詳細說明煩惱因的斷除方法，所以施設次第而提出了四聖諦、八正道，然後又建立六根、六塵、六識，一一爲眾生分析，分析了再分析，不斷分析之後，讓眾生瞭解：眾生執著的自我，無非就是十八界；可是十八界都虛妄，因此就把輪迴生死的煩惱因壞滅了。佛能爲眾生宣說壞滅煩惱因的法，讓眾生實證解脫，眞正出離三界生死，因此稱之爲佛。

什麼是三歸中的法歸依呢？就是歸依法。法是壞煩惱的因，就是佛爲眾生所宣說的五陰、十二處、十八界虛妄等法，知道了這些法，要怎樣修行而除掉我執呢？用四聖諦、八正道來除掉我執。先用六根六塵六識的觀行，讓眾生瞭解十八界我的虛妄；也用五陰的觀行而了知自我的虛妄，我見就斷了。我見斷了以後，我執該怎麼斷？修四聖諦、八正道來斷我執。現在台灣的南傳佛法弘法者，都叫人家要斷我執！可是我見不斷要怎麼斷我執呢？他們都教徒眾修四聖諦、八正道，可是煩惱因的內容與壞煩惱的因都不跟眾生講，要如何斷我執呢？他們爲什麼不講呢？因爲他自己也不懂，所以不管他們所講的解脫是捷徑還是迂迴的，都不是眞解脫，都是邪解脫。

三歸依中的歸依僧，僧寶是三寶之一，所歸依的僧是說：出家之人從 佛秉受破壞煩惱的因，所以能獲得眞正的解脫，也能教導眾生證得解脫，所以應當要歸依於僧，而不是只有歸依於 佛和法。因爲佛能在人間示現的因緣通常是只有一世，入滅之後又要在別的世界示現受生利樂眾生，所以佛滅之後，我們所能親近學法的對象就是僧，不能只歸依佛寶與法寶，因此佛法僧三寶不能缺一，所以一定有三歸依。如果要說只有一種歸依的話，那就只有諸佛歸依於法，除此以外，沒有任何人能只歸三寶之一。所以，如果有人說：「既然能爲眾生宣說壞煩惱因而得證解脫的是佛，能使人壞煩惱的因、眞實解脫的是法，所以歸依於僧也是秉受破煩惱因，同樣是得到眞正的解脫，所以，其實三歸就只有一歸嘛！無非就是歸依於法！如果有人這麼講，這個道理不通。因爲如來有時出現於世間，大部分時間不出現於世間，但是不論佛在不在世間出現，法是常住的、常有的。」

但是佛法所說的法是指佛菩提道的大法，指的正是萬法根源的眞實心，祂是萬法的根源，是常住的，是世間常有的法，不是無常的法，所以不論有佛出世或無佛出世，法爾常住，所以法是常有的。「法雖然常有、常住世間，無分別者」，從來沒有一個人能把祂分別出來讓大家知道，一直到如來出現於人間，才有人能爲大眾分別演說這個萬法根源的正法。今天我們在這裡宣講這個正法，爲大家做種種深入的分別，也都是因爲有 釋迦佛出現於世間，我們今天才能在這裡分別勝妙的法義。所以必須要歸依於佛，不只是法；因爲無佛時，法就無人能證悟，所以歸依於法時也要同時歸依於佛。

但是若只歸依於佛與法，仍然不能成就道業，因爲諸佛爲利樂十方世界有情眾生，必須處處世界應化，因此佛不能常有應身化身常住同一個星球，因此佛滅後要依靠秉受於佛所宣說的正法而繼續代代相傳在人間弘化的僧寶；所以歸依於佛與法之外，還要同時歸依於僧。「不論佛已出人間或未出人間，正法是常有的，可是沒有一人能秉受正法，只有佛弟子眾才能秉受而爲人分別法義；因爲佛弟子眾能秉受故，是故應當別歸依僧。」應該歸依於佛與法之外，另外再歸依僧。

什麼是法？正道解脫稱之爲法，如果不是正道的解脫，而是不如理作意的虛妄想所說意識境界而稱之爲解脫，那是邪道，不是正道，只有正道解脫的法才稱之爲三寶之一的法。正道解脫世、出世間法，能爲眾生分別及宣說，並且是自己體悟出來的，叫作無師獨覺，就是佛。佛出現於人間宣說正法，能如法而受者就稱之爲僧。所以三歸依一定要具足佛法僧三寶，缺一不可。「如果沒有三歸的話，爲什麼又說四不壞信呢？」四不壞信是歸依於三寶同時也歸依戒，所以佛法僧戒四法能信受不移、奉行修持的人，就是具足四不壞信者。這四不壞信，如果有一法信不具足，就不能成就佛道。既然有四不壞信，當然必定要具足三歸，否則就不能具足四不壞信。

「三歸依的傳承，有人具足，有人不具足；具足的人是歸依於佛法僧三寶，全部都歸依；不具足者就只有一種聖人，就是如來歸依於法。」如來不歸依於眾僧，眾僧要歸依於如來。十方諸佛平等平等，所以如來也不歸依於諸如來，如來只歸依於法。因爲法是如來之母，所以般若稱爲佛母，不是藏密講的讓喇嘛合修雙身法樂空雙運的女人。般若是佛母，佛母就是般若，因爲般若能出生諸佛如來，所以如來歸依於般若，就是歸依於法，所以只有如來不具足三歸，單獨歸依於法，其他一切賢聖乃至等覺，都須三歸。所以 佛做一個結論說：「善男子啊！眞正得到三歸的人，無不具足三歸，就像比丘、比丘尼、優婆塞、優婆夷接受如來所制的戒法，而成就四不壞信一樣，所以三歸一定要具足。」

【「善男子！如佛、緣覺、聲聞各異，是故三寶不得不異。云何爲異？發心時異、莊嚴時異、得道時異、性分各異，是故爲異。何因緣故說佛即法？能解是法故名爲佛。受分別說故名爲僧，若有說言佛入僧數，是義不然，何以故？佛若入僧，則無三寶及三歸依、四不壞信。善男子！菩薩法異，佛法亦異；菩薩二種：一者後身、二者修道，歸依後身名歸依法，歸依修道名歸依僧。觀有爲法多諸罪過，獨處修行得甘露味，故名爲佛；一切無漏無爲法界，故名爲法；受持禁戒，讀誦解說十二部經，故名爲僧。若有問言：『如來滅已，歸依佛者是何歸依？』善男子！如是歸依，名爲歸依：過去諸佛無學之法—如我先教提謂長者：『汝當歸依未來世僧；依過去佛，亦復如是。』福田果報有多少故，差別爲三；若佛在世及涅槃後，供養果報無有差別，受歸依者亦復如是。如佛在世爲諸弟子立諸要制，佛雖過去，有犯之者亦獲罪報；歸過去佛，亦復如是。猶如如來臨涅槃時，一切人天爲涅槃故，多設供養；爾時如來未入涅槃，猶故在世，懸受未來世供養事；歸過去佛，亦復如是。譬如有人，父母在遠，是人或時瞋罵得罪，或時恭敬讚歎得福；歸過去佛，亦復如是。是故我說：我若在世及涅槃後，所設供養，施者受福，等無差別。」】

講記　佛說：「善男子啊！譬如佛的修證，緣覺、聲聞的修證，三者各各不同，不能混同爲一；由於這個緣故，三寶也不能混同爲一，所以三寶不得不各異而成爲三。」所以三寶不能只是一法，三寶各有不同。譬如三乘菩提的修證各有不同，所以三乘的佛法僧三法也各有不同；佛說：「三乘菩提爲什麼會有差異呢？譬如發心時不同，莊嚴時不同，得道時不同，性分也不同，所以三乘菩提各有不同。」

先說三乘的發心爲什麼不同？三乘聖人在因地發心時就不一樣了：譬如聲聞法聖人從初果到四果，他們發菩提心只是想要出離三界的生死，永遠不再來三界中，可是他們所學是四聖諦、八正道、四念處觀等法，不同於緣覺聖人自己觀修十二因緣法，聲聞聖人所學的因緣法一定要從佛而受，不是獨覺，所以發心時是隨從佛學的；雖然辟支佛因地發心同樣是要出離三界的生死；可是他學的不是四聖諦八正道，他也不修四念處觀，他是獨修十二因緣法，不從佛受，但他的發心與聲聞道一樣，只是想要出離三界生死。諸佛初發心雖然也是想出離三界生死，可是佛的發心卻是想要利樂一切有情同皆出離生死，並且同皆成就究竟佛道，諸佛發心與他們完全不同，所以依三乘聖人的發心有異，就一定有三乘菩提的不同，當然三寶也會有不同之處。

又如「莊嚴時異」：聲聞法與緣覺法的證道所得莊嚴是解脫生死的莊嚴，除此而外沒有別的莊嚴。阿羅漢、辟支佛不可能穿著菩薩那麼莊嚴的服飾，不可能像菩薩眷屬莊嚴、財寶莊嚴，二乘道的法莊嚴也不可能像菩薩法義富麗、深廣、勝妙，大不相同！先說身相的莊嚴，菩薩無妨頭戴天冠、身穿天衣寶衣、瓔珞配於胸前價值百千萬兩黃金，如果以現在的在家菩薩來講，無妨勞斯萊斯開著到處弘法。二乘阿羅漢、辟支佛就不能如此莊嚴了！一定得要身著三衣。佛世聲聞甚至不接受新衣料的供養，而是要去屍陀林撿裹屍布來洗一洗，染成灰色或紅土色再穿，名爲壞色。但是你們看經中的在家出家菩薩們（持聲聞戒的菩薩當然不能像在家菩薩那樣穿），你們看看 維摩詰如何莊嚴！又如出家身的 文殊與 觀世音菩薩是如何的莊嚴！單是世間相的莊嚴就大不相同了。

如果是法莊嚴呢？我們這部經講完就要講《維摩詰經》啦！看看那些大阿羅漢們，三明六通具足了，卻是一個個都怕 維摩詰，都不敢承 佛之命去向祂探病， 佛指派了還不敢去，你想想：菩薩的法莊嚴與二乘聖人有多大的差異！且不說 維摩詰居士，假設今天南洋眞的有阿羅漢，去問他們般若法義，或是把我的書送給他們，看他們敢不敢來找我？仍然不敢。更甭說是向等覺、諸佛質難了！所以阿羅漢的法莊嚴，永遠無法與佛菩薩相提並論。阿羅漢所修的道就只是解脫道，般若一竅也不通，所以不但身相莊嚴與菩薩有異，其他世間法的示現有異，法的莊嚴也是大異，所以一定有三乘菩提的差別。

第三、得道時異：菩薩修學佛菩提道，將來可以成佛，具足出世間法莊嚴，也具足世間法莊嚴。諸佛出現人間時都不會中夭，也沒有橫死；可是佛世諸大阿羅漢有許多是橫死的，甚至三明六通的大阿羅漢也被亂棍打死，就像世人說的死相難看；但是諸佛菩薩都沒有這種事，除非菩薩乘願故入難處救度最難度的眾生，否則不會有橫死的，辟支佛也不一定能全身而退啊！而且諸佛或一乘弟子，純說大乘法；或有二乘弟子，合聲聞緣覺乘為一法，及說大乘法；或有三乘弟子，如同 釋迦世尊分說三乘菩提，而有阿羅漢、未來世的辟支佛、現世與未來世的菩薩，容有一乘乃至三乘弟子；但是聲聞聖者只能有聲聞弟子，沒有緣覺弟子，也沒有菩薩弟子；緣覺聖者連緣覺弟子都沒有，更沒有聲聞與菩薩弟子；但是菩薩可以有聲聞弟子，也可以有菩薩弟子，諸佛成佛時也都如是，不同於二乘聖人，這就是得道時異。

阿羅漢的解脫道，修證完成極果就是阿羅漢，永遠不能稱之為佛，永遠不知法界實相，永無一切種智、四智圓明；但是印順與昭慧都不信，所以都主張修學解脫道就是成佛之道，就能成佛，那是不是阿含四大部中的一千五百多部經都要推翻掉？現在南部也有法師這麼講：「解脫之道就是成佛之道。」若眞是這樣，佛入滅時就應該推選一位大阿羅漢來紹繼佛位了！但是永遠都不可能，沒有一位阿羅漢能稱、或敢稱爲佛。或者可以找一位辟支佛來當佛吧？也不行！他們也不敢，永遠只能稱爲辟支佛，不能稱爲佛。在 彌勒成佛之前，假使有阿羅漢或辟支佛敢自稱是佛，我一定會前去質問般若、種智及涅槃中的實際，要使他啞口無言，讓他知道絕不是佛，要使他當場宣佈退掉佛名。所以三乘聖人得道時是完全不同的。所以出家菩薩可以收阿羅漢爲徒弟，如果這個阿羅漢能迴小向大；但是阿羅漢不能收出家菩薩爲徒弟，也不能收在家的證悟菩薩爲徒弟，因爲他們根本不敢收，也不許收菩薩爲徒弟。不說別的，如果有三明六通的大阿羅漢；當你在正覺明心了，再去拜他爲師，他絕對不敢收的；當他知道你從正覺來，已經被印證明心了，假使敢收你爲徒，就是準備拆掉自己的法臺；因爲當衆被你問一句實相，或問無餘涅槃中的實際，他就只能啞口無言了，只好像禪宗祖師講的「口掛壁上」，有嘴卻不能說了。所以三乘聖人得道時的法道是大不同的，當然有三乘菩提的差別，所以不能說解脫之道就是成佛之道，因爲解脫道的修行只能使人成爲解脫的二乘聖人，不能使人成爲菩薩，更不能成佛。

三乘菩提的第四種差異：性分各異。二乘無學聖人是絕對不再來三界中的，他們一旦得解脫，捨報後一定不再受生於三界中，心性決定如此；在捨報前都願意隨緣隨分或很努力去利樂眾生，但捨報時間一到，一定入滅而出三界；他們不管世界眾生多苦，悲心不夠，心性就是這樣，所以表現出來的身分就是聲聞聖人的模樣。辟支佛與阿羅漢不同，他從來不說法，阿羅漢還會多少爲眾生說法，乃至像 富樓那尊者很努力爲眾生說法，當然後來他也迴小向大了。但是辟支佛受供之後，祝願完了就飛走了，不會爲你說法的，他的心性又與聲聞聖者不同的，他只願意住在寂寞的境界中。可是菩薩完全不同，你向他問法，通常是問一答十；你本來以爲他大概一、二十句話就答完了，沒想到一開口就講解十幾分鐘。甚至有時你不想得法，他還會逼你得法，逼不了就利誘，這就是菩薩啊！性分是與二乘聖者迥然不同的。既有四種不同，當然是有三乘菩提的差異，而且是大大的不同，怎麼會一樣呢？那些印順派和南傳佛法的法師們都不懂，卻說是一樣，所以就主張阿含解脫道就是成佛之道。

同理，三寶一定也不相同；如果佛就是法，佛就不用說法了；如果法就是僧，那就不必有僧學法，也不必諸佛來人間教導諸僧了！如果僧就是佛，那麼諸僧爲何不能無師獨覺？爲何還要依佛修學？所以三者顯然各不相同。譬如發心時異，佛與僧的發心不可能都一樣；佛的發心與僧的發心不會相同，僧的發心只有一次，想要出離三界生死；佛的發心則是有菩薩位的不同階段性的，所以佛不得同於僧。莊嚴也不同：出家爲僧只有解脫法爲莊嚴，沒有諸種莊嚴，但佛可以有諸種莊嚴，譬如法莊嚴；又如佛在天界示現的他受用身和自受用身，即使是菩薩僧也無法同於佛，所以莊嚴不同。又如所得之道深淺廣狹也不同，一切僧都不得同於佛，不然就應該稱之爲佛了。性分各不相同，佛說「此法唯如來能知能證」，僧不敢說「此法唯僧能知能證」，因爲只有佛能究竟知證，所以僧不得同於佛。因此說，三歸必定具足三法，不能說佛法僧是一啦！

但是有時方便說佛即是法，這是從另一個觀點來說；爲了什麼因緣而說佛就是法呢？因爲能究竟證解諸法，所以稱之爲佛，因此說佛就是法，所以佛身也可以稱爲法身，所以佛的自受用身也稱爲自性法身，不單是無垢識稱爲法身啊！因爲佛身代表了佛法。

僧者，從佛身邊受持於正法，然後能爲眾生廣作分別，所以說之爲僧；但是僧畢竟不同於佛，所以佛與僧不同，不可合而爲一，所以一定要具足三寶。如果有人說「**佛應該算在僧寶之數中**」，這個道理講不通；只有諸佛可以自己方便說「**我在僧數**」，任何人都不可以說「**佛在僧數**」。如果佛也在僧數之中，應該僧就是佛，佛就是僧，諸僧就不應歸依於佛。所以 佛陀開示說：「**佛如果算在僧數之中，那就不具足三寶，也不具足三歸依，也不具足四不壞信了！**」所以佛與僧不同，不可歸類爲一。

「菩薩、法」異，「佛、法」亦異：菩薩與法不同，佛與法也不同；菩薩在人間示現，固然也代表了法，但是菩薩不等於法；否則菩薩入滅了，法也就滅了，人間就不應該再有法；可是法的體性仍然常住人間，並沒有消失，所以後繼者仍然可以依自身中的實相法性繼續弘傳，很分明的顯示出來：菩薩與法互異。同理而說佛與法也互異。菩薩摩訶薩有兩種：第一種是最後身菩薩，第二種是修道位菩薩。後身菩薩譬如維摩詰大士，譬如 彌勒菩薩，祂們如果示現在人間即將成佛時，那一世就稱爲後身菩薩，也就是菩薩階位的最後身了！以後示現時都將是佛身而不再是菩薩身了！後身菩薩以外都叫作修道菩薩啦！都還在修道位中。所以諸大菩薩分爲二種：後身與修道。如果是歸依後身菩薩，即使祂還沒有成佛，也可以稱之爲歸依法，因爲今天歸依了祂，明天祂就成佛了！譬如將來 彌勒菩薩示現在人間，你今天歸依祂，祂晚上出家明天成佛，也同時是歸依了法。祂不示現六年苦行的，因爲六年苦行是爲惡劣的五濁具足剛強眾生才示現的；人壽八萬四千歲時，世間人學到的教訓夠多了，智慧也歷練夠了，所以不必特地示現六年的苦行，所以 彌勒今晚出家，明天成佛，眾生絕對會信受。在五濁惡世才要示現六年苦行：你們外道們都做不到。但是 佛在六年苦行之後還是開示：苦行不能成就佛道。還是要修不苦不樂的智慧行，才能成佛。所以後身菩薩會有種種的不同，不一定像 釋迦牟尼佛這樣示現。那你歸依後身菩薩就是歸依佛、歸依法，因爲祂明天就會成佛。即使是 釋迦牟尼佛如此辛苦示現，也不過六年就成佛了！所以歸依了後身菩薩既是歸依佛，也是歸依法，歸依修道位的菩薩們才是歸依僧。

佛又開示：「觀察有為法有種種罪業和過失，因此而獨處修行證得無上正等正覺的甘露法味，所以稱之為佛；一切無漏無為的法界就是法。」無漏無為的法界，不要只看字面，如果依語不依義，就會以這句話解釋說：「純無為才是眞正的佛法。」那你就死定了，不免錯會！那叫作執言取義。因為這裡講無漏無為的**法界**，請問法的界是什麼？界是什麼？（大眾答：種子！）種子！種子是什麼？（大眾答：功能差別！）功能差別！請問：「無漏無為有沒有功能差別？」（大眾答：沒有！）沒有！得要在法界中才能顯現出無漏無為來啊！所以一切的無漏無為要在法界中顯現，要在法界中實證，不能離於三界一切法的功能差別而證無漏無為，這才是眞正的無漏無為法界的親證，這就叫作「法」。佛、法說過了，接下來說僧：「受持禁戒，讀誦及為人解說十二部經，所以稱之為僧。」所以佛、法、僧三者顯然不同。

如果有人問：「如來入滅以後我們歸依三寶中的佛，那是歸依誰啊？如來已經滅了啊！」佛說：「這樣的歸依就叫作歸依佛：過去諸佛無學之法，也就是已經究竟成佛了，於佛道已無可再學了；譬如我釋迦牟尼佛先教導提謂長者說：『你應當歸依未來世僧。』歸依於過去佛也是這樣的歸依，不需有佛或僧在現實上存在人間。」假使正法滅盡了，人間已經沒有佛了，正法、像法、末法都過去了，那我們要如何歸依佛？佛說可以歸依未來佛，譬如我們在末法已滅之後，三寶都不存在了，可以歸依當來下生 彌勒尊佛。也可以歸依未來世僧，可以先歸依未來佛出現時的僧寶。既然未來佛、未來僧可以歸依，爲什麼過去佛不能歸依呢？意思是說，佛與僧不可說是一；因爲佛與僧是不同的福田，各自果報不同，種福田者所得果報也不同：於佛身種福田，於僧身種福田，果報大不相同，福田有異，所以佛不等於僧，所以應有三寶而不是二寶、一寶。法既然與菩薩異，法既然與佛異，而佛與僧又因爲福田果報有差別，當然佛、法、僧應該差別爲三，成爲三寶而不是一寶或二寶。佛在世時我們去供養，佛涅槃後去供養涅槃佛，這二種供養的果報沒有差別。我們接受三歸依也是一樣，如同佛在世的供養與涅槃後的供養，果報沒有差別，所以不因爲福田果報有異而使三歸依有異，因此佛法僧三寶必須視同一體而歸依，但不可以混同爲一。

又譬如諸佛在世時爲諸弟子建立種種要約和禁制，佛後來雖然過去了，但是犯了戒法的人同樣會獲得罪報；既然佛滅後犯戒仍然會獲得戒罪的果報，那麼歸依於過去佛的道理當然也是一樣的。又譬如諸佛即將般涅槃時，一切人天爲了佛將涅槃而做最後供養，所以各各施設最後供養（因爲最後供養和最初供養都得最大的福報），所以一切人天多設供養，但是當時佛即將入滅卻還沒有入滅，他們就來設供養了！佛入滅前預告說：「我三個月後某天某時入滅。」許多佛弟子們都提早一兩天去那邊準備好最後供養了，佛不像一般人認爲是咒祂早死，反而讚歎大眾的功德，因爲這是最後供養，所得福報最大。但那時的佛還沒有入涅槃，卻已經懸受供養，預先告訴大眾：「你們可以在那一天來供養，我接受你們供養！」雖然入涅槃時仍然只吃一缽飯，但已全部受供，這叫作懸受供養。但是如來也可以懸受未來世供養的種種事相，譬如諸佛還在世時，先對大眾宣告：「我走了以後，你們仍然可以建立佛像而作供養！」未來世供養事已經預先宣告了！既然懸受未來世的供養事，未來世的佛弟子眾立像供養時同樣得到福德果報，那麼歸依於過去佛，道理也是一樣的。「又譬如有人與父母不住在一處，相距很遠；他有時在很遠的地方瞋罵父母，所以得到了罪過；或者很遠的地方恭敬讚歎父母，他也得到福報；所以歸依過去佛的道理也是相通的，所以我釋迦牟尼佛說：『我如果在世以及我涅槃之後，所設的供養，布施的人得到福報跟我在世的時候的供養是一樣的沒有差別。』」

【「善男子！若男若女，若能三說三歸依者，名優婆塞、名優婆夷。一切諸佛雖歸依法，法由佛說，故得顯現，是故先應歸依於佛。淨身口意至心念佛，念已即離怖畏苦惱，是故應當先歸依佛。智者深觀如來智慧解脫最勝，能說解脫及解脫因，能說無上寂靜之處，能竭生死苦惱大海，威儀庠序，三業寂靜，是故應當先歸依佛。」】

講記 佛開示說：「不管是善男人或善女人，只要能對著大眾講三遍『歸依佛、歸依法、歸依僧』，他就是優婆塞、優婆夷了。」所以三歸依並不是歸依某一位法師或菩薩，而是歸依全體三寶的，所以不是歸依於某一人。「一切諸佛雖然歸依於法，法卻是由佛宣說出來的，才能把正法道理顯現出來，所以應當先歸依於佛。」歸依三寶必須三說，現在我們還施設了儀軌，但在佛世並沒有儀軌；而且佛世通常是三歸同時受持五戒，你們讀四阿含時常常會看見這樣的記載：有人去聞佛說法，聽完之後就在佛前胡跪叉手，稟明 世尊說：「我某某某，自今日起，歸依佛、歸依法、歸依僧爲優婆塞，盡形壽受持五戒：不殺、不盜、不邪淫、不妄語、不飲酒。」這樣講三遍就成爲在家佛弟子，沒有任何儀軌。現在因爲很多人不懂三歸，也不懂三寶的義理，所以我們還得先說明三寶是什麼意思，然後才正式三歸，所以要立儀軌。而且還沒有同時傳五戒。若同時要傳五戒，會有很多人把三歸延後，可能就失去法益了！所以末法時開方便門，先三歸，不同時傳授五戒。

三歸時爲什麼要先歸依於佛呢？因爲法由佛說啊！不然我們就無法修證正法了！諸佛在世時爲了護持正法、弘揚正法，還得要有僧寶；諸佛既然接受弟子們出家學法，當然就一定會有僧。「在家二眾及出家僧或證道的勝義僧，都是經由清淨了身口意，並以至誠心憶念於佛，知道佛可以歸依，因此而離開了恐怖畏懼等苦惱，所以三歸時應當先歸依於佛，而不是歸依於僧。有智慧者深入觀察：如來的智慧、解脫都是三界中最殊勝者，如來也能爲大眾正說解脫和解脫因，也能爲大眾正說無上寂靜的境界，也能爲眾生消除生死苦惱的大海，並且具有無上的威儀，身口意全部寂靜，所以應當先歸依於佛。」

解脫及解脫因，在幾百年前就都失傳了！無餘涅槃的解脫境界是要滅盡十八界的，但是五百多年前的南傳佛法覺音論師，據稱是阿羅漢，可是寫出來的論著還是想要用意識覺知心進入涅槃境界中安住，十八界中的意識與意根並沒有滅盡，仍然存在，當然不是正解脫；只是邪解脫：想像的解脫與涅槃。所以解脫法事實上已經失傳了，直到現在我們再把它弘傳出來。解脫因也已經失傳了，因爲解脫因就是斷我見和我執；要把十八界中的七識心常住的見解都推翻，這才是斷我見啊！十八界中的七識自我執著斷除了，才是斷我執，這才是解脫因啊！可是現在有很多人說：「解脫的正因就是覺知心不貪著我所，覺知心、離念靈知不必推翻掉，更不必滅除，這樣就是斷我見與我執。」但這不是解脫因，正好落在我見與我執中，所以說解脫因在這三百年來也是失傳了！

有人弘傳解脫道，說是「捷徑解脫之道」，卻都教人要「隨順知、隨順覺」，那都是意識我見境界，連我見都不懂得要斷除，老是執著意識覺知心，也離不開六塵境界，怎能得解脫呢？從解脫道的眞實義理來講，他講的還是言不及義啊！所以世間還沒有佛出現之前，雖然有許多人在講解脫涅槃、講解脫因，但都無法正說；直到有佛出現於人間，才有眞正的解脫及眞正的解脫因。阿羅漢既然要隨從於佛修行，當然他們的智慧不能及於佛：佛可以自己探究出涅槃解脫及實相，阿羅漢們都不能；何況諸佛還斷除了煩惱障的習氣種子隨眠，諸阿羅漢都不曾斷、也不能知。這就像禪宗祖師講的：「見與師齊，減師半德。」如果你的見地與你的親教師相等，你的功德還是只有你親教師的一半。什麼人是眞正值得你的親教師爲你傳法？祖師說：「見過於師，方堪傳授。」要你悟了以後見地超過你的親教師，那才值得你的親教師爲你傳授。因爲人家已經先把很多知見告訴你了，所以你悟後應該超過你的親教師以前證悟時的見地。如果悟了以後只是一樣，那就「減師半德」：你的證悟功德一定比你的老師減一半。所以，阿羅漢的智慧絕不可能與佛一樣，所以他們的解脫境界也不可能勝過佛，所以說如來智慧與解脫最勝，所以三歸時應當先歸依於佛。

「如來威儀庠序，三業寂靜」，阿羅漢們無法相提並論。乃至提婆達多鼓吹阿闍世王放出大醉象，阿羅漢們全都走了，把 佛單獨留在原地，佛陀沒有絲毫畏懼。從這裡可以看出來：有誰及得上 佛啊？只有阿難對 佛具足信心而跟隨著佛，其他阿羅漢都溜走了，他們的我執雖然斷了，但是捨報時間還沒有到，還是不捨得離世的，所以他們都不願意陪 佛陀面對大醉象啊！後來大醉象仍然被 佛的威德降伏，所以 佛的威儀庠序、三業寂靜，非諸阿羅漢所能臆想，既然如此，阿羅漢又怎能稱之為佛？所以三歸依一定要先歸依於佛，然後歸依於僧（聲聞僧及菩薩僧），最後才能歸依於法而修學，除非仍有佛在世；但因僧仍然要再學法，所以法就擺在僧之前。

【「智者深觀生死之法是大苦聚，無上正道能永斷之；生死之法渴愛飢饉，無上甘露、味能充足。生死之法怖畏嶮難，無上正法能除斷之。

生死錯謬邪僻不正，無常見常、無我見我、無樂見樂、不淨見淨，無上正法悉能斷除，以是因緣應歸依法。」】

講記　有智慧者深入觀察：生死之法是種種大苦所聚集而成的。什麼叫作生死之法呢？凡是有生命的，在三界中出現及毀壞，都叫作生死之法。換句話說，三界中所有法都是生死之法：三界中的生死之法其實都是大苦所聚集而成的。有人也許不信說：「**三禪天不是世間至樂嗎？怎麼會是大苦聚？**」但是請問你：要長保三禪天的身心至樂，你需不需要常常保持你的定力？（大眾回答：要！）要啊！因為定力退失就沒了，不像般若智慧：悟了以後定力不保持還是在啊！三禪至樂卻一定要保持定力的！也許有人講：「**那到了四空天無色界，總不必擔心那個快樂失去吧？**」但是回頭想一想：如果不繼續保持定力，還能留在無色界中嗎？不行欸！這一掉下來，是當毛毛蟲？還是當阿貓阿狗？可不知道欸！難得保住人身喔！因為天福已經享盡了，剩下的就是惡業了！雖沒有大惡業，也還會剩下小惡業，那就去當阿貓阿狗嘛！而且長久的一念不生習慣了，那心境最適合當毛毛蟲去：吃了睡，睡了吃，然後結繭無知而住，變昆蟲。那種心性最適合了，當蟲去啊！那不是大苦聚嗎？仍是大苦聚啊！所以看人家修得四禪八定，你不必羨慕！寧可每一世來人間輪迴，每一世來開悟，怎麼說都贏過他，福德無量、功德無量啊！當他生到非非想天八萬大劫下來時，不曉得你已經修到幾地去了，他還在凡夫位中混哩！所以他往生前在人間一入定就是三年，你等他出定了，當面給他一巴掌：「生死之徒！」當面就罵他，他還得要聽你的。所以一切生死之法是大苦聚，你得要深觀；如果不能深觀，結果就是貪著世間法的四禪八定境界、貪著五神通的境界啊！這些都是生死之法，但是凡夫不能斷，只有無上正道才能永斷它，只有佛菩提才能永斷它！二乘法沒有辦法永斷它的，除非入了無餘涅槃！所以通教菩薩成爲阿羅漢了，還是不能永斷的，因爲下輩子再來時又忘了！只有到達三明六通的俱解脫通教菩薩位，離開胎昧的階段時，等待緣熟時仍然要迴向大乘別教般若種智妙法來進修，到達初地心時依無生法忍慧而轉依成功時才算永斷；但這只有無上正道才有，二乘菩提中是沒有的。

生死之法也一定是渴愛、飢饉之法。怎麼渴愛呢？如渴求水嘛！年少之男心裡想著：「我怎樣可以求得一個美嬌娘，溫柔又體貼？」然而年少之女想的是：「我想要一個白馬王子，既健壯又溫柔！」但總是找不到美嬌娘、白馬王子，後來不得不將就結了婚，才知道原來不是那回事！即使眞的由白馬王子娶到美嬌娘了，不是從此過著快樂的生活，而是每天吵架，後來更是鬧離婚；所以渴愛的結果就是招來苦果。假使後來很恩愛，結果是婚後一個個張大嘴巴等著餵，三更半夜還要爬起來換尿布、沖奶粉，累死人了！現在人有福報啦！我們小時候，那可眞的是飢饉欸！如果有一碗純白米的米飯啊！可就高興死了：「哎呀！今天不必吃蕃薯簽煮的飯了！」小孩子每天想著：「明天能不能有白米飯啊！」但是渴愛、飢饉，不是只有那個年代才有啊！現在的大老闆們，十億身價了還在想：「我明年能不能賺一倍！」那不是飢饉嗎？縱然請了司機開著勞斯萊斯，心還是飢饉的啊！只要心不滿足就是飢饉嘛！但這種渴愛和飢饉不是一時間能滅的，那個大老闆縱使學佛了，他晚上還是常常會夢見又賺進十億元了！這不是渴愛嗎？世人貪著種種世間法，都是如渴求水一樣的貪愛。這種渴愛和飢饉，只有無上甘露之味——佛菩提—

—的法味能使人充足飽滿。假使有人是大老闆，他悟了以後一定會多聘用幾個人幫忙，把一些權力下放而努力在佛法上面用心，但不會影響他的事業。因為他有證道所應得的可愛異熟果，大不了每月多花幾十萬元，多請一、兩位專家照顧事業；他的心思已經不會在那上面用功了，渴愛就止息了！所以說無上甘露法味才能充足渴愛和飢饉。

生死中法與三界中法，永遠都有怖畏與險難；很多人追求四禪八定的境界，但是四禪八定的境界，在修證過程當中無比艱險，一不小心就走入岔路，隨時隨地都可能會搬新家：搬到榮民總醫院的長青樓精神病房去住。所以我們一定要先講般若，四禪八定不敢提前講；因為我以前吃過悶虧啊！幫人家修學佛法：以前我們很注重修定，幫他們證得欲界定、未到地定，可是他們知見不正確，貪求有為境界就招來鬼神了，所以是他自己出問題了！可是他的姊姊還向我講：「蕭老師啊！你如果放了什麼給他，你就把他收回去吧！」（大家都笑……）你們看！要不要命啊！所以我學乖了！不敢太快教禪定，非得要慢慢熬：先把修定應知的正知見都講過了，並且寫在書上了，將來誰出了問題可別怪我，我有證據、有錄音啊！書上也有寫啊！假使我教過了，他自己還要犯，那是他的事，別再來誣賴我放了什麼符法。所以說，四禪八定也是生死所攝的法，因爲最終、最高的境界無非就是生到色界、無色界去嘛！還是生死有爲法啊！即使是生死有爲法，都會有很多的怖畏與險難，何況是在人間生活？而這些怖畏和險難的永遠斷除，都要靠無上正法。

生死中，包括凡夫及外道修行者，都有很多錯誤及邪謬不正確的觀點和說法，不斷的在人間流傳著，因此就有四倒。第一倒是無常見常：譬如現在佛門中外道充斥啊！要找一個不落到常見外道窠臼的人還眞難找，四大名山你都把他揀出來，哪一個山頭可以逃過常見外道的範圍？都逃不過欸！都是把意識心當作是常住不壞法，說祂就是眞如，或者進一步說離念靈知是眞如、是佛性，那還是意識心啊！四大山頭的堂頭和尚都說祂是常住不壞法，那跟常見外道有什麼差別？這種所謂的開悟，還比不上證得初禪的外道哩！證得初禪的外道們，至少知道離念靈知是初禪境界啊！可是四大法師的離念靈知都還在欲界境界中，竟然把欲界意識心說爲常，這叫作無常見常，這是第一倒。

第二倒：無我見我，認定意識心是常住不壞的自內我。但是離念靈知心不是內在的眞實我，祂會斷壞啊！因爲祂是以意根、法塵爲緣才能出生的啊！所以祂顯然是無我法，不是眞實我。會壞的法怎麼可以說有常住性呢？無常而不能自己獨自存在的離念靈知心，怎可說是常住的自內我呢？無常一定就是無我！所以說無我法。只有常住而從來不暫斷的如來藏，才可說是眞我，雖然祂從來沒有蘊我、處我、界我的我性。把虛假的意識我當作是眞實不壞的自內我，這就是第二倒：無我見我。

還有第三倒：無樂見樂，都是因爲誤會了涅槃寂滅之樂而產生的。佛所說涅槃寂滅的樂，是因爲祂離六塵，所以心如如不動；如如不動所以能寂靜而又有種種功德與作爲，恆離兩邊，因爲從來都不在六塵中，始終離見聞覺知，所以不受一切法；不受一切法，所以是寂滅；寂滅是常，所以稱之爲樂。寂滅之樂並不是大師們所以爲的有個覺知心在受樂，其實是無所受、絕對寂滅無境界的境界，這才是究竟樂，因爲是常而絕對寂靜啊！但四大名山都是要用離念靈知心安住於無餘涅槃中，但這是苦而不是樂；只要有見聞覺知，有意識、意根在，就同時有心行的行苦不離於心啊！三苦之一不能稍離，這明明不是樂嘛！有行苦同時存在，怎麼會是樂？所以離念靈知就算是住在非非想定中，還是有行苦啊！既有意識和意根的行苦，就是無樂嘛！無樂而說他證得眞樂，就是第三倒，四大名山無一能免。

第四倒是不淨見淨。請問：「**意識心能眞的清淨嗎？**」（大眾答：不清淨！）只有成佛了才是眞實清淨啦！沒有成佛之前，意識心即使是等覺菩薩，有時一念閃過，也會有極微細的習氣種子不淨啊！一般菩薩就更難免了，所以今天打坐很清淨的覺知心，傍晚下了座，有人要挨罵了；因爲他想要吃飯了，可是飯沒有準備好，他就開罵了：「**我坐了一個下午，你在忙什麼？到現在還沒準備開飯？**」前四個鐘頭當中清淨的覺知心，現在已經不清淨了，可是他們都沒有警覺到這個問題啊！不淨見淨，不就是其心顚倒嗎？這就是第四個顚倒啊！四大名師哪一個沒罵過人？有人說：「**有！慈濟的證嚴上人都不罵人！**」不罵人，但是會跟你賭氣啊！她若不高興了，當下就進她房裡，三天都不理你。你對她講話，她都聽不見，那就是起瞋啊！起瞋就是不淨啊！可是不淨的心她卻說是淨，這就是第四倒。這個第四倒的現象，不但台灣四大名山如此，大陸很多大法師、大喇嘛也都是如此。這四倒，只有誰能斷除？無上正法親證者。如果我今天的說話是違背事實：他們沒有四倒而我說他們都有四倒。那麼他們今天應該都會對我很高興，都不會排斥。因爲他們已經離開四倒了嘛！那我說了這些話就都不是說他們了。可是他們十幾年來，對我一直很不高興啊！就是因爲被我說中了，但都無法爲自己辯護。

我還有個壞習慣：我會預先斷定在那邊等他們掉進去。結果他們還是一個接一個公開的跳進去，全都跳不過去。所以一定要證得無上正法才能把四倒斷除掉，所以歸依佛之後，接下來當然要歸依法。

【「智者應觀外道徒衆無慚無愧，非如法住；雖爲道行，不知正路；雖求解脫，不得正要；雖得世俗微善之法，慳悋護惜不能轉說；非善行性，作善行想。佛、僧寂靜，心多憐愍；少欲知足，如法而住，修於正道得正解脫，得已復能轉爲人說，是故應當次歸依僧。」】

講記　佛開示說：「有智慧者應當觀察外道徒眾們，他們無慚無愧，都不是如法而住。」附佛法外道的藏密外道當然是無慚無愧的，因爲他們是師徒公然亂倫的，也是可以父女、母子、六親合修雙身法的。且先不談他們，光說外道們就好，　佛出現在人間，已經明說四禪八定境界都不是涅槃，可是他們仍然不改，繼續堅持說：證得初禪境界時就是涅槃。也有外道說欲界定中就是涅槃境界。所以一直有人主張二禪到四禪都是涅槃境界，　佛早已斥責說這是「外道五現涅槃」。如今引用世人說的一句「天可憐見」：現在的佛門大師們，連五現涅槃的禪定境界都談不上，還不如外道，竟敢自稱是證悟的人！其實遠不如山中獨居清修的小比丘、小比丘尼們！今天這話當然很重，我們將來整理成書時會刪掉（編案：後來因爲聖嚴法師已經以未斷我見、未證實相如來藏之凡夫身，在法鼓月刊上公開聲稱已經證悟了，並說已經印證許多人開悟，而且公開傳授法脈予十二人！宣稱那十二人是開悟者。又因爲證嚴法師公開在書中宣稱「意識心卻是不滅的」，並在書中暗示她自己已是地上菩薩。所以編者決定保留此段開示語句，仍然印在書中）。

現在可以檢視看看：四大名師有誰證得初禪？都沒有！古時外道還

有證得初禪的所謂「涅槃」，乃至四禪的所謂「涅槃」，現在台灣佛門四大名師卻一個也沒有，眞是天可憐見：佛法淪落到這個地步。不但般若實相悟不到，連禪定的初禪都證不到；大師如此，座下學人就可想而知了！你們說末法眾生悲哀、不悲哀呢？但是我們要把它扭轉過來。

所有的外道們，佛都已斷定了：縱使已證四禪八定，都不能到涅槃。但他們繼續堅持：「非非想定就是涅槃，無想定就是涅槃！」所以他們都是無慚無愧者。若是有慚，應當要公開承認：「我以前說四禪境界是涅槃，我錯了！」這才叫有慚嘛！有愧呢？就是要改正，從此不再主張四禪是涅槃境界，後不復作，這才是有愧啊！所以外道都非如法住，他們雖然也出家修道，修行種種出離生死之法，可是不知道修行的正路，雖然想要求取解脫的境界，卻無法得到眞正的法要；雖然出家修行，也得到了世俗法中的微小善法，譬如證得初禪乃至四空定，但卻是於法有慳吝之心，護惜所得四禪八定的法而不能廣泛的爲人宣說。所以外道們不是善行的心性，所修的法也不是善行的法性，但是卻當作自己有善心、善行。可是諸佛與眞僧都處於無貪的寂靜境界，所以心中常多憐憫眾生；並且少欲知足，如 世尊所施設之法，安貧、樂道而住，並能修於正道，得到正確的解脫，還能轉而爲別人宣說。所以眾生歸依法之後，應當要歸依於僧。

我們也一樣啊！早年講《小止觀》時，開示如何證得初禪之法，說明初禪中實際的證境；因爲《小止觀》只講到初禪，所以不說二禪證境；有人主張做成錄音帶，就做成這麼厚、這麼大的盒子，做了三個大盒，約有六十幾卷錄音帶。所以我們是先講禪定，然後才講般若慧的，不是那些人亂講的「有慧無定」。那時已經把初禪中的體驗境界一一詳細說明，這錄音帶還有很多人保存著，把它當作寶一樣，都有精裝的盒子裝著。我們當年並沒有吝惜說：「**不要流通出去！**」誰要流通就去流通嘛！我們也不管！乃至解脫道也在書中把它明寫出來啊！這十年來解脫的法要我們也講很多了，如果還嫌不夠，《識蘊眞義》就要開始連載了，特別把識蘊（諸大法師所不能斷的，注重在識蘊上）講得很清楚，這就是爲人轉說嘛！（編案：《識蘊眞義》是結緣書，已於 2005/12/30 出版流通了）你親證後要爲人轉說，不可慳吝於法。

但外道如果懂得某個法，就故做神秘籠罩人：「**你想要得這個法，先來供養我吧！**」這種現象佛門中很常見，如果藏密也可以算佛門支派的話，你想要跟他學一個法，先要有幾百萬元台幣供養喇嘛；但是幾百萬元供養以後，卻發覺所謂的妙法其實是騙人的，所以供養之後心有不甘啊！因爲他是拿了房子向銀行借款，跑到上海去供養一個藏密的喇嘛，回來後想不開，就漸漸成爲精神病患了！正法在台灣，他不學，偏偏跑到上海去跟喇嘛學外道的有爲法，弄到後來精神失常，眞可憐！由此可見，外道與附佛法外道都是無慚無愧的，把人害了也不羞慚。只有眞正佛門中的僧寶才是有慚、有愧、有法、有解脫、有解脫知見、少欲知足、如法而住；這樣清淨證道的僧寶他不歸依，去歸依藏密外道，眞是愚癡啊！

從這三段經文中 佛所說的：「**先歸依佛，次歸依法，最後歸依僧。**」表示有三個前後順序。因此若有大法師把法錯說了，你應當護持大法師？還是護持法？（大眾回答：護持法！）對啊！當然要護持法嘛！因爲法在僧前，僧在法後。如果有大法師所說之法純正勝妙，那你應該先護持法或是護持僧？（大眾回答：護持僧！）應當護持僧！因爲護持僧才能弘揚正法嘛！「人能弘道，非道弘人」，光是有道仍然弘揚不出去，不能利樂眾生；必須有僧才能弘道，當某一僧寶的法與道都正確而勝妙，我們就應該護持這位勝義僧；有我們的護持，他就有力量、有資源能弘法利樂眾生嘛！所以從弘法事相來講，應當護持僧來弘法。但若他說的法是毀壞三寶的法，那就不但不可護持，還要破斥他，這樣才是眞正的護持法、護持僧。爲了名師的利養而把正法的存亡置之不理，就是不具足三歸依的人，因爲他只是歸依凡夫名師僧而幫助他破壞正法，根本沒有把法寶放在心裡，這是不具足三歸的！

若已歸依法，就應該護法而破斥他；一定是先歸依法，然後才歸依僧。但現在學人還是在和稀泥、做人情，一心要維護名師的名聞利養而扯我後腿，希望我跌跤；這種人就不具足三歸依了！因爲他只歸依及幫助凡夫名僧共同破法，所以就沒有歸依法了！所以三歸依一定有先後順序：「先歸依佛，次歸依法，後歸依僧。」佛陀入滅後，若有眞僧能弘正法，應當護持他弘揚正法，以法爲先；法先而僧後，佛先而法後，歸依順序不可改變。如果有僧破壞正法、否定如來藏或意根，把十八界去掉一界，只剩下十七界，就不該歸依他，何況是護持？所以僧若破法則不應歸依，僧若弘正法則當護持，這才是已受三歸的佛弟子本分！

【「若能禮拜如是三寶，來迎去送、尊重讚歎，如法而住、信之不疑，是則名為供養三寶。若有人能歸三寶已，雖不受戒，斷一切惡、修一切善，雖復在家，如法而住，是亦得名為優婆塞。若有說言『先不歸依佛法僧寶，當知是人不得戒』者，是義不然，何以故？如我先說『善來比丘』，是竟未得歸依三寶，而其戒律悉得具足。或有說言：『若不具受則不得戒，八戒齋法亦復如是。』是義不然，何以故？若『不具受不得戒』者，求有優婆塞，云何得戒？實是得戒，但不具足八戒齋法；若不具受，雖不名齋，可得名善。」】

講記　佛說：「若能禮拜如前所說的有智有德三寶，僧寶來時就起身迎接，去時就恭送，並且平常要尊重三寶、讚歎三寶。除此之外，還應當依從三寶的教誡，如法而住，對三寶信受不疑，這人就是供養三寶的人。假使有人能歸依三寶以後，雖然還沒有受戒，但是卻能斷除一切惡，並且已實際上在修一切善法了，雖然尚未受戒而且在家如法而住，他也可以稱爲優婆塞。所以我們現在辦歸依時沒有同傳授五戒，只是說明五戒的大略內涵，期望歸依者能開始斷一切惡、修一切善，也可以正式成爲在家佛弟子。如果有人說：『沒有先歸依三寶就去受戒，他無法得戒的，所以沒有得到戒體。』這個說法並不正確。」在一般情況來說是正確的，但因爲有例外，所以這種說法就不正確了！「譬如我釋迦牟尼佛有時說：『善來比丘！』他當時鬚髮自落、袈裟著身成阿羅漢」，這種比丘都是菩薩比丘，不會是聲聞比丘啦！你們明心了就應該聽懂了，翻譯成白話叫作：「來得好啊！比丘！」他就成爲通教的阿羅漢位菩薩了！當他的我見斷時，我執就跟著斷了，當時就是阿羅漢了。如果你往世有般若慧，這一世又具足四禪八定，我只要爲你講：「來得好啊！比丘！」你就成爲阿羅漢比丘了，煩惱鬚髮俱除。你們明心者一聽就懂了！沒有明心前只能跟著別人聽了就苦笑啦！這位善來比丘成爲阿羅漢時，他當時就有道共戒了！已經戒律具足了！從此不會再犯戒了，但他當時還沒有三歸啊！所以不一定要三歸依以後受戒才得戒體。

「如果有人說：『若不具足受戒，只受少分、多分戒，就不得戒體。八戒齋的戒法也是如此。』這道理也是講不通的。如果講得通，那麼求後世三界諸有享受的優婆塞戒的受戒者，又怎麼能得到戒體？」求有優婆塞是說我見不肯斷，他求受在家戒的目的是求後世三界有爲法的快樂果報，所以爲求禪定的證得，他只受酒戒、淫戒，成爲少分受戒者，也能得到戒體，不能說他不得戒啊！所以受戒後修證四禪八定，也能證得禪定之樂。但是也有人因爲求三界有，自己去惡修善而證得初禪的快樂，但仍然不曾受過戒，可是他已經有了定共戒，永離欲界生，已經有定共戒了，所以不能說一定要具足受戒才能得戒。又如有人五戒只受少分，或受多分，沒有滿分受，雖不具足受，也能得戒啊！又譬如有人具足受五戒而沒有具足八戒齋法，那也不能說他不得戒啊！所以八戒齋如果不具足受，可以說他不持齋法而仍有善戒。

其實「八關齋戒」眞正的稱呼應該叫做「八戒齋」，主要特點是持齋，也就是七戒之外再加上「不非時食」——過午不食的持齋；在那一天只能吃早齋、午齋，過午不食。也就是五戒再加上「不歌舞戲笑花鬘著身、不故往觀聽；不坐臥高廣大床，不非時食」。你們大概都沒見過高廣大床。也許有人想：「我有見過，我在家具店看到國王尺寸的床鋪，眞大！」但那仍不是高廣大床，高廣大床不是指睡覺用的床。古印度的高廣大床，你是爬不上去的，要乘坐大象，站在大象上走上去坐，高坐在上而接待貴賓，不是講睡覺用的床鋪。一般貴族接待貴賓用的大床就低而小一些，凡是接待賓客時主人所坐的座位都稱之爲床。若是禪師坐的就稱爲「禪床」。有時國王的高廣大床並不是床，而是在牆壁上做一個方形的大洞，約一丈高，一般人上不去，上面鋪了軟墊，國王就坐在那裡接待下屬，大臣們就坐下面，高低差了一丈，這也是高廣大床。有的講經師法座很高，約有一丈高，大家都只能坐下面，那也是高廣大床。八關戒齋是依五戒而增添的，主要是過午不食的持齋法，所以叫作「八關戒齋」。受五戒者並沒有具足八戒齋法，所以不名爲齋，但是仍可名爲善戒，不能說他沒有戒體。戒法常有開緣及遮止，既有開遮就不能一概而論，所以有智慧者不會隨便對戒法作狹義的定論。

【「善男子！若能淨潔身口意業，受優婆塞戒，是名五陰。云何五陰？不受邪見，不說邪見，信受正見，說於正見，修行正法，是名五陰。受三歸已、造作癡業，受外道法、自在天語，以是因緣失於三歸。若人質直，心無慳貪，常修慚愧，少欲知足，是人不久得寂靜身。若有造作種種雜業，爲受樂故，修於善事如市易法，其心不能憐愍衆生，如是之人不得三歸。若人爲護舍宅身命，祠祀諸神，是人不名失歸依法；若人至心信其能救一切怖畏，禮拜外道，是人則失三歸依法。若聞諸天有曾見佛，功德勝已；禮拜供養是人，不失歸依之法。或時禮拜自在天王，應如禮拜世間諸王、長者、貴人、耆舊有德，如是之人亦復不失歸依之法。雖復禮拜，所說邪法愼無受之；供養天時，當起慈心，爲護身命財物國土、人民恐怖。」】

講記　有很多人歸依之後，對外道天神就不知道該怎麼應對了！佛開示說：「善男子！如果能淨化自己的身口意業，潔淨無瑕，並且受持優婆塞戒，這個持戒的就是五陰。」爲什麼是五陰呢？因爲沒有五陰就沒有戒，有五陰才有戒可持。應該以什麼樣的五陰來受持優婆塞戒呢？佛說要以五陰來受持戒法。第一是不受邪見：不正確的見解都不接受。譬如外道惡見，也就是五利使，特別是不斷我見而衍生出來的五種繫縛眾生輪轉三界生死的結使，稱爲邪見、惡見。不論是大師或小師，只要他們教導的是惡見、邪見，都不可接受。第二是不說邪見，若爲人說邪見：譬如以常見外道的離念靈知心說是正確的佛法眞理，就是爲人說邪見。第三是信受正見，就是信受「五陰無我」、意識是緣起法……等正見。第四是爲人轉說正見，勸人修行斷除我見、我執等。第五是如實修學解脫道及佛菩提道，斷我見、親證實相，乃至未來無量世證得一切種智，這就是修行正法。以這樣的心態來持戒及修行，這就是由五陰來持戒修行。如果不是五陰，就無法捨離邪見、受持正見，所以捨離邪見和受持正見的是五陰。如來藏本身無所受，如來藏不受邪見也不受正見，祂怎能受持正見、修行正法？《心經》諸位都會背：始從無眼耳鼻舌身意六根、六塵、六識，一直到無無明，無無明也盡，一切都空了，而空中有不空，就是眞心如來藏；而祂離六根、六塵……等法，離見聞覺知，所以無智亦無得，無無明亦無無明盡，所以從如來藏的立場來說，祂從來不受邪見也不受一切法，當然也不受正見；所以能離邪見、能受正見的當然是五陰嘛！

假使有人受三歸後再去造作癡業：去接受外道法及大自在天所說的法義，由於這個緣故就失掉了三歸戒。佛弟子接受三歸就是歸命於佛法僧三寶，既然歸命於佛法僧，就應該依止於佛所說的法，依止於住持正法的僧團，不該再去依止外道、信受外道。結果受了三歸依以後，卻沒有如實的依止三寶，反而接受外道法或接受大自在天外道的開示，他實際上是依止外道、自在天，由此緣故，三歸之戒、三歸之體就失去了。

但也有人是在世間法上失去三歸的，譬如有三種人：第一種人是心地本質直爽、不邪曲的，心中也沒有慳貪之心；慳就是拔一毛以利天下而不為，貪就是希望從別人身上取得財物而據為己有；慳而難捨、貪而多求無厭的心已不存在了，並且常修慚愧所以少欲知足，心中不樂攀緣，所以不久就可以證得寂靜之身，也就是證得涅槃的意思。第二種人是在世間法上造作種種與解脫無關之業，是世間種種雜業；他的目的是為了受樂的緣故，想要獲得世間法上的快樂，所以修種種的善事，如同市場中的交易一般；譬如現代的基督教救世軍，行善的目的是為了生天堂享樂。第三種人是一貫道修三綱五常等善法及行善素食，目的也是為了求生天堂。然而生天的目的只是受樂，與解脫全無關係，因為天的境界最高不過非非想天，素食與行善而受樂的境界最多只是欲界天果報。能守持人間五倫之常，只不過能保住人身而已；若加修十善業，不單是獨善其身，而且能廣利天下，所謂治國平天下，讓眾生得安樂，但這仍是世間法，不超過十善業；而十善業的果報就是死後往生欲界六天，這都叫作種種雜業。修學佛法應該是在解脫道及佛菩提道的親證上，親證後推廣出來利樂眾生，這樣才是眞實的佛菩提，才能證得寂靜之身。可是有人造作的種種善業都屬於世間善的雜業，目的只是為了求生天堂受樂，所以他們修種種善事時如同市場貿易一般：以善業來換取往生欲界天的果報。目的不在求取解脫，因為解脫是沒有回報的，只是出離生死而無任何所得；但是求生天堂而受樂是有回報的，正是以行善來換欲界天的樂受果報，所以 佛說如同市易之法，其心不能憐愍眾生。一貫道修種種善業求生欲界天，所謂天堂掛號的結果就是來世在欲界天受樂；

但因欲界天是輪迴生死的世間法，也是以外道的老母娘為依歸，當然是已經失去三歸了！不再以佛、法、僧三寶為依歸了！

可是行善而生欲界天受樂，如是為人說法，卻沒有看到眾生生死的苦痛，沒有看到眾生往生欲界天享福之後，天身捨報後得要下來三惡道中受苦，因為福報享完了就完全沒有福報了，就只剩下以前所造的小惡業要受報了，只好到三惡道去。往生後的異熟果報是依福業與惡業來決定的，依福業或惡業比較大的先受果報。修行十善當然是福業比較大，那麼惡業就延後報，因為惡業比福業小，因此就先生天享福；天福享完了，福業享盡了，剩下的就只有惡業而無福報了，當然天壽盡了以後就只能下生到三惡道去了！如果幸運而生為人家的寵物，那還算是好命，其餘就不堪設想。只有從來不造惡業的人生天享福之後，才繼續回到人間。這些人不瞭解輪迴的因緣果報，我們應當有憐憫心，要告訴他們眞實的情況。如果受了三歸以後，不能看到這個眞相，就會愚痴的接受外道所說種種善法雜業，行善而求生天受樂，不想繼續在人間行菩薩道，那麼這樣的人就是無慈憫心的人，就失去了三歸的法體。

除此以外，佛作了一些開緣：譬如有人爲了保護他的房舍、家宅、眷屬的健康及性命，不得不到外道廟中祭祀或許願幫忙建廟，然後祭祀諸神，他歸依的對象並不是諸神，只是爲了保護自己、眷屬或眾生的身家性命，不得不祠祀諸神，他心中並不以諸神爲歸依的對象，只是與諸神打交道作交易，讓祂們保護自己和眾生的身家性命，所以這個人仍然沒有失去歸依的法體，仍是以三寶的法寶爲歸依。如果有人至心相信那些外道諸神可以救護一切怖畏眾生，因此而禮拜那個外道，那他就失掉了三歸的法體。由此可知，假使未來有某菩薩弘揚正法時，但他有時去祭祀諸神，只是爲了求能爲眾生免除水災、風災、旱災啦、蝗災……等災患，但他不是以那些天神爲歸依的對象，仍以三寶爲歸，只是爲了利樂眾生而做，所以他仍然是菩薩，佛作了這個開緣。

但是如果他說：「有某一位天神說的法是比三寶的法義更高！」這人就失去三歸了，因爲他以外道天神爲最究竟歸依的對象了！我們出門時若遇到外道的神廟，無妨給祂一個合掌稽首，意思是向祂打招呼示意。佛弟子不必下巴高高的看祂，否則天神看了就說：「學佛怎麼變成這麼傲慢？」反而失掉了佛弟子的身分，我們對祂稽首或合掌（但不許歸依及禮拜），只是打招呼說：「你好！」那又何妨呢？有人成爲三寶弟子以後就自覺高高在上，反而對正法的弘傳有弊，而且天神輪迴到人間以後，再也不信三寶了！如果所有佛弟子都給祂一個好印象，他認爲佛弟子歸依三寶或開悟後，還是對天神有恭敬心，如同恭敬一切世間人一般，祂就會有好感：「佛弟子都沒有慢心！」這反而是好的。所以應該知道學佛持戒時有遮、有開，如何是遮緣？如何是開緣？都需要知道。

如果聽聞別人說：「諸天天人或天主曾經見過佛，親得　佛所傳授的法。」探討的結果是諸天天主在佛法修證上的功德勝過我們自己，所以我們禮拜、供養諸天天人或天主，仍然不失去歸依的法體。但如果是認爲天人或天主的法是「勝妙於佛、勝妙於三寶」，以這樣的認知來禮拜供養，他就失掉三歸依的法體。佛弟子如果禮拜自在天王時，應該如同禮拜世間諸王或皇帝一樣，以免失去性命，但那只是世間禮法、政治制度罷了！古時世間的禮儀本來如此，所以禮拜自在天王時，應該如同禮拜世間的國王、長者、貴人、耆舊、有道德者一般，並不是歸依；這樣禮拜大自在天的三寶弟子，仍然不失去歸依之法。不過這是以在家身分的凡夫菩薩爲前提而說的，出家以後就都不禮拜外道天神的。但是對於大自在天所說的一切法義都不應該接受，因爲他的法終究只是世間法，他所說的常住不壞法，終究只是三界中有爲的緣起法，其性本空，並無眞實法，所以不應接受他們法義。當你供養諸天天主時，應當要生起慈心：只是爲了利樂世間人，希望祂能護念眾生的生命、財物、國土，免除人民的恐怖，所以你去禮拜、供養諸天天主。

【「所說邪見，何故不受？智者應觀外道所說：云一切物悉是自在天之所作。若是自在之所作者，我今何故修是善業？或說『投淵赴火，自餓捨命，即得離苦』；此即苦因，云何說言得遠離苦？一切眾生作善惡業，以是業緣自受果報。復有說言：『一切萬物，時節、星宿、自在天作。』如是邪說，我云何受現在造業？亦受過去所作業果？智者了知是業果，云何說言時節、星宿、自在作耶？若以時節、星宿因緣受苦樂者，天下多有同時同宿，云何復有一人受苦、一人受樂？一人是男、一人是女？天、阿修羅，有同時生、同宿生者，或有天勝、阿修羅負，阿修羅勝、諸天不如。復有諸王同時同宿，俱共治政，一人失國，一則保土。諸外道等亦復說言：『若有惡年惡宿現時，當教眾生，令修善法，以攘卻之。』若是年宿，何得修善而得除滅？以是因緣，智者云何受於外道邪錯之說？」】

講記 接著佛又破斥外道天主所說的邪見：「外道天主所說邪見，是什麼緣故不能接受呢？」我們爲什麼要受三歸？目的是爲了想要修習正見嘛！正見可以讓我們遠離生死之苦，如果接受了邪見，就要輪轉生死永無了期了！所以邪見不應當接受。佛又交代說：「有智慧者應當觀察外道所說的法，他們說山河大地、眾生色身及一切物，都是自在天所創造的！」這是哪一種外道呢？正是一神教！他們叫作「造物主」，名爲耶和華或阿拉！有些作家已經受三歸了，可是寫文章時仍然沿用造物主的名號和說法，這眞是顚倒！這表示他仍然沒有三歸的法體，他的三歸眞是白受了，他三歸時供養法師的紅包也是白供養了，因爲他並沒有得到三歸的法體。既然三歸了，成爲三寶弟子了，怎麼還會相信有一個造物主呢？眞相是：他應該相信有無量無數的造物主，造物主就是所有有情眾生的如來藏！外道說一切物都是自在天所創造的，問題來了：如果都是自在天所創造的，那我今天何必修善業？因爲將來受樂也是自在天給的；我既然是自在天創造的，就不該修善，因爲我是自在天的一部分；而祂創造了我，就不該是爲了讓我受苦而創造的。既然我是自在天創造的，那我不必修善業就應該可以回歸自在天身中了，那你自在天憑什麼要我修善才可以回歸你的天堂、你身中呢？這個道理講不通啦！有智慧者腦筋這樣轉一轉就告訴自在天說：「你的說法不對！」一神教就這樣被破除了！（大眾都笑……）一句話就破了啊！

還有一種外道說：「赴淵、投火、自餓而捨命，就可以離苦！」聽說西藏有個民間信仰的地方性宗教，也有這種思想，所以不是只有印度才有。他們有一首詩歌就是描述這個道理，教人修行受苦來滅罪，最後從懸崖跳下去自殺，說這樣就可以得解脫；印度也有這種外道，教人以受苦的方法修行，然後投淵或自焚，活活的把自己燒死，說這樣子就可以永遠離苦而不再來人間受苦了。可是問題又來了，投淵自殺也是受苦，這件事本身就是苦，放火把自己燒死也是受苦，把自己給餓死也是受苦，這些都是苦因，本身就是三苦中的苦苦；既然本身就是苦，又如何能離苦？所以外道這個道理也是講不通的。如果受苦就能得解脫，這種解脫就叫作「邪解脫」，因爲它與解脫無關。解脫是把五陰十八界滅除，可是他們再怎麼受苦，若是我見、我執不斷，這覺知心將永遠存在，生生世世一定都會繼續有五陰出現。所以覺知心即是苦因，覺知心本身既是苦因，再加上受苦的苦苦，那是苦上加苦，怎能遠離三界生死苦呢？

如果從因果來講，一切眾生造善業，因此得後世的樂報；造惡業，所以得後世惡業之報，都是由於業的因緣而受苦樂果報。既然如此，想要得解脫之樂，就應該離苦嘛！爲什麼還要去造作投淵、赴火……等苦業而離苦？所以自餓捨命……等苦業既是苦因，當然不能讓人離苦，所以是邪見。另有一種外道說：「一切萬物是自在天主作的。」說是「無上」的神阿拉或說是上帝耶和華所創造的，也是邪見。也有外道說：「不是自在天主作的，而是時節到了自然就會出現了，時節過了就自然消滅，所以都是時節創造的！」又有一種外道說：「是天上的星宿創造的！」

現在問題來了：一神教是最好破的，不管《新約》、《舊約》……等，講來講去始終離不開這個層次：「上帝、阿拉創造世界！」那我們問他：「請問上帝耶和華、阿拉！你們創造的世界是平面的？還是圓球形的？」他們沒有辦法了，只好改口說：「我創造的世界是圓的。」但是「聖」經記載上帝「創造」的大地是平面的！當年伽利略、哥白尼都幾乎被教會殺掉，因爲他們以天文學及望遠鏡所見而主張大地是圓的，不是《聖經》講的平面狀。教會判他們死刑，要把他們燒死；後來還是靠國王的行政力量才把他救下來！「聖」經中的白紙黑字寫在那裡，無法狡辯的，只好改口說：「我創造的世界是圓的！」但你把「聖」經的記載舉證出來，只好又說：「我創造的世界是平的。」可是問題來了，他說：「這個世界是他創造的！」但這個世界是圓的，他創造的世界是平的，所以他「創造」的是別的世界，不是這個世界，他不該在這個世界說是他創造的。當然他的「聖」經還有很多的過失，他的說法都不能成立的。譬如說他創造了人類，問題又來了！他們的《舊約聖經》這麼寫：伊甸園是上帝創造的，再用泥土捏出來成爲亞當，再把亞當的肋骨抽下來創造成女人夏娃，後來他們偷吃了禁果而被趕出了伊甸園；但伊甸園外早就有好多的人類，請問那些人類是從哪裡來的？顯然不是你上帝創造的嘛！所以他們的講法有很多自相矛盾、自打嘴巴的地方；這表示創造《聖經》的人一點兒智慧都沒有，這也表示耶穌的智慧不高，因爲道理都講不通。不通的道理還寫在「聖」經中，把狐狸尾巴送給人家抓著。其他的宗教就不談了！眞要講下去，問題多多，講不完啦！但是一神教的教義是最容易破斥的。

另有外道說：「一切萬物都是時節所創造的。」也有說是星宿所造的。佛說：「這些都叫作邪說！」既然是時節自然而然成就，時節過了就自然消滅，爲什麼我將來要受現在所造業的果報，我來世不應該受現在所造業的果報啊！因爲都是時節的關係啊！跟我造善惡業都應該無關。我受好色身或不好的色身，受好的依報或不好的依報，都該是時節因緣而不應與我過去世所造的善惡因緣有關；若是時節因緣而受苦樂報，爲什麼我未來世要受現在所造善惡業的果報呢？爲什麼我現在正在受過去世所造的業果呢？所以外道的道理眞的講不通啊！

如果一切都說是星宿創造的，請問是哪一個星宿來創造了山河大地？又造了我們？若是如此，眾生就不必行善去惡了！而這些善惡業所導致的因果報應，你們這些主張時節、星宿、自在天創造一切的外道，又爲人講善惡因果報應，這善惡因果就不能成立啊！有智慧者既然很清楚知道往世造了善業，這一世就得善報；往世造了惡業，這一世即得惡報，顯然業與果是相聯結的，怎麼還可以說一切都是時節、星宿、自在天主所創造的呢？如果說是因爲時節或星宿兩個因緣而讓我們受苦樂，問題又出現了：天下有很多人是同一個時節生的，他們都隸屬於同一個星宿，譬如十二宮中的水瓶座、天秤座……等，那麼某人當國王，可是世界上與他同日、同時、同分、同秒出生的人也有很多人，是不是每一個人都應該與他一樣當國王？但是爲什麼同時同宿出生的人，一人正在受苦而另一人正在受樂呢？應該是同時受苦同時受樂啊！又爲什麼一人當國王，另一人當乞丐？一人當富者，一人是窮光蛋？尤其現在六十億人口，同一秒鐘出生的人太多了，可是爲什麼各都不同？又譬如：同一時辰出生而隸屬於同一星宿的人應該都是男人，不應該一個是男人而另一個是女人。

還有，有天主或天人與某些阿修羅同時生，都屬於同一個星宿；可是當天與阿修羅打仗時，應該兩方都勝或者兩方都敗；爲什麼一方勝而另一方敗呢？爲什麼有時天勝而阿修羅負，有時阿修羅勝而諸天不如？這也沒道理啊！又如同時節出生的同星宿國王，同樣在治理各自的國家，有國王把國土失掉了，另一國王卻保住國土；若是同宿就應該命運一樣，可是命運爲什麼會有不同？由同年同月同日同時生的同宿者果報不相同，可見星宿創造一切的說法不對；同理，時節創造一切的說法也是講不通的，所以諸外道們說法時說出毛病來了，自己卻都還不知道。

外道有時說：「今年流年不好，是惡年，有惡星宿出現，所以今年大家都要修善，才能把惡運惡報消除掉！」世界各國都一樣，都有這種外道。但是問題又來了：既然大家的命運都同樣繫於星宿，既然如此，則善惡報應該是星宿的關係，應與眾生所造的善惡業無關，爲什麼說眾生修善就可以除滅惡報呢？善惡報都應該是因爲善惡星宿而造成的，與眾生的修善或造惡無關。所以星宿外道的道理講不通嘛！這些因緣，有智慧者用腦筋多想一想就懂了，別聽外道妄說了就照單全收；否則將會讓他們拎著鼻子走，沒完沒了！西藏密宗最擅於這一套，他們最會恐嚇你。你若不信就沒事，一旦信了，弄到最後就是家財敗光，再怎麼用功虔修財神法也一樣。教財神法的人才會賺錢，修財神法的人只有賠錢的份兒！教財神法的人收紅包賺錢，學財神法的人要賠錢送紅包給喇嘛！回家後努力修財神法卻從來不賺錢！修財神法最有名的人是以前在環亞百貨大樓的鴻源公司，但是事實證明：是他的喇嘛師父賺錢，而他賠錢。學藏密法門的人很多，陳院長履安居士，在台灣勸募了五億元，去大陸經商時賠光光，難道他會不懂財神法嗎？所以：若是星宿的關係、時節的關係，那你修財神法就沒用了嘛！若修財神法就可以有錢財福報，佛說的布施得福德：因爲施主、福田、施事三法而得後世福德的因果，也就不存在了！諸天天主勸人布施植福的善業因果也將不再存在了。所以財神不能爲人施福，祂只在受施時成爲貧窮田而使布施者得福罷了！福果若因時節而得、而失，那麼時節到了你就賺錢，時節到了你就賠錢；若是由星宿決定世界要不要壞，由星宿決定要不要使你受樂或受苦；那麼眾生又何必努力行善及賺錢？當星宿決定了或時節到了，你就有錢、受善報，坐在家裡等著就好了！何必修施植福呢？所以外道的說法眞是荒唐！這些外道邪說，有智者都不應信受。

【「善男子！一切眾生隨於業行，若修正見受於安樂，修邪見者受大苦惱。因修善業得大自在，得自在已，眾生親近，復爲宣說「善業因緣、善業因緣故得自在」；一切眾生皆由修善業因緣故，得受安樂，非年宿也。善男子！阿闍世王、提婆達多，皆由造惡業因緣故，墮於地獄，非因年宿得是報也；鬱頭藍弗邪見因緣，未來當墮大地獄中。善男子！一切善法，欲爲根本，是欲因緣得三菩提及解脫果，入出家法破大惡業及諸有業，能受持戒，親近諸佛，能一切捨施於乞者、能作定性、壞惡果報，滅大惡罪，得決定聚，離於三障，善能修集壞煩惱道；是欲因緣能受三歸，因三歸已即能受戒；既受戒已，行見修道過於聲聞。若有畏於師子、虎狼惡獸等類，歸依於佛尚得解脫，況發善心求出世者不得解脫？阿那邠坻教告家內：在胎之子，悉受歸依；是胎中子，實不成就，

何以故？是法要當口自宣說。雖不成就，亦能護之。」】

詳解　佛開示說：「眾生的受樂或受苦，都是因為業的緣故，不因時節、星宿……等而決定；如果修習正見，所作的身口意業都是正行，當然未來也受於安樂；如果是修邪見，所造身口意業都成為邪行，未來世就必定會受大苦惱。因為修善業的緣故而使未來世色身康健，富有資財，因此得到大自在；得到自在以後，眾生就來親近他，他就可以為眾生宣說種種能造作善業的因緣，又說因為善業的因緣未來世可以獲得自在。一切眾生都由於修善業的緣故而受安樂，並不是時節或輪值的星宿而受安樂。」至於受惡，佛舉例說：「譬如阿闍世王及提婆達多，都是由於造惡業的因緣而墮於地獄，不是由於年宿或時節而得到惡報。」阿闍世王，「阿闍世」翻譯為中國話叫作「見生怨」，為什麼叫作「見生怨」呢？因為算命者向他父親說：「你這兒子出生在你家中，是要來向你報怨的，不是來報恩的。」他父親當時尚未學佛，因為見了他就討厭，所以就把他命名為「見生怨」。後來有人挑撥離間，阿闍世太子他就去問父王，果然真的是這樣子，所以他就對父親不喜歡啊！他的父親是頻婆娑羅王，太太是韋提希夫人，也就是《觀無量壽佛經》的緣起人。

阿闍世王爲何應該要墮地獄？都因爲造惡業的因緣所致；所以在說《優婆塞戒經》時 佛說他一定會下地獄；所幸後來阿闍世王因爲大臣壽命童子（耆婆）憐憫他，極力邀請他去見 佛，佛爲他說法，令他生信；又爲他說十八界五陰的虛妄，他本來應該因此而證得初果，但是聽完 佛的開示之後只得到「無根信」，正是因爲造了無間地獄的惡業，所以後來只能免受地獄報，但不能實證初果，連初果向都得不到。所以千萬別自作聰明而以爲自己正在大力護法，其實往往是在謗法，造了謗法大罪就無法取證初果或開悟明心了！所以他只得無根信，因爲殺父的結果還得要下墮地獄去受苦，未來離開地獄回到人間時才能證果；但那時因爲他能面見 佛陀，佛親自受他極力懺悔，又能得 佛親自爲他說法，有了無根信，所以未來世能證果，否則這一世捨報時就得要下地獄了。

你們如果讀過阿含就知道：他殺了父王之後，知道自己罪惡深重，生了大病時想要求一個依靠，聽說有 佛可以依靠，心中也想依靠 佛，但因爲以前聯合提婆達多害 佛不成，心中恐懼而始終不敢去見 佛，後來想見時又拖拖拉拉、狐疑不定，過程非常複雜曲折。他會墮地獄是因爲造惡業，與年宿無關！後來「罪咎損減、已拔重咎」而改變業果、免下地獄，是因爲極力懺悔及親聞 佛陀開示，以及歸依三寶、發願大力護持正法所致；所以眾生得善果、蒙惡報，都由自造的業行，不是由年宿或時節、天神所致。

如果是年宿：由某一年宿來出生當國王，那麼造惡業的國王年宿應該還要回天上去啊！爲什麼卻要下墮地獄？沒這個道理嘛！又如提婆達多下地獄也不是因爲年宿，如果提婆達多是由年宿創造出來的，或由年宿投胎而來的，他就不應該下地獄；既然是承受天主的使命而來的，卻出佛身血、破和合僧而要下地獄，這個道理就不能成立啊！若是年宿來投胎或由年宿創造出來，他就不應該因爲造惡業而下地獄，但事實上他是造了惡業而墮於地獄，顯然不是因爲年宿而得到惡報。鬱頭藍弗也是一樣，他是因爲邪見的因緣而墮地獄的。

他有兩個原因滋生邪見：第一，他認爲非想非非想定的境界就是無餘涅槃，但他在修非非想定時修得很辛苦；他在河邊坐禪修定，偏偏河中的魚似乎與他搗蛋，在水面跳來跳去，吵得他沒辦法修，他就發了惡願：「我未來世要當飛狸，把這些魚全部殺光！」後來躲到山中修成非非想定，未來世應當生於非非想天，可是在非非想天捨報時，他會誹謗說：「世間沒有涅槃可證！」因爲這個緣故當下地獄，地獄受完苦回到人間當飛狸，將會殘害河中所有魚類，殺害一切魚類而不是爲了饑餓吃魚，爲了這個惡願惡業還要再下地獄，這都爲了邪見！如果他沒有邪見，縱使發了惡願，將來還是可以消除掉而不造惡業。因爲他若得正見證得滅盡定，捨壽就會入涅槃去了，怎麼還會再來當飛狸而殺害眾生？所以他未來世中當墮大地獄中，並不是因爲年宿的緣故，而是由於邪見的緣故。所以邪見害人很嚴重，也不只害人一世。

譬如爲人講解一種邪見：「如來藏是虛妄的，第八識是虛妄建立法，實無如來藏可證！」這樣開口誹謗，來世就得下地獄了！這都是因爲邪見。由於邪見的執取，所以有人弘揚如來藏妙法時，他就會極力破斥、抵制，身口意造作謗法的惡業，都是從邪見來；所以邪見爲害學人非常嚴重，大家要很小心。因此說，不是由年宿而造作山河大地，眾生受善惡業的苦樂報，都由自造，非關年宿或時節、自在天主，所以不可輕信外道種種邪見。想想看：鬱頭藍弗修得非想非非想定，已到三界頂，尚且因爲邪見而謗言世間沒有涅槃可證，因此而墮大地獄中，何況誹謗法界萬法實相的如來藏妙心深義？所以一切人都應遠離邪見。

解脫的寂滅之樂，都是由於善法的緣故，那麼善法以什麼爲根本？以欲爲根本！這叫作善法欲。如果沒有善法欲，不會想要修學善法。又爲什麼說以欲爲根本呢？因爲有欲望想要證得解脫生死的境界，想要去證得實相的境界，有了這種善法欲，才能辛苦的確實修習善法，所以說「一切善法，欲爲根本。」由於善法欲的因緣，才能證得正菩提及解脫果。三菩提就是正菩提，就是諸佛的無上正等正覺。正菩提及解脫果，都從善法欲而出生。乃至一貫道說要「地獄除名，天堂掛號」，那也是善法欲啊！正是求生欲界天的善法欲！若沒有求生欲界天的善法欲，他們就不會願意受苦而行善。同理，在佛門中出了家，進入出家法中，目的也是爲了破大惡業及破壞一切諸有業種，才能受持聲聞戒、菩薩戒而清苦的過日子。正因爲善法欲的緣故才能親近諸佛、菩薩，才能一切都捨。捨離世間財產還算容易，但是捨離親眷則很困難；如今能一切都捨，乃至出家後有人供養，看見路上貧乞者，又因善心而布施出去了。能長久這樣做，而且心得決定不退轉，決不再還俗，能作決定性的不退轉者，除去一切未來世中可能會有的惡果報，滅掉一切大惡之罪（在世間法中作了種種大惡之後，以出家的無欲福德就可以把惡業滅除，前提是出家以後永不再作，所以出家能滅大惡罪）。

「得決定聚」，是於正見心得決定：於解脫、於佛菩提的正見，無所懷疑、心得決定，就是得決定聚。爲什麼講「聚」呢？譬如二乘菩提有其特定的內涵，積爲一團一聚；佛菩提也是一樣積爲一團一聚來說，所以都說爲聚。若於三乘菩提諸法心得決定而無疑惑，即是得決定聚；若是已經「得決定聚」，就離開了無明障等三障，他就是善能修集種種毀壞煩惱法門的人，這些也都是善法欲。外道也有善法欲，但他們的善法欲是由邪見而生的，所以成爲「邪定聚」，不是「正定聚」；以善心而依於邪見修學種種邪法、誹謗正法，未來世所獲得的果報就是墮落三途，這是最可憐的。以善法欲、修善業的因緣而得到惡報，在外道法中比比皆是，佛門中也是一樣。想一想：印順法師二十九歲、三十歲出家，也是爲了修善法，他也發大心要弘揚 佛的正法，這正是善心啊！但是一念之差，信了密宗黃教的應成派中觀，不久就公然的、大力的否定如來藏，否定七、八識，成爲最嚴重的謗菩薩藏惡罪，具足根本罪、方便罪、成已罪，已經成就了一闡提的重罪，這眞是天下最可憐的人。現在只寄望他在捨報前做一些動作：效法李元松居士公開聲明自己以前所說都不正確。否則不但自己墮落地獄，還會有許多相信他說法的人，繼續再否定眞實唯識、抵制如來藏妙法，這些人都將無可救藥；解鈴還須繫鈴人，還得要他自己來做啊！只有他做了，那些人才能得救。我們很努力的做，最多只能從他的信徒中救回三分之一。如果他能做補救措施，相信可以救回十之八九，他也沒有能力全部救回來的，有些人會永遠信受他以前的說法，但是總比我們救的多啊！所以我們要從這裡寄望於他（編案：印順已於2005年六月捨壽，至今尚未傳出他對自己的邪說作出任何聲明）。

出家修行者因爲正見而得正見業，因爲邪見而得邪見業，都是各人自造，非關年宿、時節、自在天主，所以捨報時不能怨天，也不能尤人，都要怪自己沒智慧。因此說善法欲很重要，但是有了善法欲時還得要有智慧配合；如果空有善法欲而沒有智慧，就跟著別人弘揚破壞正法的表相佛法，卻還是破壞得法喜充滿啊！世間就有許多這種愚痴人啊！所以善法欲雖很重要，但是還得要配合智慧。由於這樣的善法欲因緣，所以能接受三歸；因爲接受三歸，所以能受持在家戒、出家戒、菩薩戒。既然受了戒，就行於道中：行於大乘的見道與修道，修證超過聲聞法。

爲什麼說大乘法中行見修道能超過聲聞法呢？我的書中常常這麼講：「阿羅漢在菩薩面前沒有說話的餘地！」我想，最氣我的大概就是慧廣法師、大願法師他們啦！昭慧法師他們大概比較習慣了！慧廣法師他很氣我，所以在網站上一直罵，但聽說他的網站現在關掉了，因爲他知道我們游老師要寫書破他了，可是他關掉沒有用，已經先被游老師把他說的法都下載作資料了。大願法師會氣我什麼呢？因爲我一天到晚說二乘解脫道既不了義也不究竟嘛！阿羅漢證得解脫果，說一句老實話：「他來我面前沒說話的餘地。」因爲我會對他說：「所謂解脫即非解脫，是名解脫。」請他解釋，他解釋出來，我說：「你說的對，但是不究竟，你講個究竟的給我聽！」講不出來了！但是我會告訴他：「究竟的法是：捨報了之後，十八界都滅了，入涅槃，這是你講的，但是你其實沒有入涅槃！」他沒有辦法反駁，我還要告訴他：「其實菩薩證得無餘涅槃也沒有入涅槃，但他可以說是眞正的入涅槃，因爲如來藏本來就涅槃了啊！本來就不生不滅啊！哪裡有涅槃可入？」他說：「如來藏是什麼？」我說：「涅槃虛妄，依如來藏而假名施設！」他還是沒有說話的餘地。這個 DVD 會到台南去播放，大願法師如果聽見了，那就來談談看啊！看他有沒有機會得救？阿羅漢的涅槃確實是不了義也不究竟啊！所以他一直主張說：「解脫道就是佛菩提！」這叫作「瞎扯！胡說！」因爲解脫道只是斷見惑與思惑，即使他眞的斷了見思二惑，可是無餘涅槃的本際是什麼？他還是不知道嘛！一切法界的根源就是這個啊！法界的根源就是實相，佛菩提以親證這個實相爲標的；這個實相你不知道，那你怎麼可以說「解脫道就是佛菩提」呢？這是只在大乘別教的法中開悟了，才有辦法證得的啊！一切的阿羅漢都證不得的。

不說實際，實際理地他們是講不通的，我們光說現象就好：當年 釋迦世尊捨壽後，那些大阿羅漢們爲什麼沒有一人敢自稱成佛？應該有一個人來繼承佛位嘛！爲什麼沒有呢？卻是好多億年以後的 彌勒菩薩才能成佛呢？如果解脫道就是佛菩提，那麼佛世時那些阿羅漢們應該都是佛，如果是這樣，問題又會衍生很多出來了。大乘法函蓋解脫道，但二乘的解脫道在大乘法中只是一個極小部分而已；假使斷了我見而又很精進修行，最遲鈍的人，四世在人間或四次人天往返而繼續受生修行，也可以成阿羅漢出三界；利根人（有智而又沒有慢心），只要斷了我見，一生精修到老也可以成阿羅漢，但是成佛卻要三大阿僧祇劫啊！因爲種智寬廣深奧，學之不盡啊！所以解脫道絕對不是佛菩提道，但它是佛菩提道中的一小部分。想一想：一生到四生可以完成的法，以及三大無量數劫才能完成的法，怎可能是相同的？諸位想想看，用膝蓋想就知道了。可是，那麼聰明的大願法師，竟然會不懂？這也是很奇怪的事啊！

單從佛教歷史現象就可以看得出來：有人說：「**慧解脫的阿羅漢不算佛！**」請問俱解脫呢？難道不算佛嗎？如果解脫道就是佛菩提，俱解脫的大阿羅漢都應該是佛啦！爲什麼沒有一人能成佛呢？也許又有人說：「俱解脫的也不算！三明六通才算成佛啦！」那麼請問：「佛世三明六通的大阿羅漢也很多啊！爲什麼佛入滅後，他們沒有一人能成佛？」所以：顯然解脫道不是佛菩提啊！所以說大乘之法在見道修道上努力修行的結果，一定是過於聲聞道的；因爲光是一個七住菩薩的明心，你們很多人明心了，但阿羅漢不知道如來藏是什麼啊！所以他來到你面前，你對他說：「請問你入了無餘涅槃，涅槃裡面是什麼？」他不知道，只能搔搔頭表示不知。「那麼涅槃裡面是什麼？」他們問你，你說：「涅槃裡面就是如來藏啊！」「那請問如來藏是什麼？」「不告訴你！」（大家笑…），「爲什麼都不告訴我？我已經成阿羅漢了，我無貪無瞋，你爲什麼不告訴我？」「我告訴你『不告訴你』時，就已經告訴你了！」（大家笑…），他就沒辦法了！請問：你已經實證如來藏了，但是他們沒有實證，來到你面前時根本就不懂，哪有說話的份兒？當然沒有嘛！所以我們沒有妄語，也不是故意貶低阿羅漢，而是說他們眞的是不懂，只有菩薩才懂般若實相智慧，所以大乘法中行見道、行修道，一定過於聲聞。

如果有人畏懼獅子虎狼惡獸等物，他們單憑高呼「南無佛」三字的因緣，八萬大劫後還可以有因緣出家、證果、得解脫哩！何況發起善心來求出世間法的人而不能得解脫？沒有這個道理啊！如果發起善心求解脫而不能得解脫，只有一個緣故：被惡知識誤導。所以我們期待《識蘊眞義》連載完了，台灣會有許多人眞斷我見，最多七次人天往返必成阿羅漢而得解脫；因爲三縛結的內涵，特別是五蘊中最難斷的識蘊，我們把識蘊的內容詳細說明了，只要確實深入觀行識蘊，現觀識蘊的虛妄，其他色受想行四蘊要破就不難。所以寄望於《識蘊眞義》連載完時會有很多人斷我見；斷了我見者最多七次人天往返就出三界了，何等的快速啊！斷我見就證初果了，這沒有什麼難啊！這就是善知識因緣而斷我見、三縛結；若是發起善心而永遠都無法證得解脫，只有一個原因，就是「被邪見誤導」。所以三歸之後而得證解脫，在佛世非常之多啊！證得初果的出家人、在家人比比皆是啊！但是現在爲什麼大家談到初果都說：「不可能！不可能！」然而聲聞初果就只是斷三縛結啊！斷三縛結的最主要內涵就是斷我見：主要是斷除「意識心常住不壞」的邪見。這是很簡單的事啊！但現在爲什麼這樣難？很簡單一句話就是：「被邪見誤導」。

往世，有一個人要出家，諸大阿羅漢都說他無法出家，因爲觀察他八萬劫以來沒供養過三寶，沒聽過佛法，沒歸依過三寶，他哭哭啼啼的回家，在路上遇見 佛陀；佛觀察他八萬大劫前因爲被老虎追殺時心中害怕，爬到樹上大叫「歸依佛」：「南無佛」。南無就是歸依。就因爲對佛有信心的緣故，八萬大劫後遇到 釋迦牟尼佛，就可以出家、得解脫。就只是三個字「南無佛」，就有因緣了！所以很多人念佛：「南無本師釋迦牟尼佛」，或者去參加淨土寺院念佛繞佛：「南無阿彌陀佛」，因此緣故，在未來世都有因緣得解脫的。既然稱念歸依於佛都可如此，何況受三歸後又發善心而出家了竟不得解脫，沒有這個道理啊！

阿那邠坻就是給孤獨長者。「阿那邠坻長者教告家內」，他開示教導家人都要歸依三寶，即使是懷胎還沒有出生的胎兒，都命令他們要接受三歸依；但是胎中之子來三歸，其實是不能得到三歸法體的，他的三歸是不成就的；因爲三歸必須「口自宣說」，一定要自己嘴巴講出來；若是三歸時大眾正在唱唸：「我從今日起，歸依佛，……。」但是有個人只在心中默念，不唸出口，那就不得三歸的法體；他包了紅包供養主法之師也都是白包了，因爲不得三歸法體啊！這時他只有布施福田的因果，仍然沒有成爲三寶弟子。所以三歸依時一定要口說，才能成就三歸。阿那邠坻長者家中的懷胎之子──他兒子的孩子──他還沒有出生的孫子，家人爲他預做三歸，這三歸雖然不成就，但是也能保護那個胎兒。

【「善男子！諸外道說：『一切世間皆是自在天之所作。』亦復說言：『未來之世，過百劫已當有幻出，所言幻者即是佛也。』若自在天能作佛者，是佛云何能破歸依自在天義？若自在天不能作佛，云何說言一切皆是自在天作？外道復說：『大梵天王、大自在天、毘紐天主，悉皆是一。』復說生處，各各別異。自在天者，名自在天、名常、名主、名有、名曰律陀、名曰尸婆，是一一名各有異事，亦求解脫、亦即解脫，是義不然。何以故？若『自在天能生衆生、造作諸有，作善惡業及業果報，作貪瞋癡繫縛衆生；復言衆生得解脫時悉入身中，是故解脫是無常法』，是義不然！何以故？若無常者，云何得名爲解脫也？」】

講記 佛又開示說：「那些外道們說：『一切的世間，不論是山河大地或是一切有情色身，全部是自在天所創造的。』說了這些話以後，他們又說：『未來世過一百劫以後，將會有自在天所幻化的神出現在人間；所說自在天幻化的神就叫作佛。』」當佛法出現在人間時，他們沒辦法應付，因爲他們外道法都會被佛法所破，就會編造傳言：「後來的佛就是我們自在天主所化現出來的。」後來的印度教也學習這種說法，也說他們的主神濕婆是自在天主。可是問題來了：我們這些講完了以後整理出版，如果能翻譯成印度文，送到印度廣爲流通，也許再經過一百年後印度佛教就會漸漸復興了。以前有人建議說：「我們正覺應該去菩提迦耶建佛寺，派出家法師去那邊弘法。」我回答說：「你是不是要叫我們派法師去那邊與他們廝殺？」一定得要廝殺啊！不然就沒辦法弘法啊！因爲那裡都被藏密的喇嘛們佔據了！這樣一來，我們正覺派去的僧寶們都要先送去少林寺學功夫了（大家笑…）。即使功夫學好再去也沒用，因爲只要用子彈就被解決了！緣沒有熟以前去做那些表相都沒用的。但是緣要怎麼熟？要正法書籍先回去！把他們的觀念先轉變，當他們弄清楚了：「原來濕婆神的說法是不對的！」才有可能改變回來。他們把 釋迦牟尼佛收編成大護法神中的第四位，所以現在 釋迦牟尼佛在印度教中是被排在濕婆神下面的護法神中的第四位，這很荒唐啊！

佛陀出現時，他們因爲無法應付佛法正理，就編造謊言：「我們經文中已經說過：未來世過百劫以後，會有我們自在天主所幻化的大威德者出現，大威德者就是佛！」但是問題來了：如果自在天王能幻化出佛來，爲什麼他所幻化出來的佛卻能把歸依自在天的道理都破除掉？只這一句話就問倒他們了！這也可以用來對治一神教：如果一切有情都是耶和華所創造，爲什麼耶和華創造出來的人成佛之後，竟然把耶和華破斥到體無完膚？不管是誰來，他們的教宗來了也照樣答不得，耶和華來到我面前也答不得，我就問祂這個道理！祂是無法答的：「如果說一切有情是耶和華所創造，那麼我蕭平實也應該是你創造的，爲什麼今天我破到你一句話都不敢講？」耶和華是一句話都沒辦法回答的。這就很清楚了：顯然自在天是無法作佛的，祂永遠無法成佛，除非歸依三寶來學佛；自在天既然不能作佛、無力成佛，怎能說一切是自在天創造出來的？

外道們又說：「大梵天王、大自在天、毘紐天主其實都是同一個神。」既然是同一個神，爲什麼所說這些神祇示現在人間的生處會有各各不同？而信仰這些不同神的人，往生之後去的天堂又各各不同？那顯然不是一神！爲什麼你們外道說出來的三位天神所說法又有很大的不同？而且境界又各不相同？

佛說：既然三位天神是一，又說自在天名爲自在天，說祂是常，是一切眾生主，是有，又叫做律陀、尸婆等名稱，而一一名都各有不同的事相；既然不同名號所說的神名內涵各不相同，主體也各不相同，爲什麼祂們是常、是主，卻又要再來人間尋求解脫？有時又說祂們本身就是解脫？如果祂們本身就是解脫，就不必再求解脫了；假使祂們都是常，那麼祂所幻化的「佛」也就不必在人間來求解脫了，而他們所幻化的一切有情也不必在人間尋求解脫啊！所以他們所說的道理是不正確的。

爲什麼呢？假使自在天能出生一切眾生，也能造作一切三界有，又能造作善業惡業及種種業的果報，又能做種種貪瞋癡來繫縛眾生：譬如祂們創造了亞當、夏娃，而又造作貪瞋癡，讓亞當、夏娃有貪瞋癡而被繫縛。外道們又說：「眾生被自在天創造而輪迴，當眾生未來得到解脫時，又都會回歸到祂身中與祂合而為一。」這不正是藏密觀想母光與子光合併為一的思想嗎？然後外道又說：「所以解脫是無常！所以你們不必求解脫，只要信仰自在天就可以了！」像這樣要求解脫又說不必求解脫，將來生天與祂合而為一就解脫了。這個道理講不通的，因為你既然教眾生們要生天得解脫，而眾生又是你創造的，那你本身就是解脫的，你創造的眾生們也應該是本來解脫啊！解脫的你創造了他們，又給他們貪瞋癡而綁著他們，那你自在天就是居心不良啊！你沒事創造眾生來輪迴，也是無聊而自找麻煩嘛！另外，由此可見祂顯然不能證得寂靜涅槃境界，因為自在天閒著無聊，所以會弄些泥巴創造兩個人，或創造許多眾生以後再創造貪瞋癡來綁住他們，然後再叫他們行善求解脫；他們若犯了戒，就把他們打入地獄，這就是閒著無聊、居心不良！我確實沒有誣賴自在天呀！如果這些被祂創造的眾生都是無常，而祂要求他們生天成為常、解脫，而祂自己竟然不能住於涅槃寂靜中，所以仍是無常，那為什麼又可以叫做解脫呢？這都講不通啊！

【「如婆羅門子還得壽命，是故不得名自在天。是三種天，亦不得一，何以故？阿周那人、毘紐大天爲作解脫，以是義故亦不得一。若言解脫是無常者，當知即幻，非佛名幻。若能了了正見『眞我』，是名解脫。復有說言：『見微塵者是名解脫。』復有說言：『見性異、我異，是名解脫。』是義不然！何以故？若能修道、見四眞諦，是人乃得見性見我；若人能受三歸依者，是人乃能眞見四諦。是三歸依乃是一切無量善法，乃至阿耨多羅三藐三菩提之根本也。菩薩二種：一者在家、二者出家；出家菩薩淨三歸依，是不爲難；在家修淨，是乃爲難。何以故？在家之人多惡因緣所纏繞故。」】

詳解　佛又說：「譬如婆羅門的兒子還是一樣的得到壽命啊！」婆羅門是印度的一種在家修行外道，他們自稱是天的種子、天的兒子。換句話說，他們的種姓最尊貴。猶如中國皇帝一樣，自稱是天的兒子，所以稱爲天子！婆羅門也說是天的兒子，所以比一切種姓都尊貴。但是婆羅門既然是天的兒子，而諸婆羅門所生的兒子也都各有生命、壽命，那麼請問：「你們婆羅門都是天的兒子，天所化生；而你們又都各自生了兒子，你們這些兒子是否也是自在天的兒子？」如是：你們都是天的兒子所以都得壽命，而你們的兒子們也都得壽命，卻不許名爲自在天；而你們都是天的兒子，也都不可以稱爲自在天；那你們憑什麼說你們是自在者？這道理也講不通啊！

並且，自在天是常，祂出生了你們，你們與自在天是分離的；你們的一切身口意都沒有與自在天相連接，你們成爲無常時，自在天也應該是無常的，所以你們的道理不通。又如你們所說：「**大梵天、大自在天、毘紐天主是一。**」其實也是不對的，不能說是一。爲什麼呢？因爲阿周那人，這個教派的人是由毘紐天主爲他們來做解脫的事，將來他們死了被接回去天上而得解脫，卻不是由你大自在天接回去得解脫啊！也不是由你大梵天主來讓他們得解脫啊！所以自在天、尸婆、律陀等三者根本就不可以說是同一個神嘛！所以你說的**神解脫是常**的說法，大有問題。

如果說解脫是無常，那麼解脫就是幻化的囉！那你就不可以說佛是你所幻化的啊！因爲你大梵天王、大自在天主、毘紐天主所謂的解脫既然是無常，無常之法就不可能出生常法的佛嘛！怎麼可能由幻化無常的神來出生常法的佛呢？所以你們三個外道所說的解脫都是無常，所以你們才是幻化的，不能說佛是被神幻化的，所以佛絕對不是你們大自在天主等外道神幻化出來的。

可是，什麼才能叫作眞正的解脫呢？佛說：「**如果能了了分明的、正確的見到了真我，這才叫作解脱啦！**」眞我是什麼？只有如來藏才能稱爲眞我啊！二乘法都說無我：五蘊非我，十二處非我，六入非我，十八界非我，所以蘊處界全部無我。因爲蘊處界都是虛妄法，都是緣起法，緣起法其性本空。既然是這樣，斷滅了蘊處界而成爲無餘涅槃時，豈不是就斷滅空無了嗎？既然入無餘涅槃的時候十八界都是要滅除的，滅除了當然無我啊！無我而斷滅了又怎麼叫作解脫呢？應該說是斷滅空啊！所以只有親證**眞我**才可以叫作解脫嘛！所以我說二乘阿羅漢不證解脫。台南大願法師再怎麼生氣也不敢來找我反駁的，也不敢在書上、在電視上說：「**蕭平實這個説法不對！**」因爲他如果講了，我們一樣要出書破他。連阿羅漢都不懂，他未斷我見、未成阿羅漢，又怎麼懂呢？

阿羅漢，是誰稱爲阿羅漢？是他的五陰十八界啊！但五陰十八界在他捨報入無餘涅槃時就全部滅掉了：五陰滅盡了，他的如來藏本來就在涅槃中，不需要再入涅槃，而如來藏離見聞覺知，所以也不自知自住境界是無餘涅槃；而阿羅漢五陰十八界滅盡了，也沒有阿羅漢繼續存在，他能入住於無餘涅槃中嗎？他已經不存在了，還能入什麼涅槃？所以我們說：「所謂入涅槃者，即非入涅槃，是名入涅槃。」這只有大乘般若才能通，阿羅漢講不通的；那我們不急著斷思惑，仍然留著一分思惑而繼續有蘊處界存在人間，但我們已經住在涅槃中了；你只要轉依祂就成爲涅槃，你不必把自己滅掉而入不了涅槃嘛！

如來藏，你們明心者都現前可以看到：每個人的如來藏現在都不生也不滅，那就是涅槃啊！所以思惑雖還沒有斷盡，現在就已經住在涅槃，這叫做菩薩的不可思議解脫。所以南傳佛法那些人，他們氣《維摩詰經》氣得要命，又不敢指稱經名而誹謗說是僞經，所以都只能遮遮掩掩的說：「那些大乘經都是佛滅後由佛弟子們長期創造結集出來的。」但是這話本質不就是誹謗大乘一切經嗎？不就是誹謗方廣經嗎？這正是誹謗菩薩藏的一闡提罪！所以蘊處界都無我，因爲緣起、無常，因爲性空、終歸必滅，當然是無我性嘛！會壞的所以叫作無我，但是如果有一個法，能出生蘊處界，而且相對於蘊處界的無常住我性而能始終存在：無始就在，未來也永遠無終，永遠存在，那當然就是**眞我**囉！但這個**眞我**不是蘊處界我，更不是外道神我，因爲這個眞我是第八識心，而外道神我是緣起性空的第六意識。然而能出生第六意識的心卻是第八識啊！一是被出生的子體，一是能出生的母體，二者完全不同，不能混爲一譚啊！所以 佛說：「**若能了了正見眞我，是名解脫。**」請問你們明心後解脫了沒有？怎麼不敢答呢？（有人回答：解脫了！）對嘛！當然是解脫了，因爲你的本體如來藏本來就沒有生死嘛！那不就是解脫嗎？

我們即將開講《維摩詰經》，這一部戒經講完了就要開講《維摩詰經》，明後天就會開始排版了，接著就開始印刷，等我們這部戒經講完了就講它。《維摩詰經》講的就是這個不可思議的解脫啊！所以「了了正見眞我」時，就會親眼看見自己本來就解脫了，爲什麼要把眾生弄得亂七八糟呢？所以 維摩詰大士罵阿羅漢說：「**那位比丘本來無瘡，你何必要在他身上挖個瘡洞？**」阿羅漢被罵了也只好閉嘴不言，也不敢答腔啊！所以了了正見如來藏時，了了分明找出來而親眼看見祂，原來這麼親切，這就叫作解脫；因爲該解脫的本來就已經解脫了，蘊處界的你在入涅槃時是必須滅除的，那又何必還要再去求解脫？這就是菩薩的不可思議解脫：不斷思惑煩惱而證解脫、而證菩提！

還有人這麼說：「看見微塵時就是解脫了！」這叫作四大極微派的外道，是四大類外道之一。他們說：「如果你能清楚的看見四大種，那四大種就是一切生命的實相！你若看到了就是解脫了。」如果這樣，一切阿羅漢就不得解脫囉？斷我見斷我執也不能得解脫囉？因爲慧解脫根本看不見四大種啊！要用功能很好的天眼才看得見四大種極微相，可是慧解脫阿羅漢明明已經證得解脫了！所以這個說法不對。

另外有人說：「看見了體性與我相異，就是解脫！」性與我怎麼會相異呢？性異、我異是講不通的，應該是非一亦非異才對。譬如水的體性就是濕，濕性與水體非一非異；但外道說：「水的濕性與水體相異，這樣看見時就是解脫了。」同理就成爲：「看見五陰的體性與五陰相異，就是解脫了。」但其實仍然是五陰啊！何況性不能離體，五陰之性不可離五陰而存在，所以外道這個道理是不對的。爲什麼呢？因爲如果有人能修解脫道、佛菩提道，親見四種眞諦，就是親見大乘法或二乘法的苦集滅道四種聖諦，才能看見五陰的緣起性空、實無常住我的自性，名爲看見蘊處界我的無常自性；這樣完成了解脫道，還要迴入大乘法中再修大乘法中的四聖諦，依止於大乘別教佛菩提道，最後才能看見如來藏的體性，才能看見眞我如來藏，才能證得解脫。如果想要這樣證得解脫，首先得要三歸依，確實歸依佛寶才能見眞我，才能眞修四聖諦。

若想要見眞我，得修四種眞諦；但二乘法的四聖諦不是眞諦，是俗諦，因爲都是依世俗法的蘊處界而作觀行、而得智慧，所以是**四俗諦**。大乘法的見眞我而入四眞諦修行，必須先三歸依，若不先歸依佛法僧三寶，就無法修**四眞諦**，所以說這個三歸依是一切無量善法的根本。一切無量善法是說佛菩提道，因爲二乘解脫道的二乘菩提是有量的善法，只能到出三界爲止，法界的實相仍無法修證，所以是有量善法；只有大乘別教善法是一切無量善法，但卻必須先歸依大乘佛陀、大乘法寶、大乘僧寶才能證得，所以三歸是一切無量善法的根本，也是諸佛無上正等正覺的根本。佛說：菩薩有兩種：一種是在家，一種是出家。出家菩薩把他的三歸依淨化是沒什麼困難的，但是在家菩薩要把三歸依清淨就不容易了！因爲在家之人有很多惡因緣所纏繞的緣故。

以上所說都是三歸品。可是淨三歸要怎麼清淨它？我們有很多人明心開悟了，可是我要特別交代：「開悟了、明心了，一定要歸依三寶。若不能歸依三寶，那就不是眞正的開悟。佛弟子如是，外道亦復如是。假使有天主教、回教、道教或一貫道的信徒，如果眞的能從我的書中證悟了，悟後得要歸依三寶，才算是眞的開悟！」爲什麼我要特地這樣說？因爲所謂眞正的開悟是要轉依如來藏直心啊！如來藏行事從來都沒有歪曲，一向直心；轉依如來藏實相眞如心時，就一定會歸依佛法僧三寶，絕不會繼續歸依一貫道自創的「三寶」，他們提倡的精氣神有什麼好歸依的？老母娘（有說爲瑤池金母）有什麼好歸依的？她連我見都沒有斷除，更別說是證得如來藏了，只不過是欲界天的凡夫罷了！你今天如果證得如來藏了（我講的是「如果」），還不能算是開悟的，因爲你沒有轉依成功，所以曲解說：「我們老母娘有開悟，我們羅祖有開悟。」那是錯誤的說法，這表示你的心不直，心不直就表示還沒有轉依如來藏的直心自性嘛！沒有轉依成功就表示你沒有開悟，所以應當是悟錯而落入離念靈知中了。若是眞正開悟了，一定會轉依如來藏；而如來藏是直心，成爲直心者而發覺你的祖宗沒有開悟，那你就一定會說「他們沒有開悟」。

若是聽人明講密意，也不可能轉依成功，一定要繼續觀行確定是如來藏以後，才會轉依成功的，那時才能稱爲開悟。眞實開悟了，自然會知道老母娘根本就沒有開悟，仍是凡夫，解脫及法界實相的智慧證量都不如你，那你當然要歸依佛教三寶，怎會再繼續認定老母娘是開悟的聖人呢？若是繼續認定她是悟者，那就表示你一定悟錯了！悟後歸依三寶，是因爲三寶會帶領著你繼續往成佛之道前進，而老母娘是絕對沒有這個智慧的，因爲她的智慧已經不如你了！要悟得眞實，還要轉依成功，才算是悟者的淨化三歸。

三歸要如何才能得清淨？三歸有許多種，在《眞假開悟》書末也講到歸依三寶。什麼叫作歸依？是表相的歸依呢？還是眞實義的歸依？這就有很大的差別。同理，三歸依是否清淨？牽涉到是否眞正開悟的身分問題。其實般若的開悟並不是以知道密意答案作爲開悟，若是知道密意而沒有轉依成功，仍不能稱爲開悟；所以這兩、三年來每次禪三都有人已經先知道答案，就自信滿滿的等著被印證，沒想到一進小參室就被打出來，因爲知道答案而沒有觀行過程的深細了知，就無法轉依成功，我見是斷不了的，永遠都會停在意識心離念靈知的我上面。沒有轉依成功就不能轉變意識心自己，也不能轉變意根末那識的自己，所以意識與意根都不能轉依如來藏的清淨性、涅槃性、無我性，還是會處處以意識心、末那心的立場來觀待佛法，來看待五蘊十八界而認爲眞實；這樣一來，進到小參室小考大考當然考不過。如果知道密意以後有作深入觀行而確定下來了，就能考過去；出了小參室就和進去時大不相同，就表示轉依已經成功了。

這就是說，意識心是有諂曲的，可是如來藏是無我性的，從來沒有五蘊我、十八界我的諂曲體性，所以都是直心的，都是直來直往的。如果有轉依成功，做事、說話、弘法時都不會憑著私心來做，都會以直心來做。現在外面有些外道團體，在過去三、四年間派人混進同修會來盜法，雖然還沒有去參加禪三，但是因為有少數親教師（編案：已經離開了）上課時不斷的耍機鋒，所以他有些知道密意了，但因為緣不成熟而不被錄取禪三共修，無法被我勘驗或印證，智慧不開，當然沒有轉依成功，他就說：**「如來藏法不是只有你們佛教有，我們也有！」**縱使是真悟了，仍然沒有轉依成功；若轉依有成功時，一定不會再說這種話。譬如他們外道有如來藏法的話，就應該舉證出來：**他們的羅祖或老母娘、或老子等神的開示中，曾說到如來藏諸法，曾教導大眾親證如來藏的方法。**假使真的有悟，一定會留下開示記錄，幾百年來也應該有一貫道或道教祖師開示出來，應該舉證出來。但總是舉證不出來！因為外道法中根本就沒有人證悟過，他若繼續主張老子、老母娘也是證悟者，那就表示他根本就悟錯了！當然不可能轉依成功，就表示他還落在意識心上，所以仍以外道的教法作依止。假使有人悟後仍然歸依外道的羅祖、老母娘，就顯示他一定悟錯了！因為外道羅祖、老母娘都沒有證得如來藏，只是凡夫而已。今天他們公然主張說有證如來藏，這表示他們讀了我的書，也混進同修會來盜法，由於極少數親教師的愛耍機鋒，使他們似乎知道密意了，但終究是依稀彷佛而無法轉依成功，才會仍然歸依外道天神，那當然是沒有開悟的；縱使知道答案了也沒用的，去到禪三小參室中照樣打出來，那時被我亂棍打出來時可不能怪我。

所以，眞正開悟者一定歸依佛法僧三寶，不會再歸依外道、天神，這樣才是清淨了三歸。否則縱使表面因爲我們要求歸依佛法僧三寶，所以不得不做歸依；可是來會裡探到密意後，繼續說他們外道天神或祖師也有證得如來藏，這就不是直心了！就沒有轉依成功了！這是以意識心的層面和情執，來狡辯他們也有證得如來藏，當然不可能是眞正的開悟。幾千年來，從人類有歷史以來，沒有任何一個宗教教主能證得如來藏，只有　佛世尊出現在人間以後，才傳出這個如來藏法，只有菩薩們隨　佛證得，所以外道法中一切人、一切天都沒有眞悟者。眞正開悟而轉依成功的人，絕不會扭曲事實而說；若轉依不能成功，就不是眞正的開悟，因爲他的智慧還無法生起：沒有智慧檢查外道天神有沒有證悟如來藏。連世間法粗淺的智慧都沒有！因爲宗教界會要求他舉證：老母娘、羅祖證悟的證據。但是他一定舉證不出來，因為老母娘及羅祖都沒有證得如來藏，都是凡夫，連我見都沒有斷。今天既然說他們的教主老子或羅祖有證悟，那就應該要舉證他們有悟的證據出來，但是都無法舉證；那個人假使真的找到如來藏了，那就是盜法成功！盜法之所以會成功正是因為我們有親教師（過去的親教師）愛耍寶，常常在上課時使機鋒，所以把般若密意洩漏了！（編案：後來證明仍未洩露與外道盜法者）

我們藉由禪三來過濾盜法者，同時把開悟者的見地整理通達而不會被退轉；但是有人不遵守親教師規則，就會產生後遺症。他們有時會威脅我們：**「你再否定我們，我就要把密意公佈！」**但是我們並不怕他們公佈，因為公佈了也只是個答案，他們的智慧仍然出不來，沒有受用，轉依不成功，終究不是他們自己的。而公佈密意是虧損如來、虧損法事，是無間地獄罪，不管他們信不信佛法，這因果都逃不掉。即使找耶和華、老母娘來幫忙也沒用，因為祂們都只是欲界天神而已，連三明六通的大阿羅漢都幫不了，何況祂們仍只是欲界境界中的凡夫而已。所以他們的神都無法幫助他們解除虧損如來的重罪。所以這些外道們，不管是一貫道、多神教、天主教，他們連解脫的斷我見都無法親證，更別說般若的證悟；至於解脫之道的密意，也是一直到我們《邪見與佛法》寫出來之後，他們才懂得什麼叫解脫之道，但是他們的我見還是斷不了；因爲沒有觀行的過程，所以我見斷不了！知道意識心虛妄，卻還要在下意識中繼續執取離念靈知作爲眞實常住的不壞我，這表示他們縱使已經知道了解脫原理及解脫的境界，卻仍然無法證得解脫，只是知道而有解脫的常識罷了。

解脫尚不能證，何況是般若的實證？所以解脫道的二乘菩提，以及佛菩提的成佛之道，都只有佛教之中才有，一切外道都沒有；如果有外道主張他們的祖師或創教的神有開悟，就應該舉證文獻來證明。猶如中國禪宗有許多公案記錄下來，都可以證明；如果盜法成功而妄自編造一部資料出來，一定會被破斥；因爲那是現代才編造出來的，在古時文獻中根本查證不到。這就是說，三歸之後應當要清淨它，叫作清淨三歸；如果空有表面的三歸，無法加以清淨，不能直心行事，就是三歸不清淨。

至於三歸不清淨又有一個狀況，譬如我們常常講到要救護眾生：開悟後是七住位，見性時是十住位；接著還要修十行，修種種行的目的就是要發起菩薩性，所以十行位就是性種性位；性種性位的修行就是具足建立自己菩薩性的種性，藉由十行位的修行來把菩薩性全部激發出來；菩薩性激發出來之後，初迴向位的修行就能成功。初迴向位一定要破邪顯正，否則無法救護一切眾生離開眾生相；可是破邪顯正一定要當惡人，不是幹壞事，而是擔當大家所討厭的任務，作大家討厭的人！破邪顯正的目的就是要救護一切眾生離開眾生相。

眾生難度，都是由於我見難斷的緣故。你一天到晚宣說如來藏離見聞覺知、如來藏不思量、如來藏不作主、如來藏無我性、涅槃性的正見；可是你講了老半天，眾生也無法得入啊！因爲眾生死不掉我見，總認爲離念靈知就是如來藏，跟你講的實相心完全一樣；其實完全不同，所以我們必須把外道見所墮的離念靈知虛妄體性講清楚：祂爲什麼跟如來藏完全不同？把道理講出來。可是正確的道理講出來時，邪法就被你破了！正法就被你彰顯了。能這樣做，做得成功，初迴向位就圓滿成就了。假使證悟後，上師在摧邪顯正、救護眾生，他卻在後面扯後腿，這表示他心裡面有顧慮：「那些悟錯的大師跟我有交情，是我歸依過的師父！」有交情或是親戚關係，就託人來請求蕭老師不要破邪顯正，這種人就是我見還沒有斷，表示他對如來藏的清淨性、無我性沒有轉依成功，那他的開悟就是假的，就是退轉了！也表示他的菩薩性還沒有發起，初行位的功德還沒有圓成，所以對菩薩初迴向位應做的工作無法認同，當然就會對我扯後腿。這就表示他的開悟只是個空殼子：「知道答案，但是沒有轉依成功。」這種人說他歸依三寶了，但是他的三歸依是不清淨的。

我們應該瞭解事實，要設法把三歸依淨化，所以 佛特別講〈淨三歸品〉，原因就在這裡。只是沒有很明白的說要轉依，所以我們特地再補充說明：證悟之後應當轉依如來藏的體性，依祂的涅槃性、無我性而安住，心地就直了，道業的增進就會非常快速。所以淨三歸最重要的部分：在沒有證悟之前是不歸依外道天神，不認爲外道有法能讓人證悟；對證悟的人講淨三歸，就是轉依如來藏的無我性、中道性、涅槃性，要轉依成功了才叫作眞正的開悟；如果沒有轉依成功，表示他的開悟只是知解上的表相，沒有實質。所以淨三歸品的精神請大家要特別注意。

〈八戒齋品〉第二十一

【善生言：「世尊！若有人能受三歸齋戒，是人當得何等果報？」「善男子！若人能受三歸依者，當知是人，所得福報不可窮盡。善男子！迦陵伽國有『七寶』藏，名賓伽羅；其國人民大小男女，於七日中，七月、七年，常以車乘象馬駝驢擔負持去，猶不能盡；若有至心受三歸齋，是人所得功德果報，出勝彼藏所有寶物。善男子！毘提呵國有『七寶』藏，名半陸迦，其國人民男女大小，於七日中，七月、七年，常以車乘象馬駝驢擔負持去，猶不能盡；若有至心受三歸齋，是人所得功德果報，出勝彼藏所有寶物。善男子！波羅奈國有『七寶』藏名曰蠰佉，其國人民男女大小，於七日中，七月、七年，常以車乘象馬駝驢擔負持去，亦不能盡；若有至心受三歸齋，是人所得功德果報，出勝彼藏所有寶物。善男子！乾陀羅國有『七寶』藏，名伊羅鉢多，其國人民男女大小，於七日中，七月、七年，常以車乘象馬駝驢擔負持去，亦不能盡；若有至心受三歸齋，是人所得功德果報，勝出彼藏所有寶物。」】

講記　善生菩薩為我們請問：「世尊！如果有人能受三歸齋的戒

法，未來將會得到什麼樣的果報？」佛開示說：「善男子啊！如果有人能夠受三歸依，應知他所得的福報不可窮盡啊！」佛又舉例說：「迦陵伽國有七寶的寶藏，這寶藏的地點名稱叫作賓伽羅，迦陵伽國人民不管大小男女，有人七天之中以車子或象馬駝驢來挑擔回去，有人七個月之中每天這樣來搬取，有人七年之中每天這樣搬取，仍然無窮無盡，顯然這個七寶之藏它寶物非常多，但如果有個人以至誠心受三歸依及八戒齋，他所得到的功德果報，超過、勝過那個七寶之藏所有的寶物啊！」所以三歸齋功德很大。佛又譬喻說：「毘提呵國也有這種七寶之藏叫作半陸迦，他們的人民男女大小，一樣的或者七日中，或者七月中，或者七年中，每天用車乘象馬駝驢來擔負持去，還是不能把它取盡；如果有人至心受三歸齋，他未來所將得到的功德和果報，超出而且勝過半陸迦七寶之藏的所有實物。」又譬喻說：「波羅奈國有七寶之藏名爲蠰佉，波羅奈國的人民男女大小同樣是七日中或者七月中，或者七年中，每天用象馬駝驢把它取回去，還是取不完；如果有人至心受三歸依和八戒齋，他所得的功德果報超過蠰佉七寶之藏的所有實物。」又譬喻說：「乾陀羅國也有七寶之藏叫作伊羅缽多，這個國家的人民男女大小於七日中、七月中、七年中，每天以車乘駝驢擔負持去，也不能取完；如果有人至心受三歸依並且持八戒齋，他所得的功德果報，勝過、超出伊羅缽多寶藏的所有寶物。」

【「善男子！若有從他三受三歸、三受八戒，是名得具一日一夜優婆塞齋；明相出時，是時則失，是故不得佛像邊受，要當從人；根本清淨，受已清淨，莊嚴清淨，覺觀清淨，念心清淨，求報清淨，是名三歸清淨齋法。善男子！若能如是清淨歸依、受八戒者，除五逆罪，餘一切罪悉皆消滅。如是戒者，不得一時二人並受，何以故？若一時中二人共受，何因緣故一人毀犯、一人堅持？是戒力故，後世生時，不能造惡；受已作罪，復不永失。若先遣信欲刑戮人，信遲未至，其人尋後發心受齋；當受齋時，信至即殺，雖復一時，以戒力故不得殺罪。若諸貴人，常敕作惡，若欲受齋，先當敕語遮先諸惡，乃得成就；若先不遮，輒便受齋者，不名得齋。欲受齋者，先當宣令所屬國境：我欲受齋，凡是齋日，悉斷諸惡罰戮之事。若能如是清淨受持八戒齋者，是人則得無量果報，至無上樂。彌勒出時百年受齋，不如我世一日一夜，何以故？我時衆生具五濁故，是故我爲鹿子母說：善女！若娑羅樹能受八齋，是亦得受人天之樂至無上樂。善男子！是八戒齋即是莊嚴無上菩提之瓔珞也。如是齋者，既是易作而能獲得無量功德；若有易作而不作者，是名放逸。善男子！菩薩二種：一者在家、二者出家。出家菩薩能教衆生淨八戒齋，是不爲難；在家菩薩教他清淨，是乃爲難，何以故？在家之人多惡因緣所纏繞故。」

講記　佛說：如果有人從別人那裡去三受三歸依，並且三受八戒，就稱爲一日一夜的優婆塞齋。這個優婆塞齋到了明天早上明相出來時，也就是太陽即將出來、天開始亮時，這個八戒齋才算結束，所以八戒齋不可以從佛像邊求受，必須要從僧人邊求受。受八戒齋一定要三稱三歸：「我今日歸依佛、歸依法、歸依僧，盡形壽不歸依一切外道天、人。」僧前講三遍之後再自說八戒：「我從現在起，一日一夜受八關戒齋。」內容是不殺、不盜……不坐臥高廣大床乃至不非時食，也要講三遍，這樣才算具足八關戒齋法。有人自作聰明：「受八關戒齋啊！還要到寺院裡面找師父受才能持，還眞麻煩！我不如自己在佛像前胡跪叉手、三稱三歸、三稱八戒齋，那不就得了？」但是這樣不成就八戒齋法，因爲佛說：「不得佛像邊受，要當從人。」所以必須在僧前如法受持，而且持八關戒齋之前要先三歸，三歸後自稱持八戒齋。

一日受持八關戒齋的目的是爲未來世或今世的出家種下因緣。有人說：「那又何必？你蕭老師不是現在家相嗎？過去世出家，現在又不出家了，那我們何必要出家？」其實不然！每一個人都要先經過出家的過程，三賢位中以出家身修行比較容易，因爲在家修是很難修的。怎麼說呢？在家修就是惡因緣多嘛！出家是爲了將來十地的修行作準備，所以悟後如果能出家是最好的，修行大多是在順境中，除非自己性障眞的很重：貪瞋特重。將來如果要回歸在家身相，要過將近一大無量數劫再來回歸，開始讓眾生磨，讓眾生誹謗，你去習慣它，這叫作除習氣種子。可是在初地之前，你最好是以出家身去修行，遮障會比較少。這當然不是指現在佛教界的情況，因爲現在佛教界的情況，出家求悟眞的很困難，各道場都會限制你：「**你只能修師父教你的法，別的統統不許學，更不許去外面受學。**」所以現在很多法師私下想要學我們的法，但都不能成功，因為在道場中會被排擠，最後只好出來外面租個房子自己住，成立一個精舍，才能方便來學。如果還在道場中而能來學，那就只有兩個原因：第一、你是那個道場很重要的人物，他們不敢招惹你，或是必須仰賴你；第二、你已得到住持和尚的同意。只有這兩個辦法，不然出家了反而難學妙法。

但一般而言，在三賢位中的修行是以出家身來修比較容易，遮障少很多的緣故；因此應該為此世或來世的出家而受持八戒齋，為自己三賢位的迅速修道完成作準備，但是得要先正確的開悟了再出家。這一世若不能出家，結婚了，有義務在身時，我就不鼓勵你們出家了！這要看因緣，總不能說太太娶來、孩子生了，然後丟給人家去辛苦一輩子，你就把這個責任給卸了，只顧自己輕鬆的出家。也不能嫁了以後，孩子生了丟給丈夫，然後就把他丟了，自己就出家了。要到一個階段，把你的任務完成了：孩子扶養長大了，成家立業了，父母也安排好了，對方同意了，那我就鼓勵你出家。悟後出家是三賢位中迅速修完道業的非常好的方法，所以我們過去世就這樣一世一世出家，所以我們往世走得快，原因也在這裡，三賢位以後則以在家身來讓眾生磨掉你的習氣種子爲佳。

還有一種人很會投機取巧，他受了八關戒齋以後，自己亂施設：「**我早上去寺院師父那邊受八關戒齋，回到家已經過了晚上十一點了，晚上十一點就交子時了，就算是明天了！所以晚上十一點鐘過了就可以吃飯了，也可以觀賞電視歌舞啦！**」我告訴你：你破戒了！因爲 佛所說的八關戒齋是要一日一夜受，不能掐指頭算時辰的！一定要到明天早上明相出時——因爲今天去寺院受八關戒齋是明相出時去的——當然要到明天早上明相出時才能結齋啊！既持八關戒齋就要持到第二天早上，到明相出來時，雖然還沒有看到太陽，但天已經亮了，那時八關戒齋才算完成。所以一定要十二個時辰、二十四小時來持齋。

八關戒齋必須從人受，不許從佛像邊受，如果能這樣受持，就叫作根本清淨。「根本清淨」的根本，就是從心來說的，是以意識、末那接受八關戒齋；受了戒齋而心中沒有偏差，正確的受持，就是根本清淨。

如果心中投機取巧說：「我今天明相出時，要去師父那邊受齋，趁著還沒有去受，先多吃一點。」這叫作根本不清淨，心沒有清淨就叫做根本不淨。根本不淨時，八關戒齋功德就很微小，所以根本清淨很重要。後面還會再講到根本，心受持戒齋了就是根本清淨，就是受已；受已，行為也要清淨，行為如果清淨就叫作受已清淨；不能只有根本清淨——發心清淨；若是身口沒有持好，就是受已不淨。所以持八關戒齋那一天都不要看電視、聽音樂、跳舞、欣賞，五戒也受持清淨，那一天之中也不要戴手鍊、項鍊、擦口紅、畫眉，要很樸素。如果有人以前瘦時戴了玉手環，現在胖了拿不掉，就用手巾包紮不現，只能這樣開緣受持了！不必因此就把它敲碎。這是不華鬘著身。另外是：不坐臥高廣大床。這個諸位不會犯，因為台灣沒有高廣大床。國王的高廣大床是房子牆壁挖一個大洞將近一丈高，人上不去的，要坐著象，從象背走上去坐。將來如果有機會去朝聖時，在阿格拉堡內就有一個高廣大床，到時候諸位再去看。台灣沒有高廣大床，如果要講中國，只有皇帝的金鑾殿，把龍椅放在一個很高的壇台上，那就叫作高廣大床。如果皇帝受八關戒齋，他這一天也不許上去坐，否則也是犯戒。

受了八關戒齋以後，不但要受持清淨，還要莊嚴清淨，就是四威儀要注意：走路不要蹦蹦跳跳的，坐下來時也不可歪坐斜躺，那安住下來時就念佛憶佛，不然就研討佛法，不要攀緣打電話聊天。晚上回到家睡覺時，男眾可別因爲天熱就光著上身睡覺，否則就是你的莊嚴不清淨了。行住坐臥莊嚴清淨了，覺觀也要清淨，可別出門時眼光瞟見哪個女眾漂亮就一直盯著看；女眾也一樣，走過珠寶店時不要看見櫥窗珠寶很漂亮就停下來欣賞一會兒，那也是覺觀不清淨。受戒時根本清淨——心意清淨了——可是這時覺觀不清淨了，八關戒齋的功德就被消減了。還要念心清淨，時時刻刻記著今天受持八關戒齋，要用心在佛法上面啦！用心在護法上面。還要注意求報清淨：要追求受八關戒齋將來所得的果報清淨。有人問說：「八關戒齋的果報難道還有不清淨的嗎？」我說有！因爲他持齋的目的是求人天善法，求生天享福。因爲持八關戒齋的功德大，他想：「我以此功德迴向往生欲界天享福，五百天女服侍我，每一位天女還有七位女侍奉侍他們，想想看，我手下有多少天女？」這就是求報不清淨！持八關戒齋求這個果報一定可以得到，但這不該是菩薩所求的果報，應當把它迴向「佛菩提的證量次第增上，迅速成佛，早日廣利有緣眾生」，這才是求報清淨。

如果從根本清淨、受已清淨……，一直到求報清淨都具足了，就叫作三歸的清淨齋法，不只是淨三歸，也淨八戒齋。佛說這樣清淨三歸和八戒齋有大功德：「善男子啊！如果能清淨三歸依，而且受八戒齋清淨，除了五逆罪以外，其他一切罪都可以消滅！」所以八戒齋的功德眞大，這表示 佛不捨一切眾生，做很多惡事的人也攝受了，只要他持八戒齋清淨；但是有一種人不接受，就是犯了五逆罪，犯了五逆罪者持八戒齋清淨，仍不能免除五逆重罪。因爲五逆是性罪，性罪、戒罪與遮止之罪不同。五逆罪諸位都知道：殺父、殺母、殺阿羅漢、破和合僧、出佛身血，這五罪是三界中最重之罪，所以不因清淨的八戒齋就免罪。

父母劬勞將養，是世間最大的恩德，竟然還可以把他們殺害，當然是世間最重之罪。殺阿羅漢！阿羅漢是色界四天天主、欲界六天天主，都應當供養的聖人，竟然也能起心殺害，當然是世間的最重罪了。出佛身血當然更重了，因爲諸佛是人天應供的阿羅漢的師父，功德巍巍，怎能傷害？破和合僧是把一個本來和合的僧團加以挑撥，就造成分裂，這也是無間地獄罪；在凡夫僧團中破和合僧就已經是地獄罪了，如果是勝義僧團，罪就更重。除了這五種罪以外，其餘的一切罪，由於持八關戒齋而具足六種清淨的緣故，都可以全部消滅。

八關戒齋不可以一時之中二人並受，譬如你去受八關戒齋，一定是爲你自己受，不許代別人受：「師父啊！我家同修今天沒空來，請您爲我授八關戒齋時，順便幫她傳受，讓她在家中受持。」或者想要讓親人在不知情中得到戒法，這都不可行！得要到場自受，不能一時二人並受。八關戒齋的戒體不能一時中兩人共受，譬如傳授八關戒齋時，如果一次一百個人，那是每一個人各有各的八關戒齋齋體，不是一百個人共有一個齋體，也不是二人共有一個齋體，所以一定是各人受、各人持。如果同一時間一起來受八關戒齋，是共同得到戒齋法體的話，就不應該有一個人毀犯了八關戒齋，另一個人卻堅持八關戒齋不犯，所以不可能一時二人或者多人共受一個戒齋，而是各人受各人的齋法。

八關戒齋有一個功德，這叫做無作戒，由於八關戒齋力量的關係（因爲已經熏習到種子裡面去了），所以到後世出生了以後，自然就不能造惡。在這一世每逢白月、黑月的第八天及最後兩天都受八關戒齋，未來世即使不受八關戒齋、不受五戒，也不會犯五戒，後世生時自然而然不能造惡。譬如有人邀請他：「**我們共同去殺一個人，可以得到幾百萬元。**」他也絕對不賺這種錢。如果受了八關戒齋而不小心犯了戒罪了，但是這個戒的力量也不會永遠失去；只要懂得懺悔，戒力就不會失去。如果有人當國王，受八戒齋的前一天派遣使人去遠地傳遞訊息，要把某一個犯人處決；這個訊息要第二天才會傳到，但是國王今天早上受八關戒齋了，他發心受齋的時間剛好是傳遞處決訊息到達的時間，正是處決犯人的時間；雖然是同一個時間，他正受八關戒齋時，他派出去傳遞處決犯人的差使剛好到達而斬決了，雖然是同一個時間，但國王仍然不算違犯殺戒，仍無殺罪，只是八戒齋法不清淨而已。因爲他做的行爲是昨天的事情，也是國事，而殺心是昨天的事，所以今天受八戒齋時仍然是根本清淨的。但是仍然有莊嚴不淨的問題存在，所以 佛就交代：爲了避免這種情況，貴人、有勢力的人、有生殺予奪大權的人，他們常敕作惡——常常要處決或刑戮犯人——他們如果想要受齋時，必須先告誡屬下們：「一切惡事及處決惡劣眾生等事，在我持八關戒齋那一天全部暫停。」八關戒齋才算具足成就清淨。

如果你在法院當推事、庭長，或者當檢察官起訴惡人，受持八關戒齋那天就不要判決或處刑，過了八關戒齋那天再宣判或處決，這樣八關戒齋就清淨了，這就是貴人應注意的地方。如果先不遮除：沒有先告誡遮制就受齋，「不得名齋」，他的八關戒齋功德就不能成就。如果能清淨的受持八關戒齋，他未來世中可以得到無量果報；雖然判刑還是要判，處決還是要依國法處決，但是只要避開八戒齋日，一定可以得到無量果報乃至得無上樂：解脫之樂及成佛之樂。所以持戒齋時得要如法。

佛又交代說：在五濁惡世受八關戒齋極為殊勝。所以說：「彌勒菩薩出現在人間成佛時，在整整一百年中，每天受持八關戒齋，不如我釋迦牟尼佛的時代一天一夜受持八關戒齋。為什麼這樣呢？因為我釋迦牟尼佛出現在人間時的眾生具足五濁的緣故，所以持八戒齋的功德很大。」

當 彌勒菩薩來人間成佛時，人壽八萬四千歲；一個人若能活到八萬四千歲，心性都已經很好了，各種教訓都學到了！能生在那時也都是心性善良的人，否則就無緣生在那時了！既然人壽都八萬四千歲了，就表示每一個人都是好人，那你持八戒齋能利益了誰呢？沒有什麼人得到你的利益啊！因爲大家都很誠實，都不互相欺騙，也都不做惡事，都沒有人覺得恐懼，那你持八關戒齋又利益了誰呢？能被你利益的人實在太少太少了。但我們這個年代是五濁惡世：見濁、眾生濁、命濁、劫濁、煩惱濁。在五濁惡世中，人壽大約不超過百歲，學到的教訓都不夠多，也因爲福德較薄才生在此時，因此不是每個人都是好人，多多少少都會幹一點小惡事，乃至有人專幹大惡事。一般人則常常是爾虞我詐、細心提防惡人；正因五濁惡世人們心性不善良，所以在這年代一日一夜持八關戒齋，是對每一個人都有利益的：大眾知道這一整天中他絕對不會害人，也不會騙人，因此這一夜一日的八關戒齋利益眾生很大，所以超過未來彌勒尊佛時代百年之中日日受齋。

「由於這個緣故，所以我釋迦牟尼佛爲鹿子母說：『善女人啊！假使娑羅樹也能受八戒齋的話，它一樣可以得人天之樂乃至無上樂，何況是有情受持八戒齋法呢！」意思就是說：八戒齋法是莊嚴無上菩提的瓔珞。《菩薩瓔珞經》及《菩薩瓔珞本業經》都說菩薩瓔珞莊嚴就是戒定慧三學的證量，以三學莊嚴作爲瓔珞；所以菩薩胸佩瓔珞不是戴著好看的，其實它的實質意義是指三學莊嚴啊！你們看那些大菩薩們，頭戴天冠、身穿寶衣、胸配瓔珞，何等莊嚴！觀世音菩薩不但如此，乃至一舉足、一下足，都莊嚴的不得了，你們請《觀經》讀讀看就知道了。這一些莊嚴是從哪裡來的？都是從戒定慧三學的證量上得來的，所以戒定慧三學當然函蓋了八戒齋啊！這些都是無上菩提的莊嚴，都是未來成佛時的瓔珞啦！

像這樣的清淨八戒齋，一日一夜清淨受持，既是容易做得到的事情，而又容易獲得無量的功德，如果有這種容易做的功德而不願意去做，那個人就叫做放逸！所以如果無法在財施上面修持福德，也沒有很多時間每日做義工的話，可以考慮八戒齋，每月六日乃至少到一日持八戒齋，白天在佛寺中做義工持齋；這是修集福德與功德的好方法，因爲持五戒就可以保住人身了！行十善就可以生欲界六天，如果加上八戒齋而在佛寺中爲三寶、爲眾生做事，福德與功德當然更具足啊！然後再以這個大福德迴向世世受生於人間有佛法處，那不是更好嗎？未來世菩薩道的資糧不是更具足了嗎？有這一種易做而不做的人，當然是放逸了！

佛又開示說：「善男子啊！菩薩有兩種：一者在家、二者出家。出家菩薩能教眾生清淨八戒齋，並不困難；但是在家菩薩教導別人清淨八戒齋，可就不容易了！因爲在家之人有許多惡因緣所纏繞的緣故。」接下來進入卷六，〈五戒品〉第二十二：（詳後第七輯中續解）

佛教正覺同修會〈修學佛道次第表〉

第一階段

* ＊以憶佛及拜佛方式修習動中定力。
* ＊學第一義佛法及禪法知見。
* ＊無相拜佛功夫成就。
* ＊具備一念相續功夫—動靜中皆能看話頭。
* ＊努力培植福德資糧，勤修三福淨業。

第二階段

* ＊參話頭，參公案。
* ＊開悟明心，一片悟境。
* ＊鍛鍊功夫求見佛性。
* ＊眼見佛性〈餘五根亦如是〉親見世界如幻，成就如幻觀。
* ＊學習禪門差別智。
* ＊深入第一義經典。
* ＊修除性障及隨分修學禪定。
* ＊修證十行位陽焰觀。

第三階段

* ＊學一切種智真實正理—楞伽經、解深密經、成唯識論…。
* ＊參究末後句。
* ＊解悟末後句。
* ＊透牢關—親自體驗所悟末後句境界，親見實相，無得無失。
* ＊救護一切眾生迴向正道。護持了義正法，修證十迴向位如夢觀。
* ＊發十無盡願，修習百法明門，親證猶如鏡像現觀。
* ＊修除五蓋，發起禪定。持一切善法戒。親證猶如光影現觀。
* ＊進修四禪八定、四無量心、五神通。進修大乘種智，求證猶如谷響現觀。

佛菩提二主要道次第概要表——二道並修，以外無別佛法

佛菩提道——大菩提道

遠波羅蜜多

資糧位

十信位修集信心——一劫乃至一萬劫

初住位修集布施功德（以財施爲主）。

二住位修集持戒功德。

三住位修集忍辱功德。

四住位修集精進功德。

五住位修集禪定功德。

六住位修集般若功德（熏習般若中觀及斷我見，加行位也）。

外門廣修六度萬行

見道位

七住位明心般若正觀現前，親證本來自性清淨涅槃。

八住位起於一切法現觀般若中道。漸除性障。

十住位眼見佛性，世界如幻觀成就。

一至十行位，於廣行六度萬行中，依般若中道慧，現觀陰處界猶如陽焰，至第十行滿心位，陽焰觀成就。

一至十迴向位熏習一切種智；修除性障，唯留最後一分思惑不斷。第十迴向滿心位成就菩薩道如夢觀。

內門廣修六度萬行

初地：第十迴向位滿心時，成就道種智一分（八識心王一一親證後，領受五法、三自性、七種第一義、七種性自性、二種無我法）復由勇發十無盡願，成通達位菩薩。復又永伏性障而不具斷，能證慧解脫而不取證，由大願故留惑潤生。此地主修法施波羅蜜多及百法明門。證「猶如鏡像」現觀，故滿初地心。

二地：初地功德滿足以後，再成就道種智一分而入二地；主修戒波羅蜜多及一切種智。滿心位成就「猶如光影」現觀，戒行自然清淨。

解脫道：二乘菩提

斷三縛結，成初果解脫 → 薄貪瞋癡，成二果解脫 → 斷五下分結，成三果解脫

入地前的四加行令煩惱障現行悉斷，成四果解脫，留惑潤生。分段生死已斷，煩惱障習氣種子開始斷除，兼斷無始無明上煩惱。

近波羅蜜多 ／ 修道位

三地：二地滿心再證道種智一分，故入三地。此地主修忍波羅蜜多及四禪八定、四無量心、五神通。能成就俱解脫果而不取證，留惑潤生。滿心位成就「猶如谷響」現觀及無漏妙定意生身。

四地：由三地再證道種智一分故入四地。主修精進波羅蜜多，於此土及他方世界廣度有緣，無有疲倦。進修一切種智，滿心位成就「如水中月」現觀。

五地：由四地再證道種智一分故入五地。主修禪定波羅蜜多及一切種智，斷除下乘涅槃貪。滿心位成就「變化所成」現觀。

六地：由五地再證道種智一分故入六地。此地主修般若波羅蜜多——依道種智現觀十二因緣一一有支及意生身化身，皆自心眞如變化所現，「非有似有」，成就細相觀，不由加行而自然證得滅盡定，成俱解脫大乘無學。

七地：由六地「非有似有」現觀，再證道種智一分故入七地。此地主修一切種智及方便波羅蜜多，由重觀十二有支一一支中之流轉門及還滅門一切細相，成就方便善巧，念念隨入滅盡定。滿心位證得「如犍闥婆城」現觀。

→ 七地滿心斷除故意保留之最後一分思惑時，煩惱障所攝色、受、想三陰有漏習氣種子全部斷盡。

大波羅蜜多

八地：由七地極細相觀成就故再證道種智一分而入八地。此地主修一切種智及願波羅蜜多。至滿心位純無相觀任運恆起，故於相土自在，滿心位復證「如實覺知諸法相意生身」故。

九地：由八地再證道種智一分故入九地。主修力波羅蜜多及一切種智，成就四無礙，滿心位證得「種類俱生無行作意生身」。

十地：由九地再證道種智一分故入此地。此地主修一切種智——智波羅蜜多。滿心位起大法智雲，及現起大法智雲所含藏種種功德，成受職菩薩。

等覺：由十地道種智成就故入此地。此地應修一切種智，圓滿等覺地無生法忍；於百劫中修集極廣大福德，以之圓滿三十二大人相及無量隨形好。

煩惱障所攝行、識二陰無漏習氣種子任運漸斷，所知障所攝上煩惱任運漸斷。

圓滿波羅蜜多 ／ 究竟位

妙覺：示現受生人間已斷盡煩惱障一切習氣種子，並斷盡所知障一切隨眠，永斷變易生死無明，成就大般涅槃，四智圓明。人間捨壽後，報身常住色究竟天利樂十方地上菩薩；以諸化身利樂有情，永無盡期，成就究竟佛道。

→ 斷盡變易生死
成就大般涅槃

圓滿成就究竟佛果

佛子蕭平實 謹製
（二〇〇九、〇二 修訂）
（二〇一二、〇二 增補）

佛教正覺同修會 共修現況 及 招生公告 2022/10/14

一、共修現況：（請在共修時間來電，以免無人接聽。）

台北正覺講堂 103 台北市承德路三段 277 號九樓 捷運淡水線圓山站旁 Tel..**總機** 02-25957295（晚上）（**分機：九樓**辦公室 10、11；知客櫃檯 12、13。 **十樓**知客櫃檯 15、16；書局櫃檯 14。 **五樓**辦公室 18；知客櫃檯 19。**二樓**辦公室 20；知客櫃檯 21。） Fax..25954493

第一講堂 台北市承德路三段 277 號九樓

禪淨班：週一晚班、週三晚班、週四晚班、週五晚班、週六下午班、週六上午班（共修期間二年半，全程免費。皆須報名建立學籍後始可參加共修，欲報名者詳見本公告末頁。）

增上班：成唯識論釋：單週六晚班。雙週六晚班（重播班）。17.50～20.50。平實導師講解，2022 年 2 月末開講，預定六年內講完，僅限已明心之會員參加。

禪門差別智：每月第一週日全天 平實導師主講（事冗暫停）。

解深密經詳解 本經從六度波羅蜜多談到八識心王，再詳論大乘見道所證眞如，然後論及悟後進修的相見道位所觀七眞如，以及入地後的十地所修，乃至成佛時的四智圓明一切種智境界，皆是可修可證之法，流傳至今依舊可證，顯示佛法眞是義學而非玄談，淺深次第皆所論及之第一義諦妙義。已於 2021 年三月下旬起開講，由平實導師詳解。每逢週二晚上開講，第一至第六講堂都可同時聽聞，歡迎菩薩種性學人，攜眷共同參與此殊勝法會現場聞法，不限制聽講資格。本會學員憑上課證進入第一至第四講堂聽講，會外學人請以身分證件換證進入聽講（此爲大樓管理處安全管理規定之要求，敬請諒解）；第五及第六講堂（B1、B2）對外開放，不需出示任何證件，請由大樓側門直接進入。

第二講堂 台北市承德路三段 267 號十樓。

禪淨班：週一晚班。

進階班：週三晚班、週四晚班、週五晚班、週六早班、週六下午班。禪淨班結業後轉入共修。

增上班：成唯識論釋：單週六晚班，影音同步傳播。雙週六晚班（重播班）

解深密經詳解：平實導師講解。每週二 18.50~20.50 影像音聲即時傳輸。

第三講堂 台北市承德路三段 277 號五樓。

禪淨班：週六下午班。

增上班：成唯識論釋：單週六晚班，影音同步傳播。雙週六晚班（重播班）

進階班：週一晚班、週三晚班、週四晚班、週五晚班。

解深密經詳解：平實導師講解。每週二 18.50~20.50 影像音聲即時傳輸。

第四講堂　台北市承德路三段 267 號二樓。

進階班：週一晚班、週三晚班、週四晚班（禪淨班結業後轉入共修）。

解深密經詳解：平實導師講解。每週二 18.50~20.50 影像音聲即時傳輸。

第五、第六講堂

念佛班　每週日晚上，第六講堂共修（B2），一切求生極樂世界的三寶弟子皆可參加，不限制共修資格。

進階班：週一晚班、週三晚班、週四晚班。

解深密經詳解：平實導師講解。每週二 18.50~20.50 影像音聲即時傳輸。第五、第六講堂爲**開放式講堂**，不需以身分證件換證即可進入聽講，台北市承德路三段 267 號地下一樓、地下二樓。每逢週二晚上講經時段開放給會外人士自由聽經，請由大樓側面梯階逕行進入聽講。**聽講者請尊重講者的著作權及肖像權，請勿錄音錄影，以免違法；若有錄音錄影被查獲者，將依法處理。**

第七講堂　台北市承德路三段 267 號六樓。

解深密經詳解：平實導師講解。每週二 18.50~20.50 影像音聲即時傳輸。

正覺祖師堂　大溪區美華里信義路 650 巷坑底 5 之 6 號（台 3 號省道 34 公里處 妙法寺對面斜坡道進入）電話 03-3886110　傳眞 03-3881692 本堂供奉 克勤圓悟大師，專供會員每年四月、十月各三次精進禪三共修，兼作本會出家菩薩掛單常住之用。開放參訪日期請參見本會公告。教內共修團體或道場，得另申請其餘時間作團體參訪，務請事先與常住確定日期，以便安排常住菩薩接引導覽，亦免妨礙常住菩薩之日常作息及修行。

桃園正覺講堂（第一、第二講堂）：桃園市介壽路 286、288 號 10 樓（陽明運動公園對面）電話：03-3749363（請於共修時聯繫，或與台北聯繫）

禪淨班：週一晚班（1）、週一晚班（2）、週三晚班、週四晚班、週五晚班。

進階班：週四晚班、週五晚班、週六上午班。

增上班：成唯識論釋。雙週六晚班（增上重播班）。

解深密經詳解：平實導師講解。每週二晚上，以台北正覺講堂所錄 DVD 放映；歡迎會外學人共同聽講，不需出示身分證件。

新竹正覺講堂　新竹市東光路 55 號二樓之一　電話 03-5724297（晚上）

第一講堂：

禪淨班：週五晚班。

進階班：週三晚班、週四晚班、週六上午班。由禪淨班結業後轉入共修

增上班：成唯識論釋。單週六晚班。雙週六晚班（重播班）。

解深密經詳解：平實導師講解。每週二晚上，以台北正覺講堂所錄 DVD 放映。歡迎會外學人共同聽講，不需出示身分證件。

第二講堂：

禪淨班：週一晚班、週三晚班、週四晚班、週六上午班。

解深密經詳解：每週二晚上與第一講堂同步播放講經 DVD。

第三、第四講堂：裝修完畢，已經啓用。

台中正覺講堂　04-23816090（晚上）

第一講堂　台中市南屯區五權西路二段 666 號 13 樓之四（國泰世華銀行樓上。鄰近縣市經第一高速公路前來者，由五權西路交流道可以快速到達，大樓旁有停車場，對面有素食館）。

禪淨班：週四晚班、週五晚班。

進階班：週一晚班、週三晚班、週六上午班（由禪淨班結業後轉入共修）。

增上班：成唯識論釋。單週六晚班。雙週六晚班（重播班）。

解深密經詳解：平實導師講解。每週二晚上，以台北正覺講堂所錄 DVD 放映。歡迎會外學人共同聽講，不需出示身分證件。

第二講堂　台中市南屯區五權西路二段 666 號 4 樓

禪淨班：週一晚班、週三晚班。

第三講堂台中市南屯區五權西路二段 666 號 4 樓

禪淨班：週一晚班。

第四講堂台中市南屯區五權西路二段 666 號 4 樓。

進階班：週一晚班、週四晚班、週六上午班，由禪淨班結業後轉入共修

解深密經詳解：每週二晚上與第一講堂同步播放講經 DVD。

嘉義正覺講堂　嘉義市友愛路 288 號八樓之一　電話：05-2318228

第一講堂：

禪淨班：週四晚班、週五晚班、週六上午班。

進階班：週一晚班、週三晚班（由禪淨班結業後轉入共修）。

增上班：成唯識論釋。單週六晚班。雙週六晚班（重播班）。

解深密經詳解：平實導師講解。每週二晚上，以台北正覺講堂所錄 DVD 放映。歡迎會外學人共同聽講，不需出示身分證件。

第二講堂　嘉義市友愛路 288 號八樓之二。

第三講堂　嘉義市友愛路 288 號四樓之七。

禪淨班：週一晚班、週三晚班。

台南正覺講堂

第一講堂　台南市西門路四段 15 號 4 樓。06-2820541（晚上）

禪淨班：週一晚班、週三晚班、週四晚班、週五晚班、週六下午班。

增上班：成唯識論釋。單週六晚班。雙週六晚班（重播班）。

解深密經詳解：平實導師講解。每週二晚上，以台北正覺講堂所錄 DVD 放映。歡迎會外學人共同聽講，不需出示身分證件。

第二講堂　台南市西門路四段 15 號 3 樓。

解深密經詳解：每週二晚上與第一講堂同步播放講經 DVD。

第三講堂　台南市西門路四段 15 號 3 樓。

進階班：週一晚班、週三晚班、週四晚班、週五晚班（由禪淨班結業後轉入共修）。

解深密經詳解：每週二晚上與第一講堂同步播放講經 DVD。

高雄正覺講堂　高雄市新興區中正三路 45 號五樓 07-2234248（晚上）

第一講堂（五樓）：

禪淨班：週一晚班、週三晚班、週四晚班、週五晚班、週六上午班。

增上班：**成唯識論釋**。單週六晚班。雙週六晚班（重播班）。

解深密經詳解：平實導師講解。每週二晚上，以台北正覺講堂所錄 DVD 放映。歡迎會外學人共同聽講，不需出示身分證件。

第二講堂（四樓）：

進階班：週三晚班、週四晚班、週六上午班（由禪淨班結業後轉入共修）。

解深密經詳解：每週二晚上與第一講堂同步播放講經 DVD。

第三講堂（三樓）：

進階班：週四晚班（由禪淨班結業後轉入共修）。

香港正覺講堂

香港新界葵涌打磚坪街 93 號維京科技商業中心A 座 18 樓。

電話：(852) 23262231

英文地址：18/F, Tower A, Viking Technology & Business Centre, 93 Ta Chuen Ping Street, Kwai Chung, N.T., Hong Kong.

禪淨班：雙週六下午班、雙週日下午班、單週六下午班、單週日下午班

進階班：雙週五晚上班、雙週日早上班（由禪淨班結業後轉入共修）。

增上班：每月第一週週日，以台北增上班課程錄成 DVD 放映之。

增上重播班：每月第一週週六，以台北增上班課程錄成 DVD 放映之。

大法鼓經詳解：平實導師講解。每週六、日 19:00～21:00，以台北正覺講堂所錄 DVD 放映；歡迎會外學人共同聽講，不需出示身分證件。

二、招生公告 本會台北講堂及全省各講堂、香港講堂，每逢**四月、十月**下旬開新班，每週共修一次（每次二小時。開課日起三個月內仍可插班）；各班共修期間皆爲二年半，全程免費，欲參加者請向本會函索報名表（各共修處皆於共修時間方有人執事，非共修時間請勿電詢或前來洽詢、請書），或直接從本會官方網站(http://www.enlighten.org.tw/newsflash/class)或成佛之道網站下載報名表。共修期滿時，若經報名禪三審核通過者，可參加四天三夜之禪三精進共修，有機會明心、取證如來藏，發起般若實相智慧，成爲實義菩薩，脫離凡夫菩薩位。

三、新春禮佛祈福 農曆**年假**期間停止共修：自農曆新年前七天起停止共修與弘法，正月 8 日起回復共修、弘法事務。新春期間正月初一～初七 9.00～17.00 開放台北講堂、正月初一~初三開放新竹、台中、嘉義、台南、高雄講堂，以及大溪禪三道場（正覺祖師堂），方便會員供佛、祈福及會外人士請書。

密宗四大派修雙身法，是外道性力派的邪法；又以生滅的識陰作為常住法，是常見外道，是假的藏傳佛教。

西藏覺囊巴以他空見弘揚第八識如來藏勝法，才是真藏傳佛教

佛教正覺同修會　弘法行事表　2022/04/25

1、**禪淨班**　以無相念佛及拜佛方式修習動中定力，實證一心不亂功夫。傳授解脫道正理及第一義諦佛法，以及參禪知見。共修期間：二年六個月。每逢四月、十月開新班，詳見招生公告表。

2、**進階班**　禪淨班畢業後得轉入此班，進修更深入的佛法，期能證悟明心。各地講堂各有多班，繼續深入佛法、增長定力，悟後得轉入增上班修學道種智，期能證得無生法忍。

3、**增上班 成唯識論**詳解　詳解八識心王的唯識性、唯識相、唯識位，分說八識心王及其心所各別的自性、所依、所緣、相應心所、行相、功用等，並闡述緣生諸法的四緣：因緣、等無間緣、所緣緣、增上緣等四緣，並論及十因五果等。論中闡釋**佛法實證及成就的根本法即是第八識，由第八識成就三界世間及出世間的一切染淨諸法，方有成佛之道可修、可證、可成就，名爲圓成實性**。然後詳解末法時代學人極易混淆的見道位所函蓋的眞見道、相見道、通達位等內容，指正末法時代高慢心一類學人，於見道位前後不斷所墮的同一邪謬處。末後開示修道位的十地之中，各地所應斷的二愚及所應證的一智，乃至佛位的四智圓明及具足四種涅槃等一切種智之眞實正理。由平實導師講述，每逢一、三、五週之週末晚上開示，每逢二、四週之週末爲重播班，供作後悟之菩薩補聞所未聽聞之法。增上班課程僅限已明心之會員參加。未來每逢講完十分之一內容時，便予出書流通；總共十輯，敬請期待。(註：《瑜伽師地論》從 2003 年二月開講，至 2022 年 2 月 19 日已經圓滿，爲期 18 年整。)

4、**解深密經**詳解　本經所說妙法極爲甚深難解，非唯論及佛法中心主旨的八識心王及般若實證之標的，亦論及眞見道之後轉入相見道位中應該修學之法，即是七眞如之觀行內涵，然後始可入地。亦論及見道之後，如何與解脫及佛菩提智相應，兼論十地進修之道，末論如來法身及四智圓明的一切種智境界。如是眞見道、相見道、諸地修行之義，傳至今時仍然可證，顯示佛法眞是義學而非玄談或思想，有實證之標的與內容，非學術界諸思惟研究者之所能到，乃是離言絕句之第八識第一義諦妙義。重講本經之目的，在於令諸已悟之人明解大乘佛法之成佛次第，以及悟後進修一切種智之內涵，確實證知三種自性性，並得據此證解七眞如、十眞如等正理，成就三無性的境界。已於 2021 年三月下旬起每逢週二的晚上公開宣講，由平實導師詳解。不限制聽講資格。

5、**精進禪三**　主三和尚：平實導師。於四天三夜中，以克勤圓悟大師及大慧宗杲之禪風，施設機鋒與小參、公案密意之開示，幫助會員剋期取證，親證不生不滅之眞實心——人人本有之如來藏。每年四月、十月各舉辦三個梯次；平實導師主持。僅限本會會員參加禪淨班共修期滿，報名審核通過者，方可參加。並選擇會中定力、慧力、福德三條件皆已具足之已明心會員，給以指引，令得眼見自己無形無相之佛性遍佈山河大地，眞實而無障礙，得以肉眼現觀世界身心悉皆如幻，具足成就如幻觀，圓滿十住菩薩之證境。

6、**阿含經**詳解　選擇重要之阿含部經典，依無餘涅槃之實際而加以詳解，令大眾得以現觀諸法緣起性空，亦復不墮斷滅見中，顯示經中所隱說之涅槃實際—如來藏—確實已於四阿含中隱說；令大眾得以聞後觀行，確實斷除我見乃至我執，證得**見到**眞現觀，乃至**身證**……等眞現觀；已得大乘或二乘見道者，亦可由此聞熏及聞後之觀行，除斷我所之貪著，成就慧解脫果。由平實導師詳解。不限制聽講資格。

7、**精選如來藏系經典**詳解　精選如來藏系經典一部，詳細解說，以此完全印證會員所悟如來藏之眞實，得入不退轉住。另行擇期詳細解說之，由平實導師講解。僅限已明心之會員參加。

8、**禪門差別智**　藉禪宗公案之微細淆訛難知難解之處，加以宣說及剖析，以增進明心、見性之功德，啓發差別智，建立擇法眼。每月第一週日全天，由平實導師開示，僅限破參明心後，復又眼見佛性者參加(事冗暫停)。

9、**枯木禪**　先講智者大師的《小止觀》，後說《釋禪波羅蜜》，詳解四禪八定之修證理論與實修方法，細述一般學人修定之邪見與岔路，及對禪定證境之誤會，消除枉用功夫、浪費生命之現象。已悟般若者，可以藉此而實修初禪，進入大乘通教及聲聞教的三果心解脫境界，配合應有的大福德及後得無分別智、十無盡願，即可進入初地心中。親教師：平實導師。未來緣熟時將於正覺寺開講。不限制聽講資格。

註：本會例行年假，自 2004 年起，改爲每年農曆新年前七天開始停息弘法事務及共修課程，農曆正月 8 日回復所有共修及弘法事務。新春期間（每日 9.00~17.00）開放台北講堂，方便會員禮佛祈福及會外人士請書。大溪區的正覺祖師堂，開放參訪時間，詳見〈正覺電子報〉或成佛之道網站。本表得因時節因緣需要而隨時修改之，不另作通知。

佛教正覺同修會　贈閱書籍 目錄　　2021/8/30

1.**無相念佛**　平實導師著　回郵 36 元
2.**念佛三昧修學次第**　平實導師述著　回郵 52 元
3.**正法眼藏—護法集**　平實導師述著　回郵 76 元
4.**真假開悟簡易辨正法**&**佛子之省思**　平實導師著　回郵 26 元
5.**生命實相之辨正**　平實導師著　回郵 31 元
6.**如何契入念佛法門**（附：印順法師否定極樂世界）平實導師著　回郵 26 元
7.**平實書箋**—答元覽居士書　平實導師著　回郵 52 元
8.**三乘唯識**—如來藏系經律彙編　平實導師編　回郵 80 元
（精裝本　長 27 cm　寬 21 cm　高 7.5 cm　重 2.8 公斤）
9.**三時繫念全集**—修正本　回郵掛號 52 元（長 26.5 cm×寬 19 cm）
10.**明心與初地**　平實導師述　回郵 31 元
11.**邪見與佛法**　平實導師述著　回郵 36 元
12.**甘露法雨**　平實導師述　回郵 36 元
13.**我與無我**　平實導師述　回郵 36 元
14.**學佛之心態**—修正錯誤之學佛心態始能與正法相應　孫正德老師著　回郵52元
附錄：平實導師著**《略說八、九識並存…等之過失》**
15.**大乘無我觀**—《悟前與悟後》別說　平實導師述著　回郵 36 元
16.**佛教之危機**—中國台灣地區現代佛教之真相（附錄：公案拈提六則）
平實導師著　回郵 52 元
17.**燈　影**—燈下黑（覆「求教後學」來函等）　平實導師著　回郵 76 元
18.**護法與毀法**—覆上平居士與徐恒志居士網站毀法二文
張正圜老師著　回郵 76 元
19.**淨土聖道**—兼評**選擇本願念佛**　正德老師著　**由正覺同修會購贈** 回郵 52 元
20.**辨唯識性相**—對「紫蓮心海《辯唯識性相》書中否定阿賴耶識」之回應
正覺同修會 台南共修處法義組 著　回郵 52 元
21.**假如來藏**—對法蓮法師《如來藏與阿賴耶識》書中否定阿賴耶識之回應
正覺同修會 台南共修處法義組 著　回郵 76 元
22.**入不二門**—公案拈提集錦 第一輯（於平實導師公案拈提諸書中選錄約二十則，
合輯爲一冊流通之）平實導師著　回郵 52 元
23.**真假邪說**—西藏密宗索達吉喇嘛《破除邪說論》真是邪說
釋正安法師著　上、下冊回郵各 52 元
24.**真假開悟**—真如、如來藏、阿賴耶識間之關係　平實導師述著　回郵 76 元
25.**真假禪和**—辨正釋傳聖之謗法謬說　孫正德老師著　回郵 76 元

26.**眼見佛性**——駁慧廣法師眼見佛性的含義文中謬說

游正光老師著　回郵 52 元

27.**普門自在**——公案拈提集錦 第二輯（於平實導師公案拈提諸書中選錄約二十則，合輯爲一冊流通之）平實導師著　回郵 52 元

28.**印順法師的悲哀**——以現代禪的質疑為線索　恒毓博士著　回郵 52 元

29.**識蘊真義**——現觀識蘊內涵、取證初果、親斷三縛結之具體行門。

——依《成唯識論》及《唯識述記》正義，略顯安慧《大乘廣五蘊論》之邪謬

平實導師著　回郵 76 元

30.**正覺電子報** 各期紙版本　免附回郵　每次最多函索三期或三本。

（已無存書之較早各期，不另增印贈閱）

31.**現代人應有的宗教觀**　蔡正禮老師 著　回郵 31 元

32.**遠惑趣道**——正覺電子報般若信箱問答錄　第一輯　回郵 52 元

33.**遠惑趣道**——正覺電子報般若信箱問答錄　第二輯　回郵 52 元

34.**確保您的權益**——器官捐贈應注意自我保護　游正光老師 著　回郵 31 元

35.**正覺教團電視弘法三乘菩提 DVD 光碟 (一)**

由正覺教團多位親教師共同講述錄製 DVD 8 片，MP3 一片，共 9 片。有二大講題：一爲「三乘菩提之意涵」，二爲「學佛的正知見」。內容精闢，深入淺出，精彩絕倫，幫助大眾快速建立三乘法道的正知見，免被外道邪見所誤導。有志修學三乘佛法之學人不可不看。(製作工本費 100 元，回郵 52 元)

36.**正覺教團電視弘法 DVD 專輯 (二)**

總有二大講題：一爲「三乘菩提之念佛法門」，一爲「學佛正知見(第二篇)」，由正覺教團多位親教師輪番講述，內容詳細闡述如何修學念佛法門、實證念佛三昧，以及學佛應具有的正確知見，可以幫助發願往生西方極樂淨土之學人，得以把握往生，更可令學人快速建立三乘法道的正知見，免於被外道邪見所誤導。有志修學三乘佛法之學人不可不看。(一套 17 片，工本費 160 元。回郵 76 元)

37.**喇嘛性世界**——揭開假藏傳佛教譚崔瑜伽的面紗　張善思 等人合著

由正覺同修會購贈　回郵 52 元

38.**假藏傳佛教的神話**——性、謊言、喇嘛教　張正玄教授編著

由正覺同修會購贈　回郵 52 元

39.**隨 緣**——理隨緣與事隨緣　平實導師述　回郵 52 元。

40.**學佛的覺醒**　正枝居士 著　回郵 52 元

41.**導師之真實義**　蔡正禮老師 著　回郵 31 元

42.**淺談達賴喇嘛之雙身法**——兼論解讀「密續」之達文西密碼

吳明芷居士 著　回郵 31 元

43.**魔界轉世**　張正玄居士 著　回郵 31 元

44.**一貫道與開悟**　蔡正禮老師 著　回郵 31 元

45.**博愛**——愛盡天下女人　正覺教育基金會 編印　回郵 36 元

46.**意識虛妄經教彙編**—實證解脫道的關鍵經文　正覺同修會編印　回郵36元

47.**邪箭囈語**—破斥藏密外道多識仁波切《破魔金剛箭雨論》之邪說
陸正元老師著　上、下冊回郵各52元

48.**真假沙門**—依 佛聖教闡釋佛教僧寶之定義
蔡正禮老師著　俟正覺電子報連載後結集出版

49.**真假禪宗**—藉評論釋性廣《印順導師對變質禪法之批判
及對禪宗之肯定》以顯示真假禪宗
附論一：凡夫知見 無助於佛法之信解行證
附論二：世間與出世間一切法皆從如來藏實際而生而顯
余正偉老師著　俟正覺電子報連載後結集出版　回郵未定

★ 上列贈書之郵資，係台灣本島地區郵資，大陸、港、澳地區及外國地區，請另計酌增（大陸、港、澳、國外地區之郵票不許通用）。尚未出版之書，請勿先寄來郵資，以免增加作業煩擾。

★ 本目錄若有變動，唯於後印之書籍及「成佛之道」網站上修正公佈之，不另行個別通知。

函索書籍請寄：佛教正覺同修會　103台北市承德路3段277號9樓
台灣地區函索書籍者請附寄郵票，無時間購買郵票者可以等值現金抵用，但不接受郵政劃撥、支票、匯票。大陸地區得以人民幣計算，國外地區請以美元計算（請勿寄來當地郵票，在台灣地區不能使用）。欲以掛號寄遞者，請另附掛號郵資。

親自索閱：正覺同修會各共修處。　★請於共修時間前往取書，餘時無人在道場，請勿前往索取；共修時間與地點，詳見書末正覺同修會共修現況表（以近期之共修現況表為準）。

註：正智出版社發售之局版書，請向各大書局購閱。若書局之書架上已經售出而無陳列者，請向書局櫃台指定洽購；若書局不便代購者，請於正覺同修會共修時間前往各共修處請購，正智出版社已派人於共修時間送書前往各共修處流通。 郵政劃撥購書及 大陸地區 購書，請詳別頁正智出版社發售書籍目錄最後頁之說明。

成佛之道 網站：http://www.a202.idv.tw　正覺同修會已出版之結緣書籍，多已登載於 成佛之道 網站，若住外國、或住處遙遠，不便取得正覺同修會贈閱書籍者，可以從本網站閱讀及下載。

＊＊假藏傳佛教修雙身法，非佛教＊＊

正智出版社 籌募弘法基金發售書籍目錄 2022/10/19

1.**宗門正眼**—公案拈提 第一輯 重拈 平實導師著 500 元

因重寫內容大幅度增加故，字體必須改小，並增爲 576 頁 主文 546 頁。比初版更精彩、更有內容。初版《禪門摩尼寶聚》之讀者，可寄回本公司免費調換新版書。免附回郵，亦無截止期限。（2007 年起，每冊附贈本公司精製公案拈提〈超意境〉CD 一片。市售價格 280 元，多購多贈。）

2.**禪淨圓融** 平實導師著 200 元（第一版舊書可換新版書。）

3.**真實如來藏** 平實導師著 400 元

4.**禪—悟前與悟後** 平實導師著 上、下冊，每冊 250 元

5.**宗門法眼**—公案拈提 第二輯 平實導師著 500 元

（2007 年起，每冊附贈本公司精製公案拈提〈超意境〉CD 一片）

6.**楞伽經詳解** 平實導師著 全套共 10 輯 每輯 250 元

7.**宗門道眼**—公案拈提 第三輯 平實導師著 500 元

（2007 年起，每冊附贈本公司精製公案拈提〈超意境〉CD 一片）

8.**宗門血脈**—公案拈提 第四輯 平實導師著 500 元

（2007 年起，每冊附贈本公司精製公案拈提〈超意境〉CD 一片）

9.**宗通與說通**—成佛之道 平實導師著 主文 381 頁 全書 400 頁售價 300 元

10.**宗門正道**—公案拈提 第五輯 平實導師著 500 元

（2007 年起，每冊附贈本公司精製公案拈提〈超意境〉CD 一片）

11.**狂密與真密 一～四輯** 平實導師著 西藏密宗是人間最邪淫的宗教，本質不是佛教，只是披著佛教外衣的印度教性力派流毒的喇嘛教。此書中將西藏密宗密傳之男女雙身合修樂空雙運所有祕密與修法，毫無保留完全公開，並將全部喇嘛們所不知道的部分也一併公開。內容比大辣出版社喧騰一時的《西藏慾經》更詳細。並且函蓋藏密的所有祕密及其錯誤的中觀見、如來藏見……等，藏密的所有法義都在書中詳述、分析、辨正。每輯主文三百餘頁 每輯全書約 400 頁 售價每輯 300 元

12.**宗門正義**—公案拈提 第六輯 平實導師著 500 元

（2007 年起，每冊附贈本公司精製公案拈提〈超意境〉CD 一片）

13.**心經密意**—心經與解脫道、佛菩提道、祖師公案之關係與密意 平實導師述 300 元

14.**宗門密意**—公案拈提 第七輯 平實導師著 500 元

（2007 年起，每冊附贈本公司精製公案拈提〈超意境〉CD 一片）

15.**淨土聖道**—兼評「選擇本願念佛」 正德老師著 200 元

16.**起信論講記** 平實導師述著 共六輯 每輯三百餘頁 售價各 250 元

17.**優婆塞戒經講記** 平實導師述著 共八輯 每輯三百餘頁 售價各 250 元

18.**真假活佛**—略論附佛外道盧勝彥之邪說（對前岳靈犀網站主張「盧勝彥是證悟者」之修正） 正犀居士（岳靈犀）著 流通價 140 元

19.**阿含正義**—唯識學探源 平實導師著 共七輯 每輯 300 元

20.**超意境** CD 以平實導師公案拈提書中超越意境之頌詞，加上曲風優美的旋律，錄成令人嚮往的超意境歌曲，其中包括正覺發願文及平實導師親自譜成的黃梅調歌曲一首。詞曲雋永，殊堪翫味，可供學禪者吟詠，有助於見道。內附設計精美的彩色小冊，解說每一首詞的背景本事。每片 280 元。【每購買公案拈提書籍一冊，即贈送一片。】

21.**菩薩底憂鬱** CD 將菩薩情懷及禪宗公案寫成新詞，並製作成超越意境的優美歌曲。 1.主題曲〈菩薩底憂鬱〉，描述地後菩薩能離三界生死而迴向繼續生在人間，但因尚未斷盡習氣種子而有極深沈之憂鬱，非三賢位菩薩及二乘聖者所知，此憂鬱在七地滿心位方才斷盡；本曲之詞中所說義理極深，昔來所未曾見；此曲係以優美的情歌風格寫詞及作曲，聞者得以激發嚮往諸地菩薩境界之大心，詞、曲都非常優美，難得一見；其中勝妙義理之解說，已印在附贈之彩色小冊中。 2.以各輯公案拈提中直示禪門入處之頌文，作成各種不同曲風之超意境歌曲，值得玩味、參究；聆聽公案拈提之優美歌曲時，請同時閱讀內附之印刷精美說明小冊，可以領會超越三界的證悟境界；未悟者可以因此引發求悟之意向及疑情，眞發菩提心而邁向求悟之途，乃至因此眞實悟入般若，成眞菩薩。 3.正覺總持咒新曲，總持佛法大意；總持咒之義理，已加以解說並印在隨附之小冊中。本 CD 共有十首歌曲，長達 63 分鐘。每盒各附贈二張購書優惠券。每片 320 元。

22.**禪意無限** CD 平實導師以公案拈提書中偈頌寫成不同風格曲子，與他人所寫不同風格曲子共同錄製出版，幫助參禪人進入禪門超越意識之境界。盒中附贈彩色印製的精美解說小冊，以供聆聽時閱讀，令參禪人得以發起參禪之疑情，即有機會證悟本來面目而發起實相智慧，實證大乘菩提般若，能如實證知般若經中的眞實意。本 CD 共有十首歌曲，長達 69 分鐘，每盒各附贈二張購書優惠券。每片 320 元。

23.**我的菩提路**第一輯　釋悟圓、釋善藏等人合著　售價 300 元

24.**我的菩提路**第二輯　郭正益等人合著　售價 300 元

（初版首刷至第四刷，都可以寄來免費更換為第二版，免附郵費）

25.**我的菩提路**第三輯　王美伶等人合著　售價 300 元

26.**我的菩提路**第四輯　陳晏平等人合著　售價 300 元

27.**我的菩提路**第五輯　林慈慧等人合著　售價 300 元

28.**我的菩提路**第六輯　劉惠莉等人合著　售價 300 元

29.**我的菩提路**第七輯　余正偉等人合著　售價 300 元

30.**鈍鳥與靈龜**—考證後代凡夫對大慧宗杲禪師的無根誹謗。

平實導師著 共 458 頁 售價 350 元

31.**維摩詰經講記** 平實導師述 共六輯 每輯三百餘頁 售價各 250 元

32.**真假外道**—破劉東亮、杜大威、釋證嚴常見外道見　正光老師著　200 元

33.**勝鬘經講記**—兼論印順《勝鬘經講記》對於《勝鬘經》之誤解。

平實導師述　共六輯　每輯三百餘頁　售價250元

34.**楞嚴經講記**　平實導師述　共15輯，每輯三百餘頁　售價300元

35.**明心與眼見佛性**—駁慧廣〈蕭氏「眼見佛性」與「明心」之非〉文中謬說

正光老師著　共448頁　售價300元

36.**見性與看話頭**　黃正倖老師　著，本書是禪宗參禪的方法論。

內文375頁，全書416頁，售價300元。

37.**達賴真面目**—玩盡天下女人　白正偉老師　等著　中英對照彩色精裝大本　800元

38.**喇嘛性世界**—揭開假藏傳佛教譚崔瑜伽的面紗　張善思　等人著　200元

39.**假藏傳佛教的神話**—性、謊言、喇嘛教　正玄教授編著　200元

40.**金剛經宗通**　平實導師述　共九輯　每輯售價250元。

41.**空行母**—性別、身分定位，以及藏傳佛教。

珍妮·坎貝爾著　呂艾倫　中譯　售價250元

42.**末代達賴**—性交教主的悲歌　張善思、呂艾倫、辛燕編著　售價250元

43.**霧峰無霧**—給哥哥的信　辨正釋印順對佛法的無量誤解

游宗明　老師著　售價250元

44.**霧峰無霧**—第二輯—救護佛子向正道　細說釋印順對佛法的各類誤解

游宗明　老師著　售價250元

45.**第七意識與第八意識？**—穿越時空「超意識」

平實導師述　每冊300元

46.**黯淡的達賴**—失去光彩的諾貝爾和平獎

正覺教育基金會編著　每冊250元

47.**童女迦葉考**—論呂凱文〈佛教輪迴思想的論述分析〉之謬。

平實導師　著　定價180元

48.**人間佛教**—實證者必定不悖三乘菩提

平實導師　述，定價400元

49.**實相經宗通**　平實導師述　共八輯　每輯250元

50.**真心告訴您(一)**—達賴喇嘛在幹什麼？

正覺教育基金會編著　售價250元

51.**中觀金鑑**—詳述應成派中觀的起源與其破法本質

孫正德老師著　分爲上、中、下三冊，每冊250元

52.**藏傳佛教要義**—《狂密與真密》之簡體字版　平實導師　著　上、下冊

僅在大陸流通　每冊300元

53.**法華經講義**　平實導師述　共二十五輯　每輯300元

已於2015/05/31起開始出版，每二個月出版一輯

54.**西藏「活佛轉世」制度**—附佛、造神、世俗法

許正豐、張正玄老師合著　定價150元

55.**廣論三部曲**　郭正益老師著　定價150元

56.**真心告訴您(二)**—達賴喇嘛是佛教僧侶嗎？
—補祝達賴喇嘛八十大壽
正覺教育基金會編著　售價 300 元
57.**次法**—實證佛法前應有的條件
張善思居士著　分為上、下二冊，每冊 250 元
58.**涅槃**—解說四種涅槃之實證及內涵　平實導師著 上、下冊 各 350 元
59.**山法**—西藏關於他空與佛藏之根本論
篤補巴・喜饒堅贊著　傑弗里・霍普金斯英譯
張火慶教授、呂艾倫老師中譯　精裝大本 1200 元
60.**佛藏經講義**　平實導師述　2019 年 7 月 31 日開始出版　共 21 輯
每二個月出版一輯，每輯 300 元。
61.**成唯識論**　大唐 玄奘菩薩所著鉅論。重新正確斷句，並以不同字體及標點符號顯示質疑文，令得易讀。全書 288 頁，精裝大本 400 元。
62.**成唯識論釋**—詳解大唐玄奘菩薩所著《成唯識論》，平實導師述著。共十輯，於每講完一輯的分量以後即予出版，預計 2023 年八月出版第一輯，以後每七到九個月出版一輯，每輯 400 元。
63.**假鋒虛焰金剛乘**—揭示顯密正理，兼破索達吉師徒《般若鋒兮金剛焰》
釋正安法師著 簡體字版 即將出版 售價未定
64.**廣論之平議**—宗喀巴《菩提道次第廣論》之平議　正雄居士著
約二或三輯　俟正覺電子報連載後結集出版　書價未定
65.**大法鼓經講義**　平實導師講述　《佛藏經講義》出版後發行，每輯 300 元
66.**不退轉法輪經講義**　平實導師講述　《大法鼓經講義》出版後發行
67.**八識規矩頌**詳解　○○居士 註解　出版日期另訂　書價未定。
68.**中觀正義**—註解平實導師《中論正義頌》。
○○法師（居士）著　出版日期未定　書價未定
69.**中論正義**—釋龍樹菩薩《中論》頌正理。
孫正德老師著　出版日期未定　書價未定
70.**中國佛教史**—依中國佛教正法史實而論。 ○○老師 著　書價未定。
71.**印度佛教史**—法義與考證。依法義史實評論印順《印度佛教思想史、佛教史地考論》之謬說　正偉老師著　出版日期未定　書價未定
72.**阿含經講記**—將選錄四阿含中數部重要經典全經講解之，講後整理出版。
平實導師述　約二輯　每輯 300 元　出版日期未定
73.**寶積經講記**　平實導師述　每輯三百餘頁 優惠價 300 元 出版日期未定
74.**解深密經講義**　平實導師述 約四輯　將於重講後整理出版
75.**修習止觀坐禪法要講記**　平實導師述　每輯三百餘頁
將於正覺寺建成後重講、以講記逐輯出版　出版日期未定
76.**無門關**—《無門關》公案拈提　平實導師著　出版日期未定
77.**中觀再論**—兼述印順《中觀今論》謬誤之平議。 正光老師著 出版日期未定

78.**輪迴與超度**—佛教超度法會之真義。
　　　　　　　　　　　　　　○○法師（居士）著　出版日期未定　書價未定
79.**《釋摩訶衍論》平議**—對偽稱龍樹所造《釋摩訶衍論》之平議
　　　　　　　　　　　　　　○○法師（居士）著　出版日期未定　書價未定
80.**正覺發願文**註解—以真實大願為因 得證菩提
　　　　　　　　　　　　　　　正德老師著　出版日期未定　書價未定
81.**正覺總持咒**—佛法之總持　正圜老師著　出版日期未定　書價未定
82.**三自性**—依四食、五蘊、十二因緣、十八界法，說三性三無性。
　　　　　　　　　　　　　　　　　　　　　作者未定　出版日期未定
83.**道品**—從三自性說大小乘三十七道品　作者未定　出版日期未定
84.**大乘緣起觀**—依四聖諦七真如現觀十二緣起 作者未定　出版日期未定
85.**三德**—論解脫德、法身德、般若德。　作者未定　出版日期未定
86.**真假如來藏**—對印順《如來藏之研究》謬說之平議　作者未定 出版日期未定
87.**大乘道次第**　作者未定　出版日期未定　書價未定
88.**四緣**—依如來藏故有四緣。　作者未定　出版日期未定
89.**空之探究**—印順《空之探究》謬誤之平議　作者未定 出版日期未定
90.**十法義**—論阿含經中十法之正義　作者未定　出版日期未定
91.**外道見**—論述外道六十二見　作者未定　出版日期未定

正智出版社有限公司書籍介紹

禪淨圓融：言淨土諸祖所未曾言，示諸宗祖師所未曾示；禪淨圓融，另闢成佛捷徑，兼顧自力他力，闡釋淨土門之速行易行道，亦同時揭櫫聖教門之速行易行道；令廣大淨土行者得免緩行難證之苦，亦令聖道門行者得以藉著淨土速行道而加快成佛之時劫。乃前無古人之超勝見地，非一般弘揚禪淨法門典籍也，先讀爲快。平實導師著200元。

宗門正眼—公案拈提第一輯：繼承克勤圜悟大師碧巖錄宗旨之禪門鉅作。先則舉示當代大法師之邪說，消弭當代禪門大師鄉愿之心態，摧破當今禪門「世俗禪」之妄談；次則旁通教法，表顯宗門正理；繼以道之次第，消弭古今狂禪；後藉言語及文字機鋒，直示宗門入處。悲智雙運，禪味十足，數百年來難得一睹之禪門鉅著也。平實導師著 500元（原初版書《禪門摩尼寶聚》，改版後補充爲五百餘頁新書，總計多達二十四萬字，內容更精彩，並改名爲《宗門正眼》，讀者原購初版《禪門摩尼寶聚》皆可寄回本公司免費換新，免附回郵，亦無截止期限）（2007年起，凡購買公案拈提第一輯至第七輯，每購一輯皆贈送本公司精製公案拈提〈超意境〉CD一片，市售價格280元，多購多贈）。

禪—悟前與悟後：本書能建立學人悟道之信心與正確知見，圓滿具足而有次第地詳述禪悟之功夫與禪悟之內容，指陳參禪中細微淆訛之處，能使學人明自眞心、見自本性。若未能悟入，亦能以正確知見辨別古今中外一切大師究係眞悟？或屬錯悟？便有能力揀擇，捨名師而選明師，後時必有悟道之緣。一旦悟道，遲者七次人天往返，便出三界，速者一生取辦。學人欲求開悟者，不可不讀。平實導師著。上、下冊共500元，單冊250元。

真實如來藏：如來藏眞實存在，乃宇宙萬有之本體，並非印順法師、達賴喇嘛等人所說之「唯有名相、無此心體」。如來藏是涅槃之本際，是一切有智之人竭盡心智、不斷探索而不能得之生命實相；是古今中外許多大師自以爲悟而當面錯過之生命實相。如來藏即是阿賴耶識，乃是一切有情本自具足、不生不滅之眞實心。當代中外大師於此書出版之前所未能言者，作者於本書中盡情流露、詳細闡釋。眞悟者讀之，必能增益悟境、智慧增上；錯悟者讀之，必能檢討自己之錯誤，免犯大妄語業；未悟者讀之，能知參禪之理路，亦能以之檢查一切名師是否眞悟。此書是一切哲學家、宗教家、學佛者及欲昇華心智之人必讀之鉅著。　平實導師著　售價400元。

宗門法眼—**公案拈提**第二輯：列舉實例，闡釋土城廣欽老和尚之悟處；並直示這位不識字的老和尚妙智橫生之根由，繼而剖析禪宗歷代大德之開悟公案，解析當代密宗高僧卡盧仁波切之錯悟證據，並例舉當代顯宗高僧、大居士之錯悟證據（凡健在者，爲免影響其名聞利養，皆隱其名）。藉辨正當代名師之邪見，向廣大佛子指陳禪悟之正道，彰顯宗門法眼。悲勇兼出，強捋虎鬚；慈智雙運，巧探驪龍；摩尼寶珠在手，直示宗門入處，禪味十足；若非大悟徹底，不能爲之。禪門精奇人物，允宜人手一冊，供作參究及悟後印證之圭臬。本書於2008年4月改版，增寫為大約500頁篇幅，以利學人研讀參究時更易悟入宗門正法，以前所購初版首刷及初版二刷舊書，皆可免費換取新書。平實導師著　500元（2007年起，凡購買公案拈提第一輯至第七輯，每購一輯皆贈送本公司精製公案拈提〈超意境〉CD一片，市售價格280元，多購多贈）。

宗門道眼—**公案拈提**第三輯：繼宗門法眼之後，再以金剛之作略、慈悲之胸懷、犀利之筆觸，舉示寒山、拾得、布袋三大士之悟處，消弭當代錯悟者對於寒山大士……等之誤會及誹謗。　亦舉出民初以來與虛雲和尚齊名之蜀郡鹽亭袁煥仙夫子南懷瑾老師之師，其「悟處」何在？並蒐羅許多眞悟祖師之證悟公案，顯示禪宗歷代祖師之睿智，指陳部分祖師、奧修及當代顯密大師之謬悟，作爲殷鑑，幫助禪子建立及修正參禪之方向及知見。假使讀者閱此書已，一時尚未能悟，亦可一面加功用行，一面以此宗門道眼辨別眞假善知識，避開錯誤之印證及歧路，可免大妄語業之長劫慘痛果報。欲修禪宗之禪者，務請細讀。平實導師著　售價500元（2007年起，凡購買公案拈提第一輯至第七輯，每購一輯皆贈送本公司精製公案拈提〈超意境〉CD一片，市售價格280元，多購多贈）。

楞伽經詳解：本經是禪宗見道者印證所悟眞僞之根本經典，亦是禪宗見道者悟後起修之依據經典；故達摩祖師於印證二祖慧可大師之後，將此經典連同佛缽祖衣一併交付二祖，令其依此經典佛示金言、進入修道位，修學一切種智。由此可知此經對於眞悟之人修學佛道，是非常重要之一部經典。此經能破外道邪說，亦破佛門中錯悟名師之謬說，亦破禪宗部分祖師之狂禪：不讀經典、一向主張「一悟即成究竟佛」之謬執。並開示愚夫所行禪、觀察義禪、攀緣如禪、如來禪等差別，令行者對於三乘禪法差異有所分辨；亦糾正禪宗祖師古來對於如來禪之誤解，嗣後可免以訛傳訛之弊。此經亦是法相唯識宗之根本經典，禪者悟後欲修一切種智而入初地者，必須詳讀。　平實導師著，全套共十輯，已全部出版完畢，每輯主文約320頁，每冊約352頁，定價250元。

宗門血脈—公案拈提第四輯：末法怪象—許多修行人自以爲悟，每將無念靈知認作眞實；崇尚二乘法諸師及其徒眾，則將外於**如來藏之緣起性空**—無因論之無常空、斷滅空、一切法空—錯認爲 佛所說之般若空性。這兩種現象已於當今海峽兩岸及美加地區顯密大師之中普遍存在；人人自以爲悟，心高氣壯，便敢寫書解釋祖師證悟之公案，大多出於意識思惟所得，言不及義，錯誤百出，因此誤導廣大佛子同陷大妄語之地獄業中而不能自知。彼等書中所說之悟處，其實處處違背第一義經典之聖言量。彼等諸人不論是否身披袈裟，都非佛法宗門血脈，或雖有禪宗法脈之傳承，亦只徒具形式；猶如螟蛉，非眞血脈，未悟得根本眞實故。禪子欲知 佛、祖之眞血脈者，請讀此書，便知分曉。平實導師著，主文452頁，全書464頁，定價500元（2007年起，凡購買公案拈提第一輯至第七輯，每購一輯皆贈送本公司精製公案拈提〈超意境〉CD一片，市售價格280元，多購多贈）。

宗通與說通：古今中外，錯誤之人如麻似粟，每以常見外道所說之靈知心，認作眞心；或妄想虛空之勝性能量爲眞如，或錯認物質四大元素藉冥性（靈知心本體）能成就吾人色身及知覺，或認初禪至四禪中之了知心爲不生不滅之涅槃心。此等皆非通宗者之見地。復有錯悟之人一向主張「宗門與教門不相干」，此即尚未通達宗門之人也。其實宗門與教門互通不二，宗門所證者乃是眞如與佛性，教門所說者乃說宗門證悟之眞如佛性，故教門與宗門不二。本書作者以宗教二門互通之見地，細說「宗通與說通」，從初見道至悟後起修之道、細說分明；並將諸宗諸派在整體佛教中之地位與次第，加以明確之教判，學人讀之即可了知佛法之梗概也。欲擇明師學法之前，允宜先讀。平實導師著，主文共381頁，全書392頁，只售成本價300元。

宗門正道—公案拈提第五輯：修學大乘佛法有二果須證—解脫果及大菩提果。二乘人不證大菩提果，唯證解脫果；此果之智慧，名為聲聞菩提、緣覺菩提。大乘佛子所證二果之菩提果為佛菩提，故名大菩提果，其慧名為一切種智—函蓋二乘解脫果。然此大乘二果修證，須經由禪宗之宗門證悟方能相應。而宗門證悟極難，自古已然；其所以難者，咎在古今佛教界普遍存在三種邪見：1.以修定認作佛法，2.以無因論之緣起性空—否定涅槃本際如來藏以後之一切法空作為佛法，3.以常見外道邪見（離語言妄念之靈知性）作為佛法。如是邪見，或因自身正見未立所致，或因邪師之邪教導所致，或因無始劫來虛妄熏習所致。若不破除此三種邪見，永劫不悟宗門真義、不入大乘正道，唯能外門廣修菩薩行。平實導師於此書中，有極為詳細之說明，有志佛子欲摧邪見、入於內門修菩薩行者，當閱此書。主文共496頁，全書512頁。售價500元（2007年起，凡購買公案拈提第一輯至第七輯，每購一輯皆贈送本公司精製公案拈提〈超意境〉CD一片，市售價格280元，多購多贈）。

狂密與真密：密教之修學，皆由有相之觀行法門而入，其最終目標仍不離顯教經典所說第一義諦之修證；若離顯教第一義經典、或違背顯教第一義經典，即非佛教。西藏密教之觀行法，如灌頂、觀想、遷識法、寶瓶氣、大聖歡喜雙身修法、喜金剛、無上瑜伽、大樂光明、樂空雙運等，皆是印度教**兩性生生不息**思想之轉化，**自始至終皆以如何能運用交合淫樂之法達到全身受樂**為其中心思想，純屬欲界五欲的貪愛，不能令人超出欲界輪迴，更不能令人斷除我見；何況大乘之明心與見性，更無論矣！故密宗之法絕非佛法也。而其明光大手印、大圓滿法教，又皆同以常見外道所說**離語言妄念之無念靈知心**錯認為佛地之真如，不能直指不生不滅之真如。西藏密宗所有法王與徒眾，都尚未開頂門眼，不能辨別真偽，以**依人不依法、依密續不依經典**故，不肯將其上師喇嘛所說對照第一義經典，純依密續之藏密祖師所說為準，因此而誇大其證德與證量，動輒謂彼祖師上師為究竟佛、為地上菩薩；如今台海兩岸亦有自謂其師證量高於 釋迦文佛者，然觀其師所述，猶未見道，仍在觀行即佛階段，尚未到禪宗相似即佛、分證即佛階位，竟敢標榜為究竟佛及地上法王，誑惑初機學人。凡此怪象皆是狂密，不同於真密之修行者。近年狂密盛行，密宗行者被誤導者極眾，動輒自謂已證佛地真如，自視為究竟佛，陷於大妄語業中而不知自省，反謗顯宗真修實證者之證量粗淺；或如義雲高與釋性圓…等人，於報紙上公然誹謗真實證道者為「騙子、無道人、人妖、癩蛤蟆…」等，造下誹謗大乘勝義僧之大惡業；或以外道法中有為有作之甘露、魔術……等法，誑騙初機學人，狂言彼外道法為真佛法。如是怪象，在西藏密宗及附藏密之外道中，不一而足，舉之不盡，學人宜應慎思明辨，以免上當後又犯毀破菩薩戒之重罪。密宗學人若欲遠離邪知邪見者，請閱此書，即能了知密宗之邪謬，從此遠離邪見與邪修，轉入真正之佛道。 平實導師著 共四輯 每輯約400頁（主文約340頁）每輯售價300元。

宗門正義—**公案拈提**第六輯：佛教有六大危機，乃是藏密化、世俗化、膚淺化、學術化、宗門密意失傳、悟後進修諸地之次第混淆；其中尤以宗門密意之失傳，爲當代佛教最大之危機。由宗門密意失傳故，易令 世尊本懷普被錯解，易令 世尊正法被轉易爲外道法，以及加以淺化、世俗化，是故宗門密意之廣泛弘傳與具緣佛弟子，極爲重要。然而欲令宗門密意之廣泛弘傳予具緣之佛弟子者，必須同時配合錯誤知見之解析、普令佛弟子知之，然後輔以公案解析之直示入處，方能令具緣之佛弟子悟入。而此二者，皆須以公案拈提之方式爲之，方易成其功、竟其業，是故平實導師續作宗門正義一書，以利學人。 全書500餘頁，售價500元（2007年起，凡購買公案拈提第一輯至第七輯，每購一輯皆贈送本公司精製公案拈提〈超意境〉CD一片，市售價格280元，多購多贈）。

心經密意—心經與解脫道、佛菩提道、祖師公案之關係與密意。 二乘菩提所證之解脫道，實依第八識心之斷除煩惱障現行而立解脫之名；大乘菩提所證之佛菩提道，實依親證第八識如來藏之涅槃性、清淨自性、及其中道性而立般若之名；禪宗祖師公案所證之眞心，即是此第八識如來藏；是故三乘佛法所修所證之三乘菩提，皆依此如來藏心而立名也。此第八識心，即是《心經》所說之心也。證得此如來藏已，即能漸入大乘佛菩提道，亦可因證知此心而了知二乘無學所不能知之無餘涅槃本際，是故《心經》之密意，與三乘佛菩提之關係極爲密切、不可分割，三乘佛法皆依此心而立名故。今者平實導師以其所證解脫道之無生智及佛菩提之般若種智，將《心經》與解脫道、佛菩提道、祖師公案之關係與密意，以演講之方式，用淺顯之語句和盤托出，發前人所未言，呈三乘菩提之眞義，令人藉此《心經密意》一舉而窺三乘菩提之堂奧，迥異諸方言不及義之說；欲求眞實佛智者、不可不讀！主文317頁，連同跋文及序文…等共384頁，售價300元。

宗門密意—**公案拈提**第七輯：佛教之世俗化，將導致學人以信仰作爲學佛，則將以感應及世間法之庇祐，作爲學佛之主要目標，不能了知學佛之主要目標爲親證三乘菩提。大乘菩提則以般若實相智慧爲主要修習目標，以二乘菩提解脫道爲附帶修習之標的；是故學習大乘法者，應以禪宗之證悟爲要務，能親入大乘菩提之實相般若智慧中故，般若實相智慧非二乘聖人所能知故。此書則以台灣世俗化佛教之三大法師，說法似是而非之實例，配合眞悟祖師之公案解析，提示證悟般若之關節，令學人易得悟入。平實導師著，全書五百餘頁，售價500元（2007年起，凡購買公案拈提第一輯至第七輯，每購一輯皆贈送本公司精製公案拈提〈超意境〉CD一片，市售價格280元，多購多贈）。

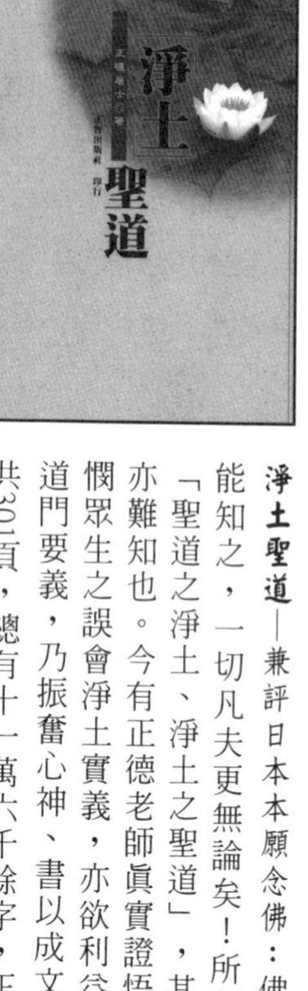

淨土聖道—兼評日本本願念佛：佛法甚深極廣，般若玄微，非諸二乘聖僧所能知之，一切凡夫更無論矣！所謂一切證量皆歸淨土是也！是故大乘法中「聖道之淨土、淨土之聖道」，其義甚深，難可了知；乃至眞悟之人，初心亦難知也。今有正德老師眞實證悟後，復能深探淨土與聖道之緊密關係，憐憫眾生之誤會淨土實義，亦欲利益廣大淨土行人同入聖道，同獲淨土中之聖道門要義，乃振奮心神、書以成文，今得刊行天下。主文279頁，連同序文等共301頁，總有十一萬六千餘字，正德老師著，成本價200元。

起信論講記：詳解大乘起信論**心生滅門**與**心眞如門**之眞實意旨，消除以往大師與學人對起信論所說**心生滅門**之誤解，由是而得了知眞心如來藏之非常非斷中道正理；亦因此一講解，令此論以往隱晦而被誤解之眞實義，得以如實顯示，令大乘佛菩提道之正理得以顯揚光大；初機學者亦可藉此正論所顯示之法義，對大乘法理生起正信，從此得以眞發菩提心，眞入大乘法中修學，世世常修菩薩正行。平實導師演述，共六輯，都已出版，每輯三百餘頁，售價各250元。

優婆塞戒經講記：本經詳述在家菩薩修學大乘佛法，應如何受持菩薩戒？對人間善行應如何看待？對三寶應如何護持？應如何正確地修集此世後世證法之福德？應如何修集後世「行菩薩道之資糧」？並詳述第一義諦之正義：五蘊非我非異我、自作自受、異作異受、不作不受……等深妙法義，乃是修學大乘佛法、行菩薩行之在家菩薩所應當了知者。出家菩薩今世或未來世登地已，捨報之後多數將如華嚴經中諸大菩薩，以在家菩薩身而修行菩薩行，故亦應以此經所述正理而修之，配合《楞伽經、解深密經、楞嚴經、華嚴經》等道次第正理，方得漸次成就佛道；故此經是一切大乘行者皆應證知之正法。平實導師講述，每輯三百餘頁，售價各250元；共八輯，已全部出版。

真假活佛—略論附佛外道盧勝彥之邪說：人人身中都有眞活佛，永生不滅而有大神用，但眾生都不了知，所以常被身外的西藏密宗假活佛籠罩欺瞞。本來就眞實存在的眞活佛，才是眞正的密宗無上密！諾那活佛因此而說禪宗是大密宗，但藏密的所有活佛都不知道、也不曾實證自身中的眞活佛。本書詳實宣示眞活佛的道理，舉證盧勝彥的「佛法」不是眞佛法，也顯示盧勝彥是假活佛，直接的闡釋第一義佛法見道的眞實正理。眞佛宗的所有上師與學人們，都應該詳細閱讀，包括盧勝彥個人在內。正犀居士著，優惠價140元。

阿含正義—唯識學探源：廣說四大部《阿含經》諸經中隱說之眞正義理，一一舉示佛陀本懷，令阿含時期初轉法輪根本經典之眞義，如實顯現於佛子眼前。並提示末法大師對於阿含眞義誤解之實例，一一比對之，證實唯識增上慧學確於原始佛法之阿含諸經中已隱覆密意而略說之，證實 世尊確於原始佛法中已曾密意而說第八識如來藏之總相；亦證實 世尊在四阿含中已說此藏識是名色十八界之因、之本—證明如來藏是能生萬法之根本心。佛子可據此修正以往受諸大師（譬如西藏密宗應成派中觀師：印順、昭慧、性廣、大願、達賴、宗喀巴、寂天、月稱、……等人）誤導之邪見，建立正見，轉入正道乃至親證初果而無困難；書中並詳說三果所證的**心解脫**，以及四果**慧解脫**的親證，都是如實可行的具體知見與行門。全書共七輯，已出版完畢。平實導師著，每輯三百餘頁，售價300元。

超意境CD：以平實導師公案拈提書中超越意境之頌詞，加上曲風優美的旋律，錄成令人嚮往的超意境歌曲，其中包括正覺發願文及平實導師親自譜成的黃梅調歌曲一首。詞曲雋永，殊堪翫味，可供學禪者吟詠，有助於見道。內附設計精美的彩色小冊，解說每一首詞的背景本事。每片280元。【每購買公案拈提書籍一冊，即贈送一片。】

鈍鳥與靈龜：鈍鳥及靈龜二物，被宗門證悟者說爲二種人：前者是精修禪定而無智慧者，也是以定爲禪的愚癡禪人；後者是或有禪定、或無禪定的宗門證悟者，凡已證悟者皆是靈龜。但後者被人虛造事實，用以嘲笑大慧宗杲禪師，說他雖是靈龜，卻不免被天童禪師預記「患背」痛苦而亡：「**鈍鳥離巢易，靈龜脫殼難。**」藉以貶低大慧宗杲的證量；同時又將天童禪師實證如來藏的證量，曲解爲意識境界的離念靈知。自從大慧禪師入滅以後，錯悟凡夫對他的不實毀謗就一直存在著，不曾止息，並且捏造的假事實也隨著年月的增加而越來越多，終至編成「鈍鳥與靈龜」的假公案、假故事。本書是考證大慧與天童之間的不朽情誼，顯現這件假公案的虛妄不實；更見大慧宗杲面對惡勢力時的正直不阿，亦顯示大慧對天童禪師的至情深義，將使後人對大慧宗杲的誣謗至此而止，不再有人誤犯毀謗賢聖的惡業。書中亦舉出大慧與天童二師的證悟內容，證明宗門的所悟確以第八識如來藏爲標的，詳讀之後必可改正以前被錯悟大師誤導的參禪知見，日後必定有助於實證禪宗的開悟境界，得階大乘眞見道位中，即是實證般若之賢聖。全書459頁，售價350元。

菩薩底憂鬱CD將菩薩情懷及禪宗公案寫成新詞，並製作成超越意境的優美歌曲。1.主題曲〈菩薩底憂鬱〉，描述地後菩薩能離三界生死而迴向繼續生在人間，但因尚未斷盡習氣種子而有極深沈之憂鬱，非三賢位菩薩及二乘聖者所知，此憂鬱在七地滿心位方才斷盡；本曲之詞中所說義理極深，昔來所未曾見；此曲係以優美的情歌風格寫詞及作曲，聞者得以激發嚮往諸地菩薩境界之大心，詞、曲都非常優美，難得一見；其中勝妙義理之解說，已印在附贈之彩色小冊中。2.以各輯公案拈提中直示禪門入處之頌文，作成各種不同曲風之超意境歌曲，值得玩味、參究；聆聽公案拈提之優美歌曲時，請同時閱讀內附之印刷精美說明小冊，可以領會超越三界的證悟境界；未悟者可以因此引發求悟之意向及疑情，眞發菩提心而邁向求悟之途，乃至因此眞實悟入般若，成眞菩薩。3.正覺總持咒新曲，總持佛法大意；總持咒之義理，已加以解說並印在隨附之小冊中。本CD共有十首歌曲，長達63分鐘，附贈二張購書優惠券。每片320元。

真假外道：本書具體舉證佛門中的常見外道知見實例，並加以教證及理證上的辨正，幫助讀者輕鬆而快速的了知常見外道的錯誤知見，進而遠離佛門內外的常見外道知見，因此即能改正修學方向而快速實證佛法。游正光老師著。成本價200元。

我的菩提路第一輯：凡夫及二乘聖人不能實證的佛菩提證悟，末法時代的今天仍然有人能得實證，由正覺同修會釋悟圓、釋善藏法師等二十餘位實證如來藏者所寫的見道報告，已爲當代學人見證宗門正法之絲縷不絕，證明大乘義學的法脈仍然存在，爲末法時代求悟般若之學人照耀出光明的坦途。由二十餘位大乘見道者所繕，敘述各種不同的學法、見道因緣與過程，參禪求悟者必讀。全書三百餘頁，售價300元。

我的菩提路第二輯：由郭正益老師等人合著，書中詳述彼等諸人歷經各處道場學法，一一修學而加以檢擇之不同過程以後，因閱讀正覺同修會、正智出版社書籍而發起抉擇分，轉入正覺同修會中修學；乃至學法及見道之過程，都一一詳述之。**本書已改版印製重新流通**，讀者原購的初版書，不論是第一刷或第二、三、四刷，都可以寄回換新，免附郵費。

我的菩提路第三輯：由王美伶老師等人合著。自從正覺同修會成立以來，每年夏初、冬初都舉辦精進禪三共修，藉以助益會中同修們得以證悟明心發起般若實相智慧；凡已實證而被平實導師印證者，皆書具見道報告用以證明佛法之眞實可證而非玄學，證明佛法並非純屬思想、理論而無實質，是故每年都能有人證明正覺同修會的「實證佛教」主張並非虛語。特別是眼見佛性一法，自古以來中國禪宗祖師實證者極寡，較之明心開悟的證境更難令人信受；至2017年初，正覺同修會中的證悟明心者已近五百人，然而其中眼見佛性者至今唯十餘人爾，可謂難能可貴，是故明心後欲冀眼見佛性者實屬不易。黃正倖老師是懸絕七年無人見性後的第一人，她於2009年的見性報告刊於本書的第二輯中，爲大眾證明佛性確實可以眼見；其後七年之中求見性者都屬解悟佛性而無人眼見，幸而又經七年後的2016冬初，以及2017夏初的禪三，復有三人眼見佛性，希冀鼓舞四眾佛子求見佛性之大心，今則具載一則於書末，顯示求見佛性之事實經歷，供養現代佛教界欲得見性之四眾弟子。全書四百頁，售價300元，已於2017年6月30日發行。

我的菩提路第四輯：由陳晏平等人著。中國禪宗祖師往往有所謂「見性」之言，所言多屬看見如來藏具有能令人發起成佛之自性，並非《大般涅槃經》中 如來所說之眼見佛性。眼見佛性者，於親見佛性之時，即能於山河大地眼見自己佛性，亦能於他人身上眼見自己佛性及對方之佛性，如是境界無法爲尚未實證者解釋；勉強說之，縱使眞實明心證悟之人聞之，亦只能以自身明心之境界想像之，但不論如何想像多屬非量，能有正確之比量者亦是稀有，故說眼見佛性極爲困難。眼見佛性之人若所見極分明時，在所見佛性之境界下所眼見之山河大地、自己五蘊身心皆是虛幻，自有異於明心者之解脫功德受用，此後永不思證二乘涅槃，必定邁向成佛之道而進入第十住位中，已超第一阿僧祇劫三分有一，可謂之爲超劫精進也。今又有明心之後眼見佛性之人出於人間，將其明心及後來見性之報告，連同其餘證悟明心者之精彩報告一同收錄於此書中，供養眞求佛法實證之四眾佛子。全書380頁，售價300元，已於2018年6月30日發行。

我的菩提路第五輯：林慈慧老師等人著，本輯中所舉學人從相似正法中來到正覺同修會的過程，各人都有不同，發生的因緣亦是各有差別，然而都會指向同一個目標——證實生命實相的源底，確證自己生從何來、死往何去的事實，所以最後都證明佛法眞實而可親證，絕非玄學；本書將彼等諸人的始修及末後證悟之實例，羅列出來以供學人參考。本期亦有一位會裡的老師，是從1995年即開始追隨 平實導師修學，1997年明心後持續進修不斷，直到2017年眼見佛性之實例，足可證明《大般涅槃經》中世尊開示眼見佛性之法正眞無訛，第十住位的實證在末法時代的今天仍有可能，如今一併具載於書中以供學人參考，並供養現代佛教界欲得見性之四眾弟子。

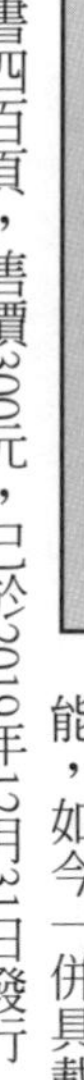
全書四百頁，售價300元，已於2019年12月31日發行。

我的菩提路第六輯：劉惠莉老師等人著，本輯中舉示劉老師明心多年以後的眼見佛性實錄，供末法時代學人了知明心之異於見性本質，足可證明《大般涅槃經》中世尊開示眼見佛性之法正眞無訛。亦列舉多篇學人從各道場來到正覺學法之不同過程，以及如何發覺邪見之異於正法的所在，最後終能在正覺禪三中悟入的實況，以證明佛教正法仍在末法時代的人間繼續弘揚的事實，鼓舞一切眞實學法的菩薩大眾思之：我等諸人亦可有因緣證悟，絕非空想白思。約四百頁，售價300元，已於2020年6月30日發行。

我的菩提路第七輯：余正偉老師等人著，本輯中舉示余老師明心二十餘年以後的眼見佛性實錄，供末法時代學人了知明心異於見性之本質，並且舉示其見性後與平實導師互相討論眼見佛性之諸多疑訛處；除了證明《大般涅槃經》中世尊開示眼見佛性之法正眞無訛以外，亦得一解明心後尚未見性者之所未知處，甚爲精彩。此外亦列舉多篇學人從各不同宗教進入正覺學法之不同過程，以及發覺諸方道場邪見之內容與過程，最終得於正覺精進禪三中悟入的實況，足供末法精進學人借鑑，以彼鑑己而生信心，得以投入了義正法中修學及實證。凡此，皆足以證明不唯明心所證之第七住位般若智慧及解脫功德仍可實證，乃至第十住位的實證與當場發起如幻觀之實證，於末法時代的今天皆仍有可能。本書約四百頁，售價300元。

禪意無限CD　平實導師以公案拈提書中偈頌寫成不同風格曲子，與他人所寫不同風格曲子共同錄製出版，幫助參禪人進入禪門超越意識之境界。盒中附贈彩色印製的精美解說小冊，以供聆聽時閱讀，令參禪人得以發起參禪之疑情，即有機會證悟本來面目，實證大乘菩提般若。本CD共有十首歌曲，長達69分鐘，每盒各附贈二張購書優惠券。每片320元。

明心與眼見佛性：本書細述明心與眼見佛性之異同，同時顯示了中國禪宗破初參明心與重關眼見佛性二關之間的關聯；書中又藉法義辨正而旁述其他許多勝妙法義，讀後必能遠離佛門長久以來積非成是的錯誤知見，令讀者在佛法的實證上有極大助益。也藉慧廣法師的謬論來教導佛門學人回歸正知正見，遠離古今禪門錯悟者所墮的意識境界，非唯有助於斷我見，也對未來的開悟明心實證第八識如來藏有所助益，是故學禪者都應細讀之。游正光老師著　共448頁　售價300元

見性與看話頭：黃正倖老師的《見性與看話頭》於《正覺電子報》連載完畢，今結集出版。書中詳說禪宗看話頭的詳細方法，並細說看話頭與眼見佛性的關係，以及眼見佛性者求見佛性前必須具備的條件。本書是禪宗實修者追求明心開悟時參禪的方法書，也是求見佛性者作功夫時必讀的方法書，內容兼顧眼見佛性的理論與實修之方法，是依實修之體驗配合理論而詳述，條理分明而且極爲詳實、周全、深入。本書內文375頁，全書416頁，售價300元。

維摩詰經講記：本經係 世尊在世時，由等覺菩薩維摩詰居士藉疾病而演說之大乘菩提無上妙義，所說函蓋甚廣，然極簡略，是故今時諸方大師與學人讀之悉皆錯解，何況能知其中隱含之深妙正義，是故普遍無法為人解說；若強為人說，則成依文解義而有諸多過失。今由平實導師公開宣講之後，詳實解釋其中密意，令維摩詰菩薩所說大乘不可思議解脫之深妙正法得以正確宣流於人間，利益當代學人及與諸方大師。書中詳實演述大乘佛法深妙不共二乘之智慧境界，顯示諸法之中絕待之實相境界，建立大乘菩薩妙道於永遠不敗不壞之地，以此成就護法偉功，欲冀永利娑婆人天。已經宣講圓滿整理成書流通，以利諸方大師及諸學人。全書共六輯，每輯三百餘頁，售價各250元。

金剛經宗通：三界唯心，萬法唯識，是成佛之修證內容，是諸地菩薩之所修；般若則是成佛之道（實證三界唯心、萬法唯識）的入門，若未證悟實相般若，即無成佛之可能，必將永在外門廣行菩薩六度，永在凡夫位中。然而實相般若的發起，全賴實證萬法的實相；若欲證知萬法的眞相，則必須探究萬法之所從來，則須實證自心如來—金剛心如來藏，然後現觀這個金剛心的金剛性、眞實性、如如性、清淨性、涅槃性、能生萬法的自性性、本住性，名為證眞如；進而現觀三界六道唯是此金剛心所成，人間萬法須藉八識心王和合運作方能現起。如是實證《華嚴經》的「三界唯心、萬法唯識」以後，由此等現觀而發起實相般若智慧，繼續進修第十住位的如幻觀、第十行位的陽焰觀、第十迴向位的如夢觀，再生起增上意樂而勇發十無盡願，方能滿足三賢位的實證，轉入初地；自知成佛之道而無偏倚，從此按部就班、次第進修乃至成佛。第八識自心如來是般若智慧之所依，般若智慧的修證則要從實證金剛心自心如來開始；《金剛經》則是解說自心如來之經典，是一切三賢位菩薩所應進修之實相般若經典。這一套書，是將平實導師宣講的《金剛經宗通》內容，整理成文字而流通之；書中所說義理，迥異古今諸家依文解義之說，指出大乘見道方向與理路，有益於禪宗學人求開悟見道，及轉入內門廣修六度萬行。已於2013年9月出版完畢，總共9輯，每輯約三百餘頁，售價各250元。

勝鬘經講記：如來藏爲三乘菩提之所依，若離如來藏心體及其含藏之一切種子，即無三界有情及一切世間法，亦無二乘菩提緣起性空之出世間法；本經詳說無始無明、一念無明皆依如來藏而有之正理，藉著詳解煩惱障與所知障間之關係，令學人深入了知二乘菩提與佛菩提相異之妙理；聞後即可了知佛菩提之特勝處及三乘修道之方向與原理，邁向攝受正法而速成佛道的境界中。平實導師講述，共六輯，每輯三百餘頁，售價各250元。

空行母—性別、身分定位，以及藏傳佛教　本書作者爲蘇格蘭哲學家，因爲嚮往佛教深妙的哲學內涵，於是進入當年盛行於歐美的假藏傳佛教密宗，擔任卡盧仁波切的翻譯工作多年以後，被邀請成爲卡盧的空行母（又名佛母、明妃），開始了她在密宗裡的實修過程；後來發覺在密宗雙身法中的修行，其實無法使自己成佛，也發覺密宗對女性岐視而處處貶抑，並剝奪女性在雙身法中擔任一半角色時應有的身分定位。當她發覺自己只是雙身法中被喇嘛利用的工具，沒有獲得絲毫應有的尊重與基本定位時，發現了密宗的父權社會控制女性的本質；於是作者傷心地離開了卡盧仁波切與密宗，但是卻被恐嚇不許講出她在密宗裡的經歷，也不許她說出自己對密宗的教義與教制下對女性剝削的本質，否則將被咒殺死亡。後來她去加拿大定居，十餘年後方才擺脫這個恐嚇陰影，下定決心將親身經歷的實情及觀察到的事實寫下來並且出版，公諸於世。出版之後，她被流亡的達賴集團人士大力攻訐，誣指她爲精神狀態失常、說謊……等。但有智之士並未被達賴集團的政治操作及各國政府政治運作吹捧達賴的表相所欺，使她的書銷售無阻而又再版。正智出版社鑑於作者此書是親身經歷的事實，所說具有針對「**藏傳佛教**」而作學術研究的價值，也有使人認清假藏傳佛教剝削佛母、明妃的男性本位實質，因此洽請作者同意中譯而出版於華人地區。珍妮·坎貝爾女士著，呂艾倫 中譯，每冊250元。

假藏傳佛教的神話—性、謊言、喇嘛教　本書編著者是由一首名爲「阿姊鼓」的歌曲爲緣起，展開了序幕，揭開假藏傳佛教—喇嘛教—的神秘面紗。其重點是蒐集、摘錄網路上質疑「喇嘛教」的帖子，以揭穿「假藏傳佛教的神話」爲主題，串聯成書，並附加彩色插圖以及說明，讓讀者們瞭解西藏密宗及相關人事如何被操作爲「神話」的過程，以及神話背後的眞相。作者：張正玄教授。售價200元。

霧峰無霧—給哥哥的信　本書作者藉兄弟之間信件往來論義，略述佛法大義；並以多篇短文辨義，舉出釋印順對佛法的無量誤解證據，並一一給予簡單而清晰的辨正，令人一讀即知。久讀、多讀之後即能認清楚釋印順的六識論見解，與眞實佛法之牴觸是多麼嚴重；於是在久讀、多讀之後，於不知不覺之間提升了對佛法的極深入理解，正知正見就在不知不覺間建立起來了。當三乘佛法的正知見建立起來之後，對於三乘菩提的見道條件便將隨之具足，於是聲聞解脫道的見道也就水到渠成；接著大乘見道的因緣也將次第成熟，未來自然也會有親見大乘菩提之道的因緣，悟入大乘實相般若也將自然成功，自能通達般若系列諸經而成實義菩薩。作者居住於南投縣霧峰鄉，自喻見道之後不復再見霧峰之霧，故鄉原野美景一一明見，於是立此書名爲《霧峰無霧》；讀者若欲撥霧見月，可以此書爲緣。游宗明老師著　已於2015年出版　售價250元。

霧峰無霧—第二輯—救護佛子向正道　本書作者藉釋印順著作中之各種錯謬法義提出辨正，以詳實的文義一一提出理論上及實證上之解析，列舉釋印順對佛法的無量誤解證據，藉此教導佛門大師與學人釐清佛法義理，遠離岐途轉入正道，然後知所進修，久之便能見道明心而入大乘勝義僧數。被釋印順誤導的大師與學人極多，很難救轉，是故作者大發悲心深入解說其錯謬之所在，佐以各種義理辨正而令讀者在不知不覺之間轉歸正道。如是久讀之後欲得斷身見、證初果，即不爲難事；乃至久之亦得大乘見道而得證眞如，脫離空有二邊而住中道，實相般若智慧生起，於佛法不再茫然，漸漸亦知悟後進修之道。屆此之時，對於大乘般若等深妙法之迷雲暗霧亦將一掃而空，生命及宇宙萬物之故鄉原野美景一一明見，是故本書仍名《霧峰無霧》，爲第二輯；讀者若欲撥雲見日、離霧見月，可以此書爲緣。游宗明 老師著　已於2019年出版　售價250元。

達賴真面目—玩盡天下女人：假使您不想戴綠帽子，請記得詳細閱讀此書；假使您不想讓好朋友戴綠帽子，請您將此書介紹給您的好朋友。假使您想保護家中的女性，也想要保護好朋友的女眷，請記得將此書送給家中的女性和好友的女眷都來閱讀。本書爲印刷精美的大本彩色中英對照精裝本，爲您揭開達賴喇嘛的眞面目，內容精彩不容錯過，爲利益社會大眾，特別以優惠價格嘉惠所有讀者。編著者：白志偉等。大開版雪銅紙彩色精裝本。售價800元。

喇嘛性世界—揭開假藏傳佛教譚崔瑜伽的面紗：這個世界中的喇嘛，號稱來自世外桃源的香格里拉，穿著或紅或黃的喇嘛長袍，散布於我們的身邊傳教灌頂，吸引了無數的人嚮往學習；這些喇嘛虔誠地爲大眾祈福，手中拿著寶杵（金剛）與寶鈴（蓮花），口中唸著咒語：「嗡．嘛呢．叭咪．吽……」，咒語的意思是說：「我至誠歸命金剛杵上的寶珠伸向蓮花寶穴之中」！「喇嘛性世界」是什麼樣的「世界」呢？本書將爲您呈現喇嘛世界的面貌。當您發現眞相以後，您將會唸：「噢！喇嘛．性．世界，譚崔性交嘛！」作者：張善思、呂艾倫。售價200元。

末代達賴—性交教主的悲歌：簡介從藏傳僞佛教（喇嘛教）的修行核心—性力派男女雙修，探討達賴喇嘛及藏傳僞佛教的修行內涵。書中引用外國知名學者著作、世界各地新聞報導，包含：歷代達賴喇嘛的祕史、達賴六世修雙身法的事蹟，以及《時輪續》中的性交灌頂儀式……等；達賴喇嘛書中開示的雙修法、達賴喇嘛的黑暗政治手段；達賴喇嘛所領導的寺院爆發喇嘛性侵兒童；新聞報導《西藏生死書》作者索甲仁波切性侵女信徒、澳洲喇嘛秋達公開道歉、美國最大假藏傳佛教組織領導人邱陽創巴仁波切的性氾濫，等等事件背後眞相的揭露。作者：張善思、呂艾倫、辛燕。售價250元。

黯淡的達賴—失去光彩的諾貝爾和平獎：本書舉出很多證據與論述，詳述達賴喇嘛不爲世人所知的一面，顯示達賴喇嘛並不是眞正的和平使者，而是假借諾貝爾和平獎的光環來欺騙世人；透過本書的說明與舉證，讀者可以更清楚的瞭解，達賴喇嘛是結合暴力、黑暗、淫欲於喇嘛教裡的集團首領，其政治行爲與宗教主張，早已讓諾貝爾和平獎的光環染污了。本書由財團法人正覺教育基金會寫作、編輯，由正覺出版社印行，每冊250元。

楞嚴經講記：楞嚴經係大乘祕密教之重要經典，亦是佛教中普受重視之經典；經中宣說明心與見性之內涵極爲詳細，將一切法都會歸如來藏及佛性—妙眞如性；亦闡釋五陰區宇及五陰盡的境界，作諸地菩薩自我檢驗證量之依據，旁及佛菩提道修學過程中之種種魔境，以及外道誤會涅槃之狀況，亦兼述明三界世間之起源，具足宣示大乘菩提之奧祕。然因言句深澀難解，法義亦復深妙寬廣，學人讀之普難通達，是故讀者大多誤會，不能如實理解佛所說之明心與見性內涵，亦因是故多有悟錯之人引爲開悟之證言，成就大妄語罪。今由平實導師詳細講解之後，整理成文，以易讀易懂之語體文刊行天下，以利學人。全書十五輯，全部出版完畢。每輯三百餘頁，售價每輯300元。

第七意識與第八意識？—穿越時空「超意識」「三界唯心，萬法唯識」是佛教中應該實證的聖教，也是《華嚴經》中明載而可以實證的法界實相。唯心者，三界一切境界、一切諸法唯是一心所成就，即是每一個有情的第八識如來藏，不是意識心。唯識者，即是人類各各都具足的八識心王——眼識、耳鼻舌身意識、意根、阿賴耶識，第八阿賴耶識又名如來藏，人類五陰相應的萬法，莫不由八識心王共同運作而成就，故說萬法唯識。依聖教量及現量、比量，都可以證明意識是二法因緣生，是由第八識藉意根與法塵二法爲因緣而出生，又是夜夜斷滅不存之生滅心，即無可能反過來出生第七識意根、第八識如來藏，當知不可能從生滅性的意識心中，細分出恆審思量的第七識意根，更無可能細分出恆而不審的第八識如來藏。本書是將演講內容整理成文字，細說如是內容，並已在〈正覺電子報〉連載完畢，今彙集成書以廣流通，欲幫助佛門有緣人斷除意識我見，跳脫於識陰之外而取證聲聞初果；嗣後修學禪宗時即得不墮外道神我之中，得以求證第八識金剛心而發起般若實智。平實導師 述，每冊300元。

人間佛教—實證者必定不悖三乘菩提 「大乘非佛說」的講法似乎流傳已久，卻只是日本人企圖擺脫中國正統佛教的影響，而在明治維新時期才開始提出來的說法；台灣佛教、大陸佛教的淺學無智之人，由於未曾實證佛法而迷信日本人錯誤的學術考證，錯認為這些別有用心的日本佛學考證的講法為天竺佛教的眞實歷史；甚至還有更激進的反對佛教者提出**「釋迦牟尼佛並非眞實存在，只是後人捏造的假歷史人物」**，竟然也有少數佛教徒願意跟著「學術」的假光環而信受不疑，亦導致部分台灣佛教界人士，造作了反對中國大乘佛教而推崇南洋小乘佛教的行為，使台灣佛教的信仰者難以檢擇，亦導致一般大陸人士開始轉入基督教的盲目迷信中。在這些佛教及外教人士之中也就有一分人根據此邪說而大聲主張「大乘非佛說」的謬論，這些人以「人間佛教」的名義來抵制中國正統佛教，公然宣稱中國的大乘佛教是由聲聞部派佛教的凡夫僧所創造出來的。這樣的說法流傳於台灣及大陸佛教界凡夫僧之中已久，卻非眞正的佛教歷史中曾經發生過的事，只是繼承六識論的聲聞法中凡夫僧，以及別有居心的日本佛教界，依自己的意識境界立場，純憑臆想而編造出來的妄想說法，卻已經影響許多無智之凡夫僧俗信受不移。本書則是從佛教的經藏法義實質及實證的現量內涵本質立論，證明大乘佛法本是佛說，是從《阿含正義》尚未說過的不同面向來討論「人間佛教」的議題，證明「大乘眞佛說」。閱讀本書可以斷除六識論邪見，迴入三乘菩提正道發起實證的因緣；也能斷除禪宗學人學禪時普遍存在之錯誤知見，對於建立參禪時的正知見有很深的著墨。平實導師 述，內文488頁，全書528頁，定價400元。

童女迦葉考—論呂凱文〈佛教輪迴思想的論述分析〉之謬 童女迦葉是佛世率領五百大比丘遊行於人間的歷史事實，是以童貞行而依止菩薩戒弘化於人間的大菩薩，不依別解脫戒（聲聞戒）來弘化於人間。這是大乘佛教與聲聞佛教同時存在於佛世的歷史明證，證明大乘佛教不是從聲聞法中分裂出來的部派佛教的產物，卻是聲聞佛教分裂出來的部派佛教聲聞凡夫僧所不樂見的史實；於是古今聲聞法中的凡夫都欲加以扭曲而作詭說，更是末法時代高聲大呼「大乘非佛說」的六識論聲聞凡夫極力想要扭曲的佛教史實之一，於是想方設法扭曲迦葉菩薩為聲聞僧，以及扭曲迦葉童女為比丘僧等荒謬不實之論著便陸續出現，古時聲聞僧寫作的《分別功德論》是最具體之事例，現代之代表作則是呂凱文先生的〈佛教輪迴思想的論述分析〉論文。鑑於如是假藉學術考證以籠罩大眾之不實謬論，未來仍將繼續造作及流竄於佛教界，繼續扼殺大乘佛教學人法身慧命，必須舉證辨正之，遂成此書。平實導師 著，每冊180元。

中觀金鑑—詳述應成派中觀的起源與其破法本質　學佛人往往迷於中觀學派之不同學說，被應成派與自續派所迷惑；修學般若中觀二十年後自以爲實證般若中觀了，卻仍不曾入門，甫聞實證般若中觀者之所說，則茫無所知，迷惑不解；隨後信心盡失，不知如何實證佛法；凡此，皆因惑於這二派中觀學說所致。自續派中觀所說同於常見，以意識境界立爲第八識如來藏之境界，應成派所說則同於斷見，但又同立意識爲常住法，故亦具足斷常二見。今者孫正德老師有鑑於此，乃將起源於密宗的應成派中觀學說，追本溯源，詳考其來源之外，亦一一舉證其立論內容，詳加辨正，令密宗雙身法祖師以識陰境界而造之應成派中觀學說本質，詳細呈現於學人眼前，令其維護雙身法之目的無所遁形。若欲遠離密宗此二大派中觀謬說，欲於三乘菩提有所進道者，允宜具足閱讀並細加思惟，反覆讀之以後將可捨棄邪道返歸正道，則於般若之實證即有可能，證後自能現觀如來藏之中道境界而成就中觀。本書分上、中、下三冊，每冊250元，已全部出版完畢。

實相經宗通：學佛之目的在於實證一切法界背後之實相，禪宗稱之爲本來面目或本地風光，佛菩提道中稱之爲實相法界；此實相法界即是金剛藏，又名佛法之祕密藏，即是能生有情五陰、十八界及宇宙萬有（山河大地、諸天、三惡道世間）的第八識如來藏，又名阿賴耶識心，即是禪宗祖師所說的眞如心，此心即是三界萬有背後的實相。證得此第八識心時，自能瞭解般若諸經中隱說的種種密意，即得發起實相般若——實相智慧。每見學佛人修學佛法二十年後仍對實相般若茫然無知，亦不知如何入門，茫無所趣；更因不知三乘菩提的互異互同，是故越是久學者對佛法越覺茫然，都肇因於尚未瞭解佛法的全貌，亦未瞭解佛法的修證內容即是第八識心所致。本書對於修學佛法者所應實證的實相境界提出明確解析，並提示趣入佛菩提道的入手處，有心親證實相般若的佛法實修者，宜詳讀之，於佛菩提道之實證即有下手處。平實導師述著，共八輯，已於2016年出版完畢，每輯成本價250元。

享。售價250元。

真心告訴您（一）—達賴喇嘛在幹什麼？這是一本報導篇章的選集，更是「破邪顯正」的暮鼓晨鐘。「破邪」是戳破假象，說明達賴喇嘛及其所率領的密宗四大派法王、喇嘛們，弘傳的佛法是仿冒的佛法；他們是假藏傳佛教，是坦特羅(譚崔性交)外道法和藏地崇奉鬼神的苯教混合成的「喇嘛教」，推廣的是以所謂「無上瑜伽」的男女雙身法冒充佛法的假佛教，詐財騙色誤導眾生，常常造成信徒家庭破碎、家中兒少失怙的嚴重後果。「顯正」是揭櫫眞相，指出眞正的藏傳佛教只有一個，就是覺囊巴，傳的是 釋迦牟尼佛演繹的第八識如來藏妙法，稱爲他空見大中觀。正覺教育基金會即以此古今輝映的如藏正法正知見，在眞心新聞網中逐次報導出來，將箇中原委「眞心告訴您」，如今結集成書，與想要知道密宗眞相的您分

真心告訴您（二）—達賴喇嘛是佛教僧侶嗎？補祝達賴喇嘛八十大壽：這是一本針對當今達賴喇嘛所領導的喇嘛教，冒用佛教名相、於師徒間或師兄姊間，實修男女邪淫，而從佛法三乘菩提的現量與聖教量，揭發其謊言與邪術，證明達賴及其喇嘛教是仿冒佛教的外道，是「假藏傳佛教」。藏密四大派教義雖有「八識論」與「六識論」的表面差異，然其實修之內容，皆共許「無上瑜伽」四部灌頂爲究竟「成佛」之法門，也就是共以男女雙修之邪淫法爲「即身成佛」之密要，雖美其名曰「欲貪爲道」之「金剛乘」，並誇稱其成就超越於（應身佛）釋迦牟尼佛所傳之顯教般若乘之上；然詳考其理論，則或以意識離念時之粗細心爲第八識如來藏，或以中脈裡的明點爲第八識如來藏，或如宗喀巴與達賴堅決主張第六意識爲常恆不變之眞心者，分別墮於外道之常見與斷見中；全然違背 佛說能生五蘊之如來藏的實質。售價300元。

西藏「活佛轉世」制度—附佛、造神、世俗法：歷來關於喇嘛教活佛轉世的研究，多針對歷史及文化兩部分，於其所以成立的理論基礎，較少系統化的探討。尤其是此制度是否依據「佛法」而施設？是否合乎佛法眞實義？現有的文獻大多含糊其詞，或人云亦云，不曾有明確的闡釋與如實的見解。因此本文先從活佛轉世的由來，探索此制度的起源、背景與功能，並進而從活佛的尋訪與認證之過程，發掘活佛轉世的特徵，以確認「活佛轉世」在佛法中應具足何種果德。定價150元。

法華經講義：此書爲平實導師始從2009/7/21演述至2014/1/14之講經錄音整理所成。世尊一代時教，總分五時三教，即是華嚴時、聲聞緣覺教、般若教、種智唯識教、法華時；依此五時三教區分爲藏、通、別、圓四教。本經是最後一時的圓教經典，圓滿收攝一切法教於本經中，是故最後的圓教聖訓中，特地指出無有三乘菩提，其實唯有一佛乘；皆因眾生愚迷故，方便區分爲三乘菩提以助眾生證道。世尊於此經中特地說明如來示現於人間的唯一大事因緣，便是爲有緣眾生「開、示、悟、入」諸佛的所知所見——第八識如來藏妙眞如心，並於諸品中隱說「妙法蓮花」如來藏心的密意。然因此經所說甚深難解，眞義隱晦，古來難得有人能窺堂奧；平實導師以知如是密意故，特爲末法佛門四眾演述《妙法蓮華經》中各品蘊含之密意，使古來未曾被古德註解出來的「此經」密意，如實顯示於當代學人眼前。乃至〈藥王菩薩本事品〉、〈妙音菩薩品〉、〈觀世音菩薩普門品〉、〈普賢菩薩勸發品〉中的微細密意，亦皆一併詳述之，可謂開前人所未曾言之密意，示前人所未見之妙法。最後乃至以〈法華大義〉而總其成，全經妙旨貫通始終，而依佛旨圓攝於一心如來藏妙心，厥爲曠古未有之大說也。平實導師述，共有25輯，已於2019/05/31出版完畢。每輯300元。

涅槃—解說四種涅槃之實證及內涵：眞正學佛之人，首要即是見道，由見道故方有涅槃之實證，證涅槃者方能出生死，但涅槃有四種：二乘聖者的有餘涅槃、無餘涅槃，以及大乘聖者的本來自性清淨涅槃、佛地的無住處涅槃。大乘聖者實證本來自性清淨涅槃，入地前再取證二乘涅槃，然後起惑潤生捨離二乘涅槃，繼續進修而在七地心前斷盡三界愛之習氣種子，依七地無生法忍之具足而證得念念入滅盡定；八地後進斷異熟生死，直至妙覺地下生人間成佛，具足四種涅槃，方是眞正成佛。此理古來少人言，以致誤會涅槃正理者比比皆是，今於此書中廣說四種涅槃、如何實證之理、實證前應有之條件，實屬本世紀佛教界極重要之著作，令人對涅槃有正確無訛之認識，然後可以依之實行而得實證。本書共有上下二冊，每冊各四百餘頁，對涅槃詳加解說，每冊各350元。

佛藏經講義：本經說明爲何佛菩提難以實證之原因，都因往昔無數阿僧祇劫前的邪見，引生此世求證時之業障而難以實證。即以諸法實相詳細解說，繼之以念佛品、念法品、念僧品，說明諸佛與法之實質；然後以淨戒品之說明，期待佛弟子四眾堅持清淨戒而轉化心性，並以往古品的實例說明歷代學佛人在實證上的業障由來，教導四眾務必滅除邪見轉入正見中，不再造作謗法及謗賢聖之大惡業，以免未來世尋求實證之時被業障所障；然後以了戒品的說明和囑累品的付囑，期望末法時代的佛門四眾弟子皆能清淨知見而得以實證。平實導師於此經中有極深入的解說，總共21輯，每輯300元，於2019/07/31開始每二個月發行一輯。

大法鼓經講義：本經解說佛法的總成：法、非法。由開解法、非法二義，說明了義佛法與世間戲論法的差異，指出佛法實證之標的即是法——第八識如來藏；並顯示實證後的智慧，如實擊大法鼓、演深妙法，演說如來祕密教法，非二乘定性及諸凡夫所能得聞，唯有具足菩薩性者方能得聞。正聞之後即得依於 世尊大願而拔除邪見，入於正法而得實證；深解不了義經之方便說，亦能實解了義經所說之眞實義，得以證法——如來藏，而得發起根本無分別智，乃至進修而發起後得無分別智；並堅持布施及受持清淨戒而轉化心性，得以現觀眞我眞法如來藏之各種層面。此爲第一義諦聖教，並授記末法最後餘四十年時，一切世間樂見離車童子將繼續護持此經所說正法。平實導師於此經中有極深入的解說，總共六輯，每輯300元，於《佛藏經講義》出版完畢後開始發行，每二個月發行一輯。

成唯識論釋：本論係大唐玄奘菩薩揉合當時天竺十大論師的說法加以辨正而著成，攝盡佛門證悟菩薩及部派佛教聲聞凡夫論師對佛法的論述，並函蓋當時天竺諸大外道對生命實相的錯誤論述加以辨正，是由玄奘大師依據無生法忍證量加以評論確定而成為此論。平實導師弘法初期即已依於證量略講過一次，歷時大約四年，當時正覺同修會規模尚小，聞法成員亦多尚未證悟，是故並未整理成書；如今正覺同修會中的證悟同修已超過六百人，鑑於此論在護持正法、實證佛法及悟後進修上的重要性，已於2022年初重講，並已經預先註釋完畢編輯成書，名為《成唯識論釋》，總共十輯，每輯目次4頁、序文7頁、內文四百餘頁，並將原本13級字縮小為12級字編排，以增加其內容；於增上班宣講時的內容將會更詳細於書中所說，涉及佛法密意的詳細內容只於增上班中宣講，於書中皆依佛誡隱覆密意而說，攝屬判教的〈目次〉已經詳盡判定論中諸段句義，用供學人參考；是故讀者閱完此論之釋，即可深解成佛之道的正確內涵；預定將於每一輯內容講述完畢時即予出版，預計每七個月出版一輯，每輯定價400元。

不退轉法輪經講義：世尊弘法有五時三教之別，分為藏、通、別、圓四教之理，本經是大乘般若期前的通教經典，所說之大乘般若正理與所證解脫果，通於二乘解脫道，佛法智慧則通大乘般若，皆屬大乘般若與解脫甚深之理，故其所證解脫果位通於二乘法教；而其中所說第八識無分別法之正理，即是世尊降生人間的第一大事因緣。如是第八識能仁而且寂靜，恆順眾生於生死之中從無乖違，識體中所藏之本來無漏性的有為法以及眞如涅槃境界，皆能助益學人最後成就佛道；此謂釋迦意為能仁、牟尼意為寂靜，此第八識即名釋迦牟尼，釋迦牟尼即是能仁寂靜的第八識眞如；若有人聽聞如是第八識常住、如來不滅之正理，信受奉行之人皆有大乘實證之因緣，永得不退於成佛之道，是故聽聞釋迦牟尼名號而解其義者，皆得不退轉無上正等正覺，未來必有實證之因緣。如是深妙經典，已由平實導師詳述圓滿並整理成書，預定於《大法鼓經講義》發行圓滿之後接著梓行，每二個月發行一輯，總共十輯，每輯300元。

解深密經講義：本經是所有尋求大乘見道及悟後欲入地者所應詳習串習的三經之一，即是《楞伽經》、《解深密經》、《楞嚴經》三經中的一經，亦可作爲見道眞假的自我印證依據。此經是 世尊晚年第三轉法輪時，宣說地上菩薩所應熏修之無生法忍唯識正義經典；經中總說眞見道位所見的智慧總相，兼及相見道位所應熏修的七眞如等法，以及入地應修之十地眞如等義理，乃是大乘一切種智增上慧學，以阿陀那識—如來藏—阿賴耶識爲成佛之道的主體。禪宗之證悟者，若欲修證初地無生法忍乃至八地無生法忍者，必須修學《楞伽經、解深密經、楞嚴經》所說之八識心王一切種智。此三經所說正法，方是眞正成佛之道；印順法師否定第八識如來藏之後所說萬法緣起性空之法，墮於六識論中而著作的《成佛之道》，乃宗本於密宗宗喀巴六識論邪思而寫成的邪見，是以誤會後之二乘解脫道取代大乘眞正成佛之道，承襲自古天竺部派佛教聲聞凡夫論師的邪見，尚且不符二乘解脫道正理，亦已墮於斷滅見及常見中，所說全屬臆想所得的外道見，不符本經中佛所說的正義。平實導師曾於本會郭故理事長往生時，於喪宅中從首七開始宣講此經，於每一七起各宣講三小時，至第十七而快速略講圓滿，作爲郭老之往生後的佛事功德，迴向郭老早證八地、速返娑婆住持正法。茲爲今時後世學人故，已經開始重講《解深密經》，以淺顯之語句講畢後，將會整理成文並梓行流通，用供證悟者進道；亦令諸方未悟者，據此經中佛語正義修正邪見，依之速能入道。平實導師述著，全書輯數未定，每輯三百餘頁，將於未來重講完畢後逐輯陸續出版。

修習止觀坐禪法要講記：修學四禪八定之人，往往錯會禪定之修學知見，欲以無止盡之坐禪而證禪定境界，卻不知修除性障之行門才是修證四禪八定不可或缺之要素，故智者大師云「性障初禪」；性障不除，初禪永不現前，云何修證二禪等？又：行者學定，若唯知數息，而不解六妙門之方便善巧者，欲求一心入定，未到地定極難可得，智者大師名之爲「事障未來」：障礙未到地定之修證。又禪定之修證，不可違背二乘菩提及第一義法，否則縱使具足四禪八定，亦不能實證涅槃而出三界。此諸知見，智者大師於《修習止觀坐禪法要》中皆有闡釋。作者平實導師以其第一義之見地及禪定之實證證量，曾加以詳細解析。將俟正覺寺竣工啓用後重講，不限制聽講者資格；講後將以語體文整理出版。欲修習世間定及增上定之學者，宜細讀之。平實導師述著。

阿含經講記—小乘解脫道之修證：數百年來，南傳佛法所說證果之不實，所說解脫道之虛妄，所弘解脫道法義之世俗化，皆已少人知之；從南洋傳入台灣與大陸之後，所說法義虛謬之事，亦復少人知之；今時台灣全島印順系統之法師居士，多不知南傳佛法數百年來所說解脫道之義理已然偏斜、已然世俗化、已非真正之二乘解脫正道，猶極力推崇與弘揚。彼等南傳佛法近代所謂之證果者皆非真實證果者，譬如阿迦曼、葛印卡、帕奧禪師、一行禪師……等人，悉皆未斷我見故。近年更有台灣南部大願法師，高抬南傳佛法之二乘修證行門為「捷徑究竟解脫之道」者，然而南傳佛法縱使真修實證，得成阿羅漢，至高唯是二乘菩提解脫之道，絕非**究竟**解脫，無餘涅槃中之實際尚未得證故，法界之實相尚未了知故，習氣種子待除故，一切種智未實證故，焉得謂為「究竟解脫」？即使南傳佛法近代真有實證之阿羅漢，尚且不及三賢位中之七住明心菩薩本來自性清淨涅槃智慧境界，則不能知此賢位菩薩所證之無餘涅槃實際，仍非大乘佛法中之見道者，何況普未實證聲聞果乃至未斷我見之人？謬充證果已屬逾越，更何況是誤會二乘菩提之後，以未斷我見之凡夫知見所說之二乘菩提解脫偏斜法道，焉可高抬為「究竟解脫」？而且自稱「捷徑之道」？又妄言解脫之道即是成佛之道，完全否定般若實智、否定三乘菩提所依之如來藏心體，此理大大不通也！平實導師為令修學二乘菩提欲證解脫果者，普得迴入二乘菩提正見、正道中，是故選錄四阿含諸經中，對於二乘解脫道法義有具足圓滿說明之經典，預定未來十年內將會加以詳細講解，令學佛人得以了知二乘解脫道之修證理路與行門，庶免被人誤導之後，未證言證，梵行未立，干犯道禁自稱阿羅漢或成佛，成大妄語，欲升反墮。本書首重斷除我見，以助行者斷除我見而實證初果為著眼之目標，若能根據此書內容，配合平實導師所著《識蘊真義》《阿含正義》內涵而作實地觀行，實證初果非為難事，行者可以藉此三書自行確認聲聞初果為實際可得現觀成就之事。此書中除依二乘經典所說加以宣示外，亦依斷除我見等之證量，及大乘法中道種智之證量，對於意識心之體性加以細述，令諸二乘學人必定得斷我見、常見，免除三縛結之繫縛。次則宣示斷除我執之理，欲令升進而得薄貪瞋痴，乃至斷五下分結…等。平實導師將擇期講述，然後整理成書。共二冊，每冊三百餘頁。每輯300元。

總經銷： 聯合發行股份有限公司

231 新北市新店區寶橋路 235 巷 6 弄 6 號 4F

Tel.02－2917-8022（代表號） Fax.02－2915-6275（代表號）

零售：1.**全台連鎖經銷書局：**

三民書局、誠品書局、何嘉仁書店

敦煌書店、紀伊國屋、金石堂書局、建宏書局

諾貝爾圖書城、墊腳石圖書文化廣場

2.**台北市：**佛化人生 **大安區**羅斯福路 3 段 325 號 6 樓之 4 台電大樓對面

3.**新北市：**春大地書店 **蘆洲區**中正路 117 號

4.**桃園市：**御書堂 **龍潭區**中正路 123 號

5.**新竹市：**大學書局 **東區**建功路 10 號

6.**台中市：**瑞成書局 **東區**雙十路 1 段 4 之 33 號

佛教詠春書局 **南屯區**永春東路 884 號

文春書店 **霧峰區**中正路 1087 號

7.**彰化市：**心泉佛教文化中心 南瑤路 286 號

8.**高雄市：**政大書城 **前鎮區**中華五路 789 號 2 樓（高雄夢時代店）

明儀書局 **三民區**明福街 2 號

青年書局 **苓雅區**青年一路 141 號

9.**台東市：**東普佛教文物流通處 博愛路 282 號

10.**其餘鄉鎮市經銷書局：**請電詢總經銷**聯合**公司。

11.**大陸地區請洽：**

香港：樂文書店

銅鑼灣店 :香港銅鑼灣駱克道 506 號 2 樓

電話 :(852) 2881 1150 email: luckwinbs@gmail.com

廈門：廈門外圖臺灣書店有限公司

地址:廈門市思明區湖濱南路809 號 廈門外圖書城3 樓 郵編:361004

電話：0592-5061658（臺灣地區請撥打 86-592-5061658）

E-mail：JKB118@188.COM

12.**美國：世界日報圖書部：**紐約圖書部 電話 7187468889#6262

洛杉磯圖書部 電話 3232616972#202

13.**國內外地區網路購書：**

正智出版社 書香園地 http://books.enlighten.org.tw/

（書籍簡介、經銷書局可直接聯結下列網路書局購書）

三民 網路書局 http://www.sanmin.com.tw

誠品 網路書局 http://www.eslitebooks.com

博客來 網路書局 http://www.books.com.tw

金石堂 網路書局 http://www.kingstone.com.tw

聯合 網路書局 http:// www.nh.com.tw

附註：1.請儘量向各經銷書局購買：郵政劃撥需要八天才能寄到（本公司在您劃撥後第四天才能接到劃撥單，次日寄出後第二天您才能收到書籍，此六天中可能會遇到週休二日，是故共需八天才能收到書籍）若想要早日收到書籍者，請劃撥完畢後，將劃撥收據貼在紙上，旁邊寫上您的姓名、住址、郵區、電話、買書詳細內容，直接傳眞到本公司 02-28344822，並來電 02-28316727、28327495 確認是否已收到您的傳眞，即可提前收到書籍。 **2**.因台灣每月皆有五十餘種宗教類書籍上架，書局書架空間有限，故唯有新書方有機會上架，通常每次只能有一本新書上架；本公司出版新書，大多上架不久便已售出，若書局未再叫貨補充者，書架上即無新書陳列，則請直接向書局櫃台訂購。 **3**.若書局不便代購時，可於晚上共修時間向正覺同修會各共修處請購（共修時間及地點，詳閱**共修現況表**。每年例行年假期間請勿前往請書，年假期間請見共修現況表）。 **4**.郵購：郵政劃撥帳號 19068241。 **5**.正覺同修會會員購書都以八折計價（戶籍台北市者爲一般會員，外縣市爲護持會員）都可獲得優待，欲一次購買全部書籍者，可以考慮入會，節省書費。入會費一千元（第一年初加入時才需要繳），年費二千元。**6.尚未出版之書籍，請勿預先郵寄書款與本公司，謝謝您！** **7**.若欲一次購齊本公司書籍，或同時取得正覺同修會贈閱之全部書籍者，請於正覺同修會共修時間，親到各共修處請購及索取；**台北市讀者**請洽：103 台北市承德路三段 267 號 10 樓（捷運淡水線 圓山站旁）請書時間：週一至週五爲 18.00~21.00，第一、三、五週週六爲 10.00~21.00，雙週之週六爲 10.00~18.00 請購處專線電話：25957295-分機 14（於請書時間方有人接聽）。

敬告大陸讀者：

大陸讀者購書、索書捷徑（尚未在大陸出版的書籍，以下二個途徑都可以購得，電子書另包括結緣書籍）：

1.**廈門外國圖書公司**：廈門市思明區湖濱南路 809 號 廈門外圖書城 3F

郵編：361004　電話：0592-5061658　網址：http://www.xibc.com.cn/

2.**電子書**：正智出版社有限公司及正覺同修會在台灣印行的各種局版書、結緣書，已有『**正覺電子書**』陸續上線中，提供讀者於手機、平板電腦上購書、下載、閱讀正智出版社、正覺同修會及正覺教育基金會所出版之電子書，詳細訊息敬請參閱『正覺電子書』專頁：

http://books.enlighten.org.tw/ebook

關於平實導師的書訊，請上網查閱：

成佛之道　http://www.a202.idv.tw

正智出版社 書香園地　http://books.enlighten.org.tw/

中國網採訪佛教正覺同修會、正覺教育基金會訊息：

http://foundation.enlighten.org.tw/newsflash/20150817_1

http://video.enlighten.org.tw/zh-CN/visit_category/visit10

★ 正智出版社有限公司售書之稅後盈餘，全部捐助財團法人正覺寺籌備處、佛教正覺同修會、正覺教育基金會，供作弘法及購建道場之用；懇請諸方大德支持，功德無量。

★ 聲　明 ★

本社於 2015/01/01 開始調整本目錄中部分書籍之售價，以因應各項成本的持續增加。

＊ 喇嘛教修外道雙身法、墮識陰境界，非佛教 ＊

＊ 弘揚如來藏他空見的覺囊派才是真正藏傳佛教 ＊

售後服務—換書啓事（免附回郵） 2017/12/05

《楞伽經詳解》第三輯初版免費調換新書啓事：茲因 平實導師弘法早期尚未回復往世全部證量，有些法義接受他人的說法，寫書當時並未察覺而有二處（同一種法義）跟著誤說，如今發現已將之修正。茲爲顧及讀者權益，已開始免費調換新書；敬請所有讀者將以前所購第三輯（不論第幾刷），攜回或寄回本公司免費換新；郵寄者之回郵由本公司負擔，不需寄來郵票。因此而造成讀者閱讀、以及換書的不便，在此向所有讀者致上萬分的歉意，祈請讀者大眾見諒！

《楞嚴經講記》第 14 輯初版首刷本免費調換新書啓事：本講記第 14 輯出版前因 平實導師諸事繁忙，未將之重新閱讀而只改正校對時發現的錯別字，故未能發覺十年前所說法義有部分錯誤，於第 15 輯付印前重閱時才發覺第 14 輯中有部分錯誤尚未改正。今已重新審閱修改並已重印完成，煩請所有讀者將以前所購第 14 輯初版首刷本，寄回本公司免費換新（初版二刷本無錯誤），本公司將於寄回新書時同時附上您寄書來換新時的郵資，並在此向所有讀者致上最誠懇的歉意。

《心經密意》初版書免費調換二版新書啓事：本書係演講錄音整理成書，講時因時間所限，省略部分段落未講。後於再版時補寫增加 13 頁，維持原價流通之。茲爲顧及初版讀者權益，自 2003/9/30 開始免費調換新書，原有初版一刷、二刷書籍，皆可寄來本公司換書。

《宗門法眼》已經增寫改版爲 464 頁新書，2008 年 6 月中旬出版。讀者原有初版之第一刷、第二刷書本，都可以寄回本公司免費調換改版新書。改版後之公案及錯悟事例維持不變，但將內容加以增說，較改版前更具有廣度與深度，將更能助益讀者參究實相。

換書者**免附回郵**，亦無截止期限；舊書請寄：111 台北郵政 73-151 號信箱 或 103 台北市承德路三段 267 號 10 樓 正智出版社有限公司。舊書若有塗鴨、殘缺、破損者，仍可換取新書；但缺頁之舊書至少應仍有五分之三頁數，方可換書。所有讀者不必顧念本公司是否有盈餘之問題，都請踴躍寄來換書；本公司成立之目的不是營利，只要能眞實利益學人，即已達到成立及運作之目的。若以郵寄方式換書者，免附回郵；並於寄回新書時，由本公司附上您寄來書籍時耗用的郵資。造成您不便之處，再次致上萬分的歉意。

正智出版社有限公司 啓

換書及道歉公告

《法華經講義》第十三輯，因謄稿、印製等相關人員作業疏失，導致該書中的經文及內文用字將「**親近**」誤植成「清淨」。茲為顧及讀者權益，自 2017/8/30 開始免費調換新書；敬請所有讀者將以前所購第十三輯初版首刷及二刷本，攜回或寄回本社免費換新，或請自行更正其中的錯誤之處；郵寄者之回郵由本社負擔，不需寄來郵票。同時對因此而造成讀者閱讀、以及換書的困擾及不便，在此向所有讀者致上最誠懇的歉意，祈請讀者大眾見諒！錯誤更正說明如下：

一、第 256 頁第 10 行~第 14 行：【就是先要具備「**法親近處**」、「**眾生親近處**」；法**親近**處就是在實相之法有所實證，如果在實相法上有所實證，他在二乘菩提中自然也能有所實證，以這個作為第一個**親近**處——第一個基礎。然後還要有第二個基礎，就是瞭解應該如何善待眾生；對於眾生不要有排斥或者是貪取之心，平等觀待而攝受、親近一切有情。以這兩個**親近**處作為基礎，來實行其他三個安樂行法。】。

二、第 268 頁第 13 行：【具足了那兩個「**親近處**」，使你能夠在末法時代，如實而圓滿的演述《法華經》時，那麼你作這個夢，它就是如理作意的，完全符合邏輯去完成這個過程，就表示你那個晚上，在那短短的一場夢中，已經度了不少眾生了。】

正智出版社有限公司 敬啓

國家圖書館出版品預行編目資料

優婆塞戒經講記／平實導師講述. —初版—
臺北市：正智，2005— 〔民94— 〕
冊； 公分

ISBN 978-986-81358-2-6 （第1輯：平裝）
ISBN 978-986-81358-3-3 （第2輯：平裝）
ISBN 978-986-81358-5-7 （第3輯：平裝）
ISBN 978-986-81358-7-1 （第4輯：平裝）
ISBN 978-986-82992-0-7 （第5輯：平裝）
ISBN 978-986-82992-3-8 （第6輯：平裝）
ISBN 978-986-82992-6-9 （第7輯：平裝）
ISBN 978-986-82992-8-3 （第8輯：平裝）

1.律藏

223.1 94024925

優婆塞戒經講記

——第六輯

著 述 者：平實導師
音文轉換：正覺同修會編譯組
校 對：章乃鈞 陳介源 白志偉 李嘉因
出 版 者：**正智出版社**有限公司
電話：○二 28327495 28316727（白天）
傳眞：○二 28344822
111台北郵政73-151號信箱
郵政劃撥帳號：一九○六八二四一
正覺講堂：總機○二25957295（夜間）
總 經 銷：聯合發行股份有限公司
231新北市新店區寶橋路235巷6弄6號4樓
電話：○二 29178022（代表號）
傳眞：○二 29156275
初版首刷：公元二○○七年三月底 二千冊
初版六刷：公元二○二二年十一月 二千冊
定 價：二五○元